THÉOPHILE MALVEZIN

MICHEL DE MONTAIGNE

SON ORIGINE, SA FAMILLE

Utriusque memor

BORDEAUX

CHARLES LEFEBVRE, LIBRAIRE-ÉDITEUR

6, ALLÉES DE TOURNY, 6

1875

MICHEL DE MONTAIGNE

Ouvrage tiré à 300 exemplaires :

50 exemplaires sur papier de Hollande extra fort de Van-Gelder, d'Amsterdam (Nos 1 à 50).

250 exemplaires sur papier vergé (nos 50 à 300).

N° 159

MICHEL DE MONTAIGNE

SON ORIGINE, SA FAMILLE

I

PRÉLIMINAIRES.

Sentiment général de curiosité qui s'attache à connaître les particularités relatives à tout homme célèbre. — Intensité de ce sentiment pour tout ce qui touche à Montaigne. — Comment est venue la pensée de ce travail. — M. Magne, possesseur actuel du château de Montaigne. — Erreurs accréditées sur l'origine de la famille de Montaigne. — Objet de cette étude : la famille de Montaigne est d'origine bordelaise

> « Je vouldrais que chascun escrivit ce qu'il sçait, et autant qu'il en sçait. »
> (*Essais*, liv. I, chap. XXX.)

Il y a des hommes qui ont laissé une trace si profonde dans la postérité, un sillage si lumineux dans cette mer aux flots pressés des générations humaines, que rien de ce qui les touche ne saurait nous être indifférent.

Qu'il s'agisse d'un conquérant ou d'un penseur, d'un de ceux qui ont traversé le monde au milieu des éclairs et de la foudre des batailles, ou d'un de ces pionniers de l'intelligence qui vont à la découverte de la vérité, marchant sur les hauteurs, suivant l'expression de Pascal, et en avant de la foule, nous voulons savoir tous les détails de leur existence, nous recueillons précieusement tous les souvenirs qui les concernent. Nous aimons à trouver l'homme sous le héros, à voir en lui et autour de lui (¹), à le mesurer sans ses échasses (²), et à le présenter en chemise (³), comme dit Montaigne.

Ce désir n'est pas toujours l'effet d'une curiosité stérile ; il a souvent pour mobile et pour résultat de dévoiler le personnage réel sous le masque traditionnel que lui a fait la légende historique ; de nous donner la clé de ses actions ou de ses écrits ; de nous expliquer l'influence qu'il a exercée sur son époque.

Parmi les morts illustres qui jouissent au plus haut degré de ce privilége que tout ce qui se rapporte à eux nous intéresse, se trouve Michel de Montaigne, le célèbre auteur des *Essais*. Déjà trois siècles nous séparent de lui, et le silence de l'oubli ne s'est pas fait autour de sa tombe. Il semble, au contraire, que la renommée du penseur du seizième siècle soit destinée à grandir à mesure que s'éloigne l'ère de ses contemporains, et qu'à chaque génération il doive s'élever un concours de voix plus puissant pour protester contre la boutade de Blaise Pascal, quand il a écrit : « Oh ! la sotte idée qu'a eue Montaigne de se peindre ! » Et sans citer, depuis Scaliger, depuis Bayle et les encyclopédistes, tous les écrivains qui ont curieusement recherché ce qui se rapporte à Montaigne, il nous suffira d'indiquer, parmi les fureteurs de nos jours, les travaux et les noms de M. le Dʳ Payen, de

---

(¹) *Essais*, liv. I, ch. XLII.
(²) *Id., ibid.*
(³) *Id., ibid.*

M. Grün, de M. Villemain, de M. Silvestre de Sacy, de M. l'abbé Sagette, de M. Jules Delpit, de M. le vicomte de Gourgues, de M. G^me Guizot, sans compter ceux que nous oublions, pour donner un aperçu de l'intérêt qui s'attache encore aujourd'hui à tout ce qui touche la personnalité de Montaigne.

Et, à son propos, l'intérêt s'accroît pour nous, enfants de la Guienne, de cette circonstance que Montaigne est notre compatriote; que c'est au milieu de nos pères qu'il a vécu; et que, mêlé, comme il l'a été, aux affaires publiques de son temps, ses opinions peuvent être considérées comme ne lui étant pas exclusivement personnelles, mais comme l'expression et la résultante de celles qui s'agitaient autour de lui, et qui ont été partagées par quelques-uns des hommes marquants de son époque.

Éclairer les écrits de Montaigne par sa vie publique et par sa vie privée, ainsi que par l'influence du milieu où il est né et de celui dans lequel il a vécu, est une œuvre qui a déjà tenté des esprits de bonne trempe, et peut-être cette œuvre n'est-elle pas encore suffisamment accomplie. Ce serait, suivant nous, une belle étude à faire, que l'étude sérieuse des opinions et des idées émises par l'auteur des *Essais,* en se dégageant de tout jugement préconçu et en se plaçant au double point de vue des hommes du seizième siècle et de ceux du dix-neuvième. Il serait certes fort intéressant de condenser l'œuvre de Montaigne, et d'en exprimer l'essence, pour faire ressortir les principes qui sont réellement les siens, en religion comme en politique, en législation comme en morale; de les comparer à ceux de ses illustres contemporains, La Boëtie, Charron, le chancelier de L'Hospital, ainsi qu'à ceux de la Réforme et de la Ligue, pour éclairer le chaos de cette époque orageuse de troubles politiques et de guerres de religion.

Nous avons la conviction que de cette étude bien faite jailliraient des lueurs inattendues ; que le fameux scepticisme dont on s'accorde généralement à faire le caractère propre et distinctif de la philosophie de Montaigne, recevrait sa signification réelle ; que nous saurions au vrai ce que veut dire le fameux « que sçais-je ? » et ce qu'il faut entendre par le « doux et commode oreiller » pour une tête bien faite ».

Mais cette étude serait au-dessus de nos forces ; nous n'oublions pas que notre savant ami, M. Jules Delpit, a écrit en 1855 que « le zèle et les patientes recherches ne » suffisent pas pour pouvoir parler de Montaigne avec » justesse. » Nous nous contentons du rôle plus modeste et du cadre plus rétréci qui nous convient, et n'osant pas parler de Montaigne pour le juger, nous nous bornons à indiquer le résultat de quelques recherches faites en 1866, et qui éclairent un point connu peut-être de quelques rares savants, mais resté jusqu'alors dans l'ombre pour le vulgaire des ignorants, et même des gens de lettres, je veux parler de l'origine de la famille de Montaigne.

Qu'on nous permette quelques mots sur les circonstances qui ont donné naissance à ce travail.

Au mois d'octobre 1866 nous eûmes occasion d'aller rendre visite au possesseur actuel du château de Montaigne, en Périgord, M. Magne. Celui-ci, qui recueille avec un soin pieux tous les souvenirs se rattachant à la famille et au château de Montaigne, nous parla de son illustre prédécesseur ; des nombreuses biographies qui en ont été publiées, et qui, presque toutes se copiant les unes les autres, ont représenté Michel de Montaigne comme un Périgourdin de race, d'origine primitive anglaise, arrivant à Bordeaux avec la cour des Aydes de Périgueux ; il nous parla des travaux de MM. Grün et Payen, plus exacts, mais qui laissaient encore beaucoup de points à éclaircir.

Nous avions depuis longtemps commencé des recherches diverses dans les différents dépôts d'archives de la Gironde ; et nous avions souvent rencontré, dans les documents qui avaient passé sous nos yeux, des pièces relatives à la famille de Michel de Montaigne ; il nous en était resté l'impression que cette famille, loin de provenir d'une souche anglaise transplantée en Périgord, était d'origine purement bordelaise. Nous promîmes à M. Magne de vérifier avec soin si nos souvenirs étaient exacts et de lui faire part du résultat de notre travail.

Quelques jours après, nous adressâmes à M. Magne une analyse ou un extrait de quarante-huit pièces authentiques, dont plusieurs étaient inconnues ; elles étaient accompagnées d'une note justifiant nos assertions premières.

Parmi les pièces importantes et inédites dont nous envoyâmes copie à M. Magne, qui nous en accusa gracieusement réception le 10 novembre 1866, se trouvait l'acte d'achat par Ramon Eyquem, bisaïeul de Michel, de la terre de Montaigne, dont celui-ci portait le nom. Cet acte est à la date du 10 octobre 1477, et avait été passé par le notaire d'Artiguemale, de Bordeaux. Nous avions retrouvé cet acte parmi les minutes, en très mauvais état, de ce notaire, déposées aux Archives de la Gironde, sur une indication qui nous en avait été donnée par

M. Gaullieur, alors sous-archiviste du département, aujourd'hui archiviste de la ville. M. Gaullieur a depuis publié cet acte intéressant dans la collection de la *Société des Archives historiques de la Gironde*.

De l'ensemble de ces pièces résulte la preuve la plus complète que la famille qui a donné naissance à Michel de Montaigne était originaire de Blanquefort, et qu'elle était établie à Bordeaux lorsqu'elle fit l'acquisition de la petite seigneurie de Montaigne, sur les confins du Bordelais et du Périgord ; qu'enfin, et malgré l'acquisition de ce domaine, c'est à Bordeaux que, jusques à Michel de Montaigne lui-même, était le centre de ses possessions et de ses intérêts, la résidence et le domicile de presque tous ses membres.

Plusieurs personnes auxquelles avait été communiqué le manuscrit envoyé à M. Magne, d'autres qui avaient connaissance de nos recherches sur ce sujet, nous pressèrent de les publier. Cédant à ces instances, nous fîmes paraître, le 12 avril 1868, une étude très imparfaite, sous le titre de : *Notes généalogiques sur Montaigne*.

Depuis cette époque nous avons recueilli un grand nombre de documents nouveaux qui, tout en confirmant la donnée générale, ont souvent rectifié des erreurs de détails, ou complété des lacunes. Nous avons dû refondre en entier notre travail primitif. Nous pouvons aujourd'hui le présenter avec assurance, non certainement comme irréprochable, mais au moins comme suffisamment complet pour justifier son titre, et pour que la découverte possible de documents qui nous seraient inconnus ne puisse en modifier sérieusement les résultats.

Nous venons donc revendiquer comme notre compatriote le célèbre penseur du seizième siècle; et, pour faire notre démonstration, nous laisserons de côté toutes les biographies, et même toutes les publications qui ont été faites sur le sujet qui nous occupe, pour ne nous servir que des documents authentiques, en les confrontant avec les indications données par Montaigne lui-même dans ses œuvres. Ces documents authentiques, dont nous donnerons la copie, l'analyse ou l'extrait aux Pièces justificatives, nous les avons tous pris ou vérifiés à la source, dans les feuillets poudreux et rongés par l'humidité des minutes des anciens notaires, ou dans les registres mieux conservés des communautés religieuses.

Nous rechercherons d'abord les ancêtres de Michel de Montaigne et nous ferons leur histoire juqu'au moment où l'un d'eux devint acquéreur de la maison noble de Montaigne. Nous ferons à ce moment une digression sur cette petite seigneurie, dont le nom est devenu si illustre. Reprenant l'historique des nouveaux seigneurs de Montaigne, nous arriverons à Michel, représentant de la branche aînée de la famille, et nous suivrons cette branche jusqu'à ses dernières ramifications. Nous nous occuperons aussi de la branche cadette dont le nom s'est conservé beaucoup plus longtemps; et nous indiquerons les derniers rameaux existant de nos jours qui peuvent se glorifier de leur parenté avec Michel de Montaigne.

II

LE NOM DE FAMILLE.

I. Usage constant au quinzième siècle de quitter les noms de famille pour des noms de terres. — Pénurie des renseignements fournis par Michel de Montaigne sur l'origine de sa famille. — Il est cause de l'erreur des biographes qui lui ont attribué une origine anglaise.

II. Vanité de Montaigne. — Scaliger. — M. Grün. — M. Bayle Saint-John. — La Revue Britannique. — M. Payen. — Balzac. — Anecdote racontée par Michel.

III. Le nom de famille de Michel de Montaigne est *Eyquem*. — Le nom d'Eyquem très répandu dans la contrée. — Les Eyquem aux environs de Bordeaux et à Bordeaux.

> « C'est un vilain usage et de très mauvaise conséquence en notre France d'appeler chacun par le nom de sa terre et de sa seigneurie, et la chose du monde qui fait le plus mesler et mécognoître les races. »
> (*Essais*, liv. I, chap. XLVI.)

> « Les miens se sont autrefois surnommés Eyquem. »
> (*Ibid.*, liv. II, chap. XVI.)

I.

Le vilain usage signalé par Montaigne, non seulement d'ajouter au nom de famille la qualification seigneuriale, mais même de supprimer complètement le nom de famille et de le remplacer par le nom de la terre et de la seigneurie, avait bien le tort de faire « mesler et mécognoître les races », mais il avait aussi l'avantage, pour un grand nombre de familles nouvellement sorties de la foule et arrivées à la possession d'une seigneurie, de confondre leur généalogie avec celle de la race plus antique en noblesse qui possédait avant elles la terre féodale.

Et, à ce faible, notre sceptique philosophe se laisse presque abandonner. Il est assez curieux de constater cette vanité dans ses diverses manifestations.

Montaigne, qui parle fréquemment de lui-même, de son père, de ses frères, de ses oncles, ne nous donne que fort peu de renseignements sur l'origine de sa famille. Il laisse volontiers dans l'ombre ses aïeux roturiers, et se borne à dire qu'il est « issu d'une race fertile en preudhomie » (1).

Et ailleurs : « Je suis nay d'une famille qui a coulé » sans éclat et sans tumulte (2). »

Il ajoute quelque part que l'opulence dont il jouissait était déjà ancienne dans sa famille : « Tout ce qu'il y a » chez nous des dons de la fortune, il y est avant moi et » au delà de cent ans (3). »

Il nous apprend enfin que sa famille a porté le nom d'Eyquem : « Et si les miens se sont *autrefois* surnommés » Eyquem, surnom qui touche encore une maison cogneue » en Angleterre... (4). »

C'est ce dernier membre de phrase qui a servi de prétexte aux biographes pour faire descendre Michel d'une famille anglaise qui se serait établie en Périgord, probablement à l'époque de la domination des Anglais sur la Guienne (5).

(1) *Essais*, liv. II, ch. XI.
(2) *Ibid.*, liv. III, ch. X.
(3) *Ibid.*, liv. III, ch. IX.
(4) *Ibid.*, liv. II, ch. XVI.
(5) Le *Dict. histor.*, publié en 1822 par Ménard et Desenne, porte :

II

Ce nom patronymique d'Eyquem, c'est Michel qui l'a quitté le premier de sa race. Il a le premier cessé de le signer dans les actes publics, tandis que c'est celui sous lequel était inscrite sa naissance et sous lequel il avait reçu ses lettres de provision de son office de conseiller à la cour des Aydes de Périgueux, et plus tard de Conseiller à la cour de Parlement de Bordeaux, tandis que son père et ses oncles l'ont conservé jusqu'à leur dernier jour; il l'a probablement rayé lui-même sur ce livre de famille qu'a publié M. Payen et où sa naissance a été inscrite. On y lit encore : Aujourd'huy est né Michel *Eyquem* de Montaigne, mais le nom d'Eyquem a été rayé et barré à deux endroits.

« C'est le lieu de ma naissance, dit-il en parlant de la » maison noble de Montaigne, *et de la plupart de mes* » *ancêtres* : ils y ont mis leur affection et *leur nom* ([1]). »

Ici Montaigne n'est plus dans le vrai; et nous verrons que son père était le *seul* de ses ancêtres qui fût né à Montaigne; il y naquit en 1495; les autres ancêtres de Montaigne étaient nés longtemps avant que la maison noble entrât dans leur famille. Loin d'avoir mis leur nom à leur seigneurie, ils avaient pris le nom de celle-ci.

Le gentilhomme de la chambre, chevalier de l'ordre du Roy, maire de Bordeaux, citoyen Romain, estimé de plusieurs Rois de France, familier des plus grands seigneurs de son temps, ne cite guère de ses ancêtres que

Montaigne (Michel, seigneur de), né....... de Pierre Eyghem, écuyer, d'une famille d'origine anglaise.
([1]) *Essais,* liv. III, ch. ix.

son père, dont il parle d'ailleurs avec le respect le plus profond et la tendresse la mieux sentie. Il dit que son père prit grande part aux guerres delà les monts ; c'étaient les guerres d'Italie auxquelles Pierre de Montaigne dut se trouver pendant la conquête et la perte du Milanais sous François Ier ; et quand Montaigne parle de lui-même, il se qualifie de soldat, et entretient le lecteur du métier des armes, qui est le sien. Cet ancien conseiller à la cour des Aydes de Périgueux et à la cour de Parlement de Bordeaux, qui avait dans le négoce et dans la robe ses grandes attaches de parenté et d'alliance, ne fait cas que de la noblesse militaire, et s'y accole de tout son pouvoir. Il ne fait jamais la plus légère allusion à ses anciennes fonctions de robe; depuis la mort de La Boëtie il ne contracte de liaison avec aucun du Parlement, et il écrit, en se l'appliquant, cet axiome : « La forme propre, et *seule*, et *essentielle*, de » noblesse en France, c'est la vacation militaire. »

Montaigne ne pouvait cependant pas se flatter de faire illusion à ses contemporains sur l'origine de sa noblesse, ni sur l'étendue de sa vanité. « M. de Montaigne, » écrivait Scaliger, « son père était vendeur de harengs ([1]). »

Et Scaliger se trompait peu, tout au plus du père au grand-père, comme nous le verrons. Jules Scaliger, né à Agen en 1540, était en effet contemporain de Montaigne, né en 1533. Il avait été, ainsi que ses deux frères, de 1552 à 1555, élève du collége de Guienne dont Michel venait à peine de sortir, en 1546. Il avait pu recueillir à Bordeaux des souvenirs d'autant moins effacés sur la famille Eyquem, qu'elle était alors en plus vive lumière, et que son chef était à cette époque maire de la ville.

([1]) *Scaligeriana secunda*, art. *Montaigne*.

Scaliger a cependant scandalisé la plupart des biographes de Montaigne, et, parmi ces derniers, M. Grün, l'auteur anglais Bayle Saint-John, et la *Revue Britannique*.

« C'est une médisance qui n'a jamais eu aucun crédit, » dit M. Grün.

« Scaliger, dit la *Revue* rendant compte de l'ouvrage de
» M. Bayle Saint-John (¹), dans un de ces accès d'aménité
» si familiers aux pédants d'autrefois, a écrit quelque part
» que Montaigne était fils d'un marchand de harengs. Cela
» étant, les harengs s'en trouveraient fort honorés, mais
» les érudits lancés sur cette piste odorante n'ont *rien*
» *pu découvrir qui justifiât* cette assertion désobligeante
» de leur célèbre prédécesseur. »

Et plus loin, en parlant de la campagne d'Italie faite par le père de Michel de Montaigne : « Avait-il appris à
» vendre des poissons sur le champ de bataille de
» Pavie ? »

Scaliger, suivant M. Payen, pouvait être une mauvaise langue, mais il n'était pas un sot, et il eût été par trop maladroit de risquer une allégation qui pouvait être démentie par un grand nombre de contemporains ; il a pu se tromper sur le degré d'ascendance, mais, *malheureusement* il n'a pas erré sur le fait principal, et Montaigne compte des marchands parmi ses aïeux.

Malheureusement est maladroit. Le Dr Payen avait mieux dit ailleurs : « Le père était vendeur de harengs. Et
» quel mal y aurait-il à ce qu'il en fût ainsi ? *Il me semble*
» *que Montaigne n'aurait rien à y perdre*, et que les mar-
» chands de harengs auraient seuls à y gagner (²). »

(¹) *Montaigne, The Essayist a biography*, by Bayle S.-John. 2 vol., London, Chapmon and Hart, 1858.
Revue Britannique, Michel de Montaigne ; 1859, p. 405.

(²) Dr Payen, *Rech. sur Montaigne*, p. 40.

Nous établirons très clairement, par des actes authentiques, que la famille Eyquem ou Aiquem, originaire du Bordelais, établie à Bordeaux dans la rue de la Rousselle, s'était enrichie dans le commerce, dont une des branches était bien celle du poisson salé qui semble encore concentrée dans le même quartier et dans la même rue.

Et si Scaliger a écrit un peu rudement que les aïeux de Montaigne étaient marchands de harengs, peut-être ne l'a-t-il fait que parce que Montaigne se montrait trop accessible à la vanité puérile dans un homme de sa trempe de laisser croire qu'il descendait d'une longue suite de nobles ancêtres, et de vouloir souder la race dont il était sorti à celles des anciens seigneurs dont ces marchands avaient acheté la maison noble et dont ils avaient pris le nom féodal.

La vanité de Montaigne n'était pas d'ailleurs inconnue de ses contemporains. « Il ne s'oublie jamais, disait
» M. Pasquier dans sa lettre à M. Pelgé, maître des
» Comptes : il nous fait expresse mention de l'ordre de
» Saint-Michel dont il avait été honoré. » Et Pasquier le connaissait bien. « Nous étions luy et moi familiers et
» amis. »

On sait ce qu'en écrivait Balzac ([1]) : « Vous souvient-il,
» Monsieur, du manquement qu'y trouva ce galant
» homme qui estoit de nostre conversation et qui eust
» bien voulu que Montaigne, estant lui-même son historien, n'eust pas oublié qu'il avoit été conseiller au
» Parlement de Bordeaux. Il nous disoit, ce galant homme,
» qu'il soupçonnoit quelque dessein en cette omission, et

([1]) *Dissertat. critiq.*, 19 et 20.

» que Montaigne avoit peut-être appréhendé que cet
» article de robbe-longue fît tort à l'espée de ses prédé-
» cesseurs et à la noblesse de sa maison.

» ...Soit dessein, soit oubli, qui nous prive de cette
» partie de sa vie, j'ay toujours bien de la peine à m'en
» consoler. Il nous eust dit mille choses plaisantes de ce
» qu'il avoit remarqué au Palais, de l'humeur des juges,
» de la misère des plaideurs, des artifices et des strata-
» gèmes de la chicane. Après tout j'eusse bien myeux
» aimé qu'il nous eust conté des nouvelles de son clerc,
» qui ne s'appeloit point en ce temps là secrétaire, que
» de son page.

» N'est-ce point en effet se moquer des gens que de
» faire savoir au monde qu'il avoit un page. Quelque amitié
» et quelque estime que j'aye pour luy, je ne saurois luy
» souffrir ce page. »

Et cependant Montaigne, devançant le mot de Lafontaine : « Tout marquis veut avoir ses pages, » est le même qui a si cruellement flagellé ceux qui veulent donner à leur généalogie une origine fabuleuse :

« Pour clore nostre compte, c'est un vilain usage et de
» très mauvaise conséquence en nostre France, d'appeler
» chascun par le nom de sa terre et de sa seigneurie,
» et la chose du monde qui faict plus mesler et méco-
» gnoistre les races. Un cadet de bonne maison, ayant eu
» pour son appanage une terre, sous le nom de laquelle
» il a esté cogneu et honnoré, ne peult honnestement
» l'abandonner : dix ans après sa mort la terre s'en va à
» un estrangier qui en faict de mesme; devinez où nous
» sommes de la cognoissance de ces hommes. Il ne faut
» pas aller quérir d'autres exemples, que de nostre maison
» royale, où autant de partages autant de surnoms :

» cependant l'originel de la tige nous est échappé. Il y a
» tant de liberté en ces mutations que de mon temps je
» n'ay veu personne, eslevé par la fortune à quelque
» grandeur extraordinaire, à qui on n'ayt attaché incon-
» tinent des tiltres généalogiques nouveaulx et ignorés à
» son père, et qu'on n'ayt enté en quelque illustre tige;
» et, de bonne fortune, les plus obscures familles sont
» plus idoines à falsification. Combien avons-nous de
» gentilzhommes en France qui sont de race royale, selon
» leurs comptes? Plus, ce crois-je, que d'aultres. Feut-il
» pas dict de bonne grâce par un de mes amis? Ils
» estoient plusieurs assemblez pour la querelle d'un
» seigneur contre un aultre, lequel aultre avoit, à la
» vérité, quelque prérogative de tiltres et d'alliances
» eslevées au-dessus de la commune noblesse. Sur le
» propos de cette prérogative, chascun, cherchant à
» s'esgualer à luy, alleguoit qui une origine, qui une
» aultre, qui la ressemblance du nom, qui des armes, qui
» une vieille pancharte domestique; et le moindre se
» trouvoit ancien fils de quelque roy d'oultre mer.
» Comme ce feust à disner, cettuy-ci, au lieu de prendre
» sa place, se recula en profondes révérences, suppliant
» l'assistance de l'excuser de ce que, par témérité, il
» avoit jusqu'alors vécu avec eulx en compaignon; mais
» qu'ayant esté nouvellement informé de leurs vieilles
» qualitez, il commençoit à les honnorer selon leurs
» degrez, et qu'il ne luy appartenoit point de se seoir
» parmy tant de princes. Après sa farce il leur dict mille
» injures : Contentons-nous, de par Dieu! de ce quoy nos
» pères se sont contentez, et de ce que nous sommes.
» Nous sommes assez, si nous le savons bien maintenir;
» ne désadvouons pas la fortune et condition de nos
» ayeuls, et ostons ces sottes imaginations qui ne

» peuvent faillir à quiconque a l'impudence de les allé-
» guer (¹). »

III

M. le vicomte A. de Gourgues, dans ses *Réflexions sur la vie et le caractère de Montaigne,* publiées dans les *Actes de l'Académie de Bordeaux* (²), a raconté comment un des fils de M. le comte de Kercado, qui appartient à la famille de Montaigne, vit chez M. de La Rose un livre fort usé, relié en parchemin et portant des notes manuscrites dont plusieurs étaient de l'écriture de Michel de Montaigne, et comment ces notes manuscrites, communiquées au docteur Payen, ont été publiées par celui-ci.

Sur ce livre est écrite en latin l'inscription relative à la naissance de Michel, dont nous donnons le *fac-simile :*
« Aujourd'huy, est né de Pierre *Eyquem* de Montaigne
» et d'Anthoinette de Louppes, Michel *Eyquem* de Mon-
» taigne. »

Nous avons déjà rappelé que Montaigne a écrit : « Les miens se sont autrefois surnommés *Eyquem.* »

Il est donc parfaitement établi que le nom primitif de la famille était *Eyquem*. Ce nom est souvent écrit *Ayquem* et *Aiquem* par les anciens titres. Il est porté par Michel lui-même dans son enfance et dans sa jeunesse, ainsi que le constatent un grand nombre d'actes publics. Il est porté par ses oncles, par son père, par son grand-père, par son bisaïeul. C'est à partir de celui-ci que le nom seigneurial de Montaigne a commencé à s'ajouter

---

(¹) *Essais,* liv. I, ch. XLVI.
(²) *Actes de l'Acad.,* 1855, p. 485 et suiv.

au nom patronymique, après l'acquisition de la maison noble de Montaigne, et, peu à peu, la dénomination féodale a fini par remplacer et presque par faire oublier le nom de famille.

Celui-ci nous est utile pour rechercher les ancêtres de Michel de Montaigne.

Le nom d'Eyquem est très commun dans le Bordelais et dans le Médoc. Il a été porté par un grand nombre de personnes et il désigne plusieurs localités, parmi lesquelles nous citerons, près de Bordeaux, les Eyquem à Mérignac, et, près de Langon, le célèbre château Eyquem, dont le nom s'écrit aujourd'hui : Yquem.

M. Grün constate que le nom d'Ayquem est un des plus répandus de la Guienne pendant le moyen âge, et qu'il est essentiellement d'origine gasconne.

Le Dr Payen dit que la chose peut être fondée, mais qu'elle peut aussi être contestée. Il cite le *Journal encyclopédique* de 1773, le *Magasin encyclopédique* de Millin, en 1797, le médecin F. Grigny, *État des villes de la Gaule-Belgique*, qui, suivant lui, établissent que *Eyquem* est purement flamand. A quoi Mercier Saint-Léger ajoute :

« *Eyquem,* ou plutôt *Eyckem*, d'où l'on a inséré que notre
» auteur était originaire d'Angleterre ou de Flandre ;
» de Flandre, à la bonne heure, le mot Eckem étant
» purement flamand. L'anglais aurait dit Oakham.

» *Ecke*, en flamand, *eiche*, en allemand, *oak*, en anglais,
» signifient *chêne; heim* et *hame* signifient *hameau*, villa des
» Latins. *Eckem* signifierait donc le *hameau du chêne.* »

Nous avouons n'avoir aucune confiance en ces étymologies. Il n'y avait pas assez de rapports entre la Flandre et l'Aquitaine, ni même entre l'Angleterre et l'Aquitaine, avant le mariage d'Éléonore de Guienne, pour qu'un nom d'homme qui aurait été emprunté à l'une de ces nations étrangères, pût devenir aussi populaire et aussi usité dans toutes les classes sociales de l'Aquitaine.

Il faut remarquer, en effet, que le nom qui s'écrivait au moyen âge *Aiquem*, et qui n'est devenu *Eyquem* qu'après 1500, était habituellement porté, avant la domination anglaise en Guienne, par les seigneurs de Lesparre. Le savant M. Rabanis a établi, dans sa *Notice sur Florimond de Lesparre*, que ces seigneurs étaient de la race même des habitants du pays de Médoc, qui s'étendait jusqu'aux pays de Born et de Buch. Dans la charte de fondation du prieuré de Mansirot, insérée dans le tome II du *Gallia christiana*, on voit que ce prieuré fut fondé en l'an 1108 par un seigneur de Lesparre du nom d'*Ayquem-Wilhem*.

C'est encore un Ayquem-Wilhem, seigneur de Lesparre, qui permit, en 1130, à Geoffroy de Loriole de bâtir sur sa terre, à Saint-Romain-d'Ordenac, l'abbaye de Saint-Pierre-de-Lisle, et qui comparut en 1136 à la donation faite par le dernier duc d'Aquitaine, Guillaume, à l'abbaye de Sainte-Croix. Ce nom d'Ayquem est fréquent parmi les sires de Lesparre.

Ce nom d'Aiquem, porté également par de nombreux vassaux, est donc usité en Guienne avant le mariage d'Éléonore, qui va joindre la Guienne à l'Angleterre.

Depuis cette époque, ce nom a été porté non seulement par les sires de Lesparre, mais encore par des individus d'une moindre importance, dont quelques-uns cependant étaient riches et puissants. Ainsi, lorsqu'en 1363 le Prince Noir recevait, en l'église cathédrale de Saint-André de Bordeaux, le serment d'hommage des nobles et des communes de Guienne, parmi ceux qui rendent hommage, nous remarquons Guiraud Aiquem, jurat de Saint-Macaire.

Un chanoine de Saint-André de Bordeaux, Garcie Aiquem, originaire de Saint-Macaire, figure à la date du 22 août 1376 dans le livre des *Obit* de Saint-André. Il était très riche et fit des fondations pieuses pour des sommes considérables.

M. Grün croit que le château d'Yquem, aujourd'hui possédé par la famille de Lur-Saluces, et qui n'est pas éloigné de Saint-Macaire, a reçu son nom de la famille de ces Ayquem, le jurat de cette petite ville et le chanoine de Saint-André.

De nombreux documents du treizième et du quatorzième siècle nous désignent des Ayquem dans diverses localités des environs de Bordeaux et dans cette ville même. Nous les trouvons à Blanquefort, au Taillan, à Saint-Médard-en-Jalles, à Bruges, à Mérignac, à Pessac, et de l'autre côté du fleuve, à Floirac, à Camblanes, à Quinsac, à Cambes, à Beaurech.

Plusieurs de ces Ayquem paraissent être parents des Ayquem dont naîtra Michel de Montaigne. Ce qui, selon nous, rend probables ces liens de famille, c'est qu'à des intervalles de temps, quelquefois fort éloignés, il est vrai, nous voyons les mêmes immeubles passer des uns aux autres. Il serait trop long et sans grande utilité d'entrer dans de grands détails à ce sujet; toutefois nous devons en indiquer quelques-uns.

Ainsi, nous voyons dans le terrier de la chapelle du Gravilh, à Bègles, que le 4 mars 1406 (ou plutôt 1496), Johan Eyquem tenait en fief un pré en la palu de Bordeaux, « au loc aperat à las Madères, » entre le pré de

Guiraud Vert et un autre; il est en outre confronté par la « rolha devers la jala ». Le 13 janvier 1503 ce pré, avec les mêmes confrontations, est l'objet d'une reconnaissance de fief par « Johan Martin et Johanna Eyquem, marit et molher, *de Meyrignac* ». Les confrontations sont les mêmes : la famille Vert (Méric Vert); la rouille et la jalle. Enfin, le 16 décembre 1551, M. Me Pierre Eyquem de Montaigne, chanoine de l'église Saint-André de Bordeaux, frère de Michel de Montaigne, reconnaît tenir en fief du chapelain de la chapelle de Jehan de Gravilh « toute icelle pièce de pré qui est en la palu de Bordeaux » au lieu appelé autrefois à la Madères », confrontant encore aux héritiers Vert (au pré de Liot Vert), à une rouille vers le nord et à la raux, ou jalle.

Il semblerait donc que ces Eyquem de Mérignac étaient parents des Eyquem de Montaigne, qui leur succédaient dans la possession de la même pièce de terre.

Il existait à *Bruges,* en 1347, un Raymond Ayquem (Ramondo Ayquelini), qui fut témoin à la transaction passée entre la ville de Bordeaux et le chapitre Saint-Seurin, pour régler la juridiction du chapitre au Bouscat, à Caudéran et à Villenave-de-Bruges. En 1376, un Ramon Ayquem, peut-être le même, était témoin, avec le noble Guiraud de Roqueys, dans un acte relatif à l'abbaye de Sainte-Croix. Ce même nom de Ramon Ayquem sera porté, un demi-siècle plus tard, par le bisaïeul de Michel Eyquem de Montaigne.

A *Saint-Médard-en-Jalles,* plusieurs Ayquem, très probablement tous parents et venant de la même souche, étaient tenanciers au Puyau, à Lobeyres, à Tiran, à Corbiac, vers 1380. Un notaire de Bordeaux, Guilhem

Ayquem, était de cette famille. Nous avons un grand nombre d'actes de son exercice. Le 28 janvier 1376, Me Guilhem Ayquem, clerc et notary public, recevait en fief de noble dame Contor Furt, fille du noble seigneur Guitart Furt, et femme de Jean de Lamothe, seigneur de Cambes, des terres et vignes à Quinsac. Ce notaire portait habituellement le nom d'Ayquem du Puyau, ou *de Poyali*.

Nous verrons tout à l'heure des Ayquem établis à Blanquefort et parents de ceux de Saint-Médard-en-Jalles.

A Bordeaux même nous trouvons des Ayquem établis dès le commencement du quatorzième siècle.

Le *Livre des Bouillons* nous fait connaître, à la date du 4 octobre 1329, l'emplacement de la maison de Guilhem Ayquelin, ou Ayquem, héritier de Guillaume Artus, qui avait été l'un des commissaires dans l'enquête des padouens. Cette maison bordait le padouen de la ville, près du fleuve et de l'estey du pont Saint-Jean.

Une quarantaine d'années plus tard, nous trouvons à Bordeaux plusieurs autres Ayquem, établis dans divers quartiers. L'un est, en 1366 et 1377, paroissien de Saint-Pierre, il s'appelle Guilhem Ayquem. Le 23 mars 1377, un acte d'Ayquem de Poyali, notaire, nous le montre débiteur de rentes sur sa maison située rue de Lengon, paroisse Saint-Pierre. Sa femme, Peyronne Domens, concourt à l'acte. Un autre est, en 1378, paroissien de Sainte-Eulalie, il s'appelle Ramon Ayquem. Dans un acte reçu le 15 septembre 1378 par Me Ayquem de Poyali, il prend le nom de Ramon Ayquem de La Ferryère, bourgeois de Bordeaux; il reconnaît devoir des rentes sur une maison, jardin et vignes, paroisse de Beaurech. Et nous verrons, en 1456, honorable homme Ramon Ayquem, bisaïeul de Michel de Montaigne, posséder un domaine à Beaurech, au plantet.

A la même époque, le 20 juin 1380, il existait un Johan Ayquem, fils d'Arnaud Ayquem, de la paroisse Saint-Mexant, et bourgeois de Bordeaux. Était-il fils de cet Arnaud Ayquem qui transigeait, le 3 mars 1367, avec le chapitre Saint-André de Bordeaux et acquérait de lui des cens et rentes en la paroisse du Taillan?

Un acte du 7 avril 1381 nous montre Bernard Eyquem, fils et héritier de feu Pierre Eyquem, en son vivant bourgeois de Bordeaux, habitant la paroisse Saint-Rémy.

Jusqu'ici rien ne démontre rigoureusement la parenté ou l'alliance de ces familles Ayquem établies à Bordeaux avec la famille Ayquem d'où naquit Michel de Montaigne.

Mais à la fin du quatorzième siècle et au commencement du quinzième, nous trouvons des documents plus certains qui nous indiquent, à Blanquefort et à Bordeaux, des Ayquem qui nous paraissent incontestablement appartenir à la famille de l'auteur des *Essais*.

Avant de le démontrer, nous croyons devoir nous occuper un moment d'un Recueil déposé à la Bibliothèque de Bordeaux, relié en cinq volumes in-folio et portant pour titre : *Généalogie de la maison noble de Montaigne.*

Hâtons-nous de dire que ce titre n'est pas justifié. Il ne s'agit pas de généalogie. Ce Recueil, où nous avons puisé des renseignements très précieux, se compose d'actes originaux sur parchemin et sur papier, qui formaient en quelque sorte les archives du château de Montaigne, et qui s'y trouvaient déposées sans ordre et sans soin depuis plusieurs générations. Ces documents ont été achetés par M. Jouannet, bibliothécaire de la ville de Bordeaux, il y a une trentaine d'années. Ils ont été classés par M. Jules Delpit.

Dans ce Recueil se trouve un grand nombre de documents, tels que titres de propriété, pièces de procédure, contrats de mariage, etc. On y remarque plusieurs titres et contrats de mariage se rapportant à des Arnaud de Brelhan, dont les propriétés passèrent entre les mains des Ayquem de Montaigne, et d'autres titres se rapportant à des Ayquem de Blanquefort et de Saint-Médard-en-Jalles, auxquels les Ayquem de Montaigne avaient également succédé, au moins en partie.

Un mot sur ces Arnaud de Breilhan et ces Ayquem.

Il existait dans la paroisse de Blanquefort une petite seigneurie du nom de Breilhan qui appartenait, au quatorzième siècle, au chapitre de l'église Saint-André de Bordeaux. Les habitants de Breilhan étaient serfs questaux du chapitre, et, à plusieurs reprises, nous les voyons plaider contre le chapitre pour répudier le servage. Parmi ces serfs désireux d'indépendance, se trouvent plusieurs fois des Arnaud. Ces Arnaud de Breilhan paraissent avoir été des alliés des Ayquem, car le contrat de mariage de Ramunda de Brelhan, en date du 20 novembre 1389, et divers titres, notamment du 17 juillet 1403 en faveur de Guilhem de Brelhan, de la paroisse de Blanquefort pour la palu de la Tastasse, et du 24 mars 1439 en faveur de Guilhem Arnaud, fils de Pey Arnaud, pour une maison, rue des Menuts, se retrouvent dans le *Recueil des titres de la maison de Montaigne*; et, d'autre part, les domaines auxquels ces titres s'appliquaient entrèrent dans les biens de la famille de Montaigne.

Dans le premier volume du recueil déjà cité, on trouve une liasse de reconnaissances féodales faites en 1455 et 1456 par divers habitants de Blanquefort et de Saint-Médard-en-Jalles pour des terres qu'ils tenaient en fief « au corneau de Hastignan » de noble seigneur Mossen Ramon Andron, chevalier, seigneur de Lansac, de Tastes et de Béguey.

Presque tous les tenanciers qui figurent dans ce terrier portent les noms d'Arnaud ou de Ramon. Parmi ceux qui ont un nom différent, nous remarquons Martin Vaquey et Johan de Casaubon. Dans l'une de ces reconnaissances, du 22 mars 1455, les quatre premières lignes ont été grattées jusqu'au vif du parchemin. C'est là que devait se trouver, comme il se trouve dans les actes non altérés, le nom du tenancier. Mais on lit dans la suite de l'acte qu'il s'agit d'un « mayne », terres et vignes, confrontant d'un côté à celui de Maria Arnaud, et de l'autre à celui de Johan de Casaubon. En se reportant à l'acte de reconnaissance émané de Johan de Casaubon, on voit que son mayne « loc et terre » confronte à la vigne de Martin Ayquem.

C'est donc très probablement le nom de Martin Ayquem qui a été gratté, et ce grattage a dû être intentionnel.

Ce Martin Ayquem était-il le père de Ramon Ayquem, dont nous aurons bientôt à parler, et qui, lui, était bien authentiquement le bisaïeul de Michel de Montaigne?

Cela pourrait être, car nous verrons bientôt que c'est près de Blanquefort qu'a été le berceau de la famille Ayquem.

Quoi qu'il en soit, nous le répétons, nous n'avons trouvé aucun document certain qui nous démontrât la parenté des nombreux Ayquem dont les familles vivaient aux environs de Bordeaux ou à Bordeaux même avec les Ayquem dont sortit Michel de Montaigne. Cette parenté est, il est vrai, rendue probable avec quelques-uns, mais elle n'est pas établie.

Nous allons maintenant arriver à des faits parfaitement authentiques.

III

RAMON AYQUEM.

I. *Ramon de Gaujac,* bourgeois et marchand de Bordeaux. — Son mariage : les témoins Richard Makanan et Galhard Ayquelin. — La richesse de Ramon de Gaujac.

II. Il a pour neveu *Ramon Eyquem,* fils de sa sœur — Erreur de M. Payen. — Ramon Eyquem, héritier de Ramon de Gaujac. — Ramon Ayquem, né en 1402, fils de Jehanne de Gaujac. — Sa sœur utérine Jeanne Meynard. — Partage de la succession de la mère. — Maison de Ramon Ayquem dans la rue de la Rousselle. — Richesse de Ramon Ayquem. — Sa femme Ysabeau de Ferraignes. — Ramon Ayquem achète, le 10 octobre 1477, la maison noble de Montaigne.

III. Ramon Ayquem était originaire de Blanquefort, en Médoc. — Présomptions. — Preuves : 1º les Eyquem propriétaires à Blanquefort depuis plus d'un siècle en 1477; 2º le père et la mère de Ramon Eyquem ensevelis à Blanquefort.

> « Tout ce qu'il y a de ses dons (de la fortune) chez nous, il y est avant moy et au delà de cent ans. »
> (*Essais,* liv. III, chap X.)

I

Suivant l'usage constamment suivi à cette époque, RAMON DE GAUJAC, marchand établi à Bordeaux dans la rue de la Rousselle, paroisse Saint-Michel, portait le nom du village de Gaujac, près Blanquefort en Médoc, dont il était sorti pour venir à Bordeaux se livrer aux opérations commerciales.

Il avait réussi dans ses spéculations et avait déjà pris rang parmi les plus opulents lorsqu'il épousa, le 13 jan-

vier 1420, Trenqua Farguettas, fille d'un autre marchand, Guilhem Farguettas. A son contrat de mariage figurèrent divers bourgeois de Bordeaux, dont la présence indique l'importance du marié. Parmi ces noms nous citerons celui de Richard Makanan, d'une riche et puissante famille d'origine anglaise, établie à Bordeaux depuis deux cents ans et dont les membres avaient toujours joué un grand rôle dans la province. En 1404, suivant la *Chronique bordelaise,* « les jurats avaient pour
» agent Richard de Macanan, qui estoit favory du Roy
» d'Angleterre, du compte Dorcet, du duc d'Yorck et
» autres grands, auquel Macanan la ville fit présent de
» 450 escuz, qui estoit beaucoup en ce temps, le sup-
» pliant de les assister à Londres. »

Cc comte Dorset était « grand bienfaiteur et amy du
» corps de ville de Bourdeaulx », et surtout, paraît-il, lorsqu'il avait bu ample rasade de ces vins de Bordeaux que le corps de ville lui donnait gracieusement. En 1415, les députés de Bordeaux écrivaient de Londres au maire et aux jurats de leur envoyer encore quarante tonneaux de vin, parce qu'ils avaient trouvé « mal content » le comte Dorset. Les quarante tonneaux étaient destinés à apaiser sa mauvaise humeur.

Parmi les témoins du mariage de Ramon de Gaujac figure aussi Galhard Ayquelin, qui est le même nom que Ayquem.

Richard Makanan et Galhard Ayquem habitaient tous deux la *jurade* de la Rousselle. Ils furent tous deux, en 1407, choisis pour faire partie du Conseil des Trois-Cents *(los IIIe Senhors accoselhadors).* Galhard paraît avoir été un des héritiers de Pey Ayquem de La Rossella, qui était défunt en 1424.

Quoi qu'il en soit, Galhard Ayquem était paroissien de Saint-Michel et marchand; il possédait, le 29 juin 1427, une maison rue du Mostet (du Mugnet). Le 14 juillet 1433 il achetait à noble homme Géraud de La Mothe, seigneur de Cambes, un moulin à Cambes. Le 3 janvier 1435 il affermait ce moulin, qui confrontait au fief de mossen Jehan de Lestonna, prêtre. Le 20 décembre 1444, par acte de Pierre de Landa, notaire, honorable homme Galhard Ayquem, marchand, de la paroisse Saint-Michel et bourgeois de Bordeaux, fit son testament. Il donna à l'église Saint-Michel des rentes sur un bourdieu, paroisse de Beaurech, confrontant à la terre de Contor Ayquem. Sa sépulture fut mise dans l'église de Saint-Michel, près du crucifix. Il laissait une fille unique. « Honesta dona Maria Ayquem », fille et héritière de Galhard Ayquem, avait épousé Gombaud de Ferragnes, suivant un acte d'avril 1459.

Un grand nombre de titres, qui sont, comme le contrat de mariage de Ramon de Gaujac, contenus dans les titres de la maison noble de Montaigne déposés à la Bibliothèque de Bordeaux, nous représentent Ramon de Gaujac comme propriétaire de vignes en graves de Bordeaux et, à Saint-Genès-de-Talence, de prairies en la palu de Bordeaux et, en celle de Blanquefort, de plusieurs maisons à Bordeaux et notamment en la rue de la Rousselle.

Le 18 novembre 1461, Ramon de Gaujac, dit Bradot, achetait de Guillaume Demons, marchand de Bordeaux, de compte à demi avec son neveu Ramon Ayquem, ce qui semblerait indiquer une association entre eux, une maison située « devers lo mur de la ciutat de Bordeu », entre la rue de la Rousselle et le bord du fleuve, confrontant, suivant le langage de l'époque, « à la carreyra publica de l'un cap, entro à yma-mar ».

II

C'est le dernier acte dans lequel nous voyons figurer Ramon de Gaujac.

Peu après, des quittances pour des legs par lui faits dans son testament nous révèlent l'époque de sa mort et nous donnent des indications relatives à sa grande position de fortune.

Les quittances sont données à Ramon Ayquem, qui est l'héritier universel, Ramon de Gaujac n'ayant pas eu d'enfants; elles indiquent que l'exécuteur testamentaire était Grimon de Bordeaux, seigneur de Livran, sous-maire de Bordeaux. La première de ces quittances est du 4 août 1462; c'est donc entre cette date et celle de l'acquisition de la maison rue de la Rousselle, le 18 novembre 1461, qu'il faut placer la date du décès de Ramon de Gaujac.

Des legs nombreux et importants faits à diverses personnes de Blanquefort, telles que Valonsa de Segones, veuve, Guilloma Moliney, femme d'Arnaud de Ramefort, etc., démontrent que Ramon de Gaujac avait à Blanquefort des parents et des amis.

RAMON AYQUEM était fils de Jehanne de Gaujac, sœur de Ramon de Gaujac.

M. Payen [1] a cru que Ramon Ayquem était frère de Ramon de Gaujac. C'est une erreur qu'il n'eût pas dû

[1] *Rech. sur Montaigne*, p. 42.

commettre, car le testament de Ramon Ayquem est formel : celui-ci veut être enterré en l'église Saint-Michel, dans la chapelle fondée par Ramon de Gaujac, *son oncle;* il fonde des messes en l'église Saint-Michel pour le repos de l'âme de Ramon de Gaujac, *son oncle,* et pour celui de l'âme de Trenqua Farguettas, *sa tante.*

Jeanne de Gaujac avait été mariée en premières noces avec un nommé Meynard, et avait eu de ce premier lit une fille, Jehanne Meynard, qui épousa Arnaud Guiraud, de la paroisse d'Eysines en Médoc. Jehanne de Gaujac avait épousé en secondes noces un Ayquem, qui fut le père de Ramon Ayquem et dont nous ignorons le prénom. Nous présumons que ce pouvait être ce Martin Ayquem dont le nom a été gratté sur le parchemin de 1456.

La mère de Ramon mourut dans un âge très avancé, et, le 6 avril 1463, Jeanne Meynard et son mari Arnaud Guiraud reconnurent avoir reçu de leur frère et beau-frère, honorable homme Ramonot Ayquem, la part héréditaire de Jehanne Meynard dans la succession de la mère commune.

Ramon Ayquem était né en 1402, ainsi que nous l'apprend Michel. « Il nasquit l'an mil quatre cent deux (¹). » Il avait donc dix-huit ans en 1420, au moment du mariage de son oncle maternel, Ramon de Gaujac, auquel assistait son oncle paternel, Gailhard Ayquelin ou Galhot Ayquem. L'usage des diminutifs familiers dans les noms était alors très répandu. Ramon fut longtemps désigné sous le nom de Ramonot, comme nous venons de le voir dans l'acte du 6 avril 1463; dans un titre du 25 mars 1465 on l'appel Raymond Ayquelin.

(¹) *Essais,* liv. II, ch. xxxvii.

D'abord employé dans la maison de commerce de son oncle, puis son associé, Ramon Ayquem fut, ainsi que nous l'avons déjà dit, son héritier universel.

C'est en cette qualité qu'il prit en bail à fief nouveau, le 2 septembre 1467, du prieur du collége Saint-Raphaël, fondé par le vénérable archevêque Pey Berland, *de bona memoria,* comme disent les titres, une maison située dans la rue de la Rousselle. Le contrat dressé par le notaire Jehan de Chadaffauds en faveur de « honorable » homme Ramon Ayquem, marchand », désigne cette maison comme contiguë « à l'hostau dudit Ramon » Ayquem, marchand, heretey de Ramon de Gaujac. »

Ces deux maisons, celle qui venait de l'hérédité de Ramon de Gaujac et celle prise en fief du prieur de Saint-Raphaël, se trouvaient au couchant de la rue de la Rousselle et confrontaient à la rue de Sarlac, qui porte aujourd'hui le nom de Montaigne. C'était en face de ces maisons, de l'autre côté de la rue, que se trouvait la maison acquise le 18 novembre 1461 de Guillaume Demons. C'est à cette dernière que s'applique un acte de 1465 du notaire Dejean (Johannis), contenant une transaction sur procès entre le noble homme David de Junqueyras, damoiseau, sa sœur Marguerite de Junqueyras, femme de Arnaud Miqueu, d'une part, et dame Gailharda Aygat, femme de Johan de Bolhon, bourgeois de Bordeaux, à raison d'une maison située dans la rue « de » la Rossella, entre l'hostau de Ramonot Ayquem, d'une » part, et l'ostau et chays deus hereteys de Richard deu » Feulias, d'autra part. » Tandis que les deux premières étaient du côté de la rue sis au couchant « de la part de Sorelh Coquant », l'autre confrontait « à la yma de la mar », au bord du fleuve.

On rencontre dans les actes des notaires contemporains, dont les minutes sont conservées aux Archives, de nombreuses traces des opérations commerciales de Ramon Ayquem, notamment sur le pastel et sur les vins. On trouve dans les minutes de d'Artiguemale diverses acquisitions d'immeubles faites par lui et par sa femme; une maison « sur lo fossat », des vignes au Serpora, des rentes en argent et en vin sur le domaine de Maurian, paroisse de Blanquefort, des vignes à Floyrac, à Trespiac, paroisse Sainte-Eulalie.

Ramon Ayquem était un des plus riches et des plus influents marchands et bourgeois de Bordeaux, et ce qui suffirait à le démontrer, ce sont les alliances qu'il contracta lui-même et celles que firent ses enfants.

Il avait épousé, vers 1449, Isabeau de Ferraignes, sœur de Henri de Ferraignes, qui joua un rôle important à Bordeaux à la fin du quinzième siècle, et fut un des hommes les plus marquants de cette ville à cette époque.

Henry de Ferraignes fit partie, dès le 12 novembre 1462, du Parlement établi à Bordeaux par le roi Louis XI, sous la présidence de Jean de Tuder. Il avait exercé ses fonctions de conseiller jusqu'en 1469, époque à laquelle la Guienne fut donnée en apanage au duc Charles, frère du Roi; et, sous ce prince, il devint lieutenant général de la sénéchaussée de Guienne. Rentré au Parlement en 1472, lorsqu'après le décès du duc la Guienne fut revenue dans les mains du Roi et que la Cour de justice fut rétablie à Bordeaux, il fut en outre investi des plus hautes charges municipales.

Henry de Ferraignes épousa en premières noces noble

damoiselle Madeleine de La Mothe, fille de Jean de La Mothe, seigneur de Cambes, et en secondes noces noble damoiselle Jehanne du Puy, fille de Hélie du Puy, seigneur de la Jarthe.

Henry et Isabeau de Ferraignes étaient issus d'une famille de marchands établie dans la rue de la Rousselle. Pey de Ferranhas avait été, en 1407, avec Richard Makanan, Galhot Ayquem et autres, choisi dans la jurade de la Rousselle pour être un des 300 « senhors accosselhadors ». Déjà une alliance avait eu lieu entre les Ferraignes et les Ayquem : « Honesta dona Maria Ayquem, » fille et héritière de Galhot ou Galhard Ayquem, était en 1459 femme de Gombaud de Ferraignes.

Les enfants de Ramon Ayquem ne contractèrent pas de moins riches et de moins brillantes alliances.

Son fils aîné épousa Jeanne Dufour, dont le père était un riche marchand, plusieurs fois jurat de la ville; l'une des filles entra dans la vieille famille bordelaise des Andron de Lansac, une autre dans celle alors plus récemment élevée de Bernard de Vertheuil.

Telle était donc la grande situation de fortune et d'influence de « honorable homme Ramon Ayquem, marchand de la paroisse Saint-Michel et bourgeois de Bordeaux », lorsqu'il acheta, suivant acte de Dartigamala, notaire, en date du 10 octobre 1477, de Guilhaume Duboys, paroissien de Julhac, près de Gensac, les maisons nobles de Montaigne et de Belbeys en la châtellenie de Montravel, avec les vignes, bois, terres, prés et moulins y attenant, pour la somme de neuf cents francs bordelais.

C'est ainsi que la petite seigneurie de Montaigne entra dans la famille Ayquem, qui en prit le nom.

Les descendants de Ramon considérèrent comme leur premier ancêtre celui qui leur avait légué par héritage richesse et noblesse. Sur l'épitaphe latine du tombeau de Michel de Montaigne, le plus illustre d'entre eux, on lit :

MICHAELI MONTANO... PETRI F. GRIMUNDI N. REMUNDI-PRON.

« A Michel de Montaigne....., fils de Pierre, petit-fils de Grimond, arrière-petit-fils de Raymond. »

III

De ce qui précède, il résulte de la manière la plus certaine que Ramon Ayquem, le fondateur de la famille Eyquem de Montaigne, était un riche marchand et bourgeois, établi à Bordeaux, rue de la Rousselle, paroisse Saint-Michel.

Nous ajoutons qu'il était originaire de Blanquefort en Médoc.

En effet, aux présomptions tirées de ce que Ramon était héritier de son oncle Ramon de Gaujac, originaire de Gaujac, près Blanquefort; de ce qu'il était héritier des Arnaud Ayquem du Taillan et des Arnaud de Brelhan, près-Blanquefort, dont les titres de propriété se trouvent dans le recueil d'actes originaux intitulé : *Généalogie de la maison de Montaigne*, nous ajouterons une première preuve, tirée de ce que Ramon Ayquem avait une maison d'habitation sise à Blanquefort et reçue en héritage, maison où il paraît avoir souvent résidé, et une seconde preuve tirée de ce que son père et sa mère habitaient pendant leur vie à Blanquefort et qu'ils ont été ensevelis dans l'église de cette paroisse.

L'une des filles de Ramon, Peregrina Ayquem, épousa, le 9 août 1477, le noble Jehan Andron de Lansac, seigneur de Maurian, de l'illustre famille des Andron. Le contrat de mariage, reçu par le notaire d'Artiguemale, eut lieu à Blanquefort dans la *maison d'habitation de Ramon Ayquem,* père de l'épouse, et en sa présence, dit le contrat : « In paropia de Blancaforti in Medulco, in domo habitationis honor. Raym^{di}-Ayquem. » — Cette maison d'habitation appartenait depuis près d'un siècle à la famille Ayquem, et, à cet égard, aucun doute n'est possible. En effet, elle dépendait en fief du couvent des Frères-Prêcheurs de Bordeaux. Le terrier du couvent, conservé aux Archives, H 647, porte au folio 113 le titre : *Bouglon. Mettérie dite de Montaigne.* Parmi les titres qu'il inventorie figure, à la date du 26 juin 1380, un bail à fief fait par le couvent en faveur de Guilhem d'Artiguemale dit de La Cape, et de *Guilhem Ayquem,* de deux pièces de pré entourées de murailles et fossés, sises en la palu de Bouglon, paroisse de Blanquefort, qui confrontent au pré d'*Ayquem,* de Gorbeille (Gorbeille est une des petites localités de Blanquefort). Au folio 121 est une reconnaissance de fief faite au couvent le 7 août 1472, par Ayquart Negron, de la paroisse d'Eysines, d'une pièce de pré au lieu dit au Bouglonat, confrontant au pré de *Raymond Ayquem,* marchand de Bordeaux, qui est bien celui qui mariait sa fille en 1477, et qui est ainsi indiqué comme étant l'héritier du Guilhem Ayquem de 1380.

Ce bourdieu que Raymond Ayquem possédait à Blanquefort et dans lequel il mariait sa fille Peregrina, était affermé, le 2 septembre 1522, par sire Louis Bezian, tuteur des enfants mineurs de Grimond Ayquem, et indiqué comme sis au lieu de Bouglon.

Le même registre des Frères-Prêcheurs, au folio 114, relate une transaction passée le 26 janvier 1598 entre le couvent et M. de Montaigne, seigneur de Bussaguet et de Gayac, au sujet des droits de lods et ventes et des arrérages de la rente de dix francs bordelais due au couvent comme seigneur foncier et direct de deux prés, l'un desquels est englobé dans l'enclos d'une métairie située en la paroisse et palu de Blanquefort, au lieu dit à Bouglon, et l'autre sis auprès de la métairie, au lieu dit au Buisson. Et plus loin, le registre porte une promesse faite le 15 janvier 1599 au couvent, par M. de Montaigne, d'exporler et de reconnaître tenir dudit couvent la métairie située au lieu dit au *Bouglon* de Blanquefort, *sive à la Grange de Montaigne.*

Le plan (H 642) indique parfaitement la situation de cette métairie, qui fut vendue en 1599 à M. Menardeau de Beaumont, et appartint successivement aux sieurs Gélibert et Birouard, qui la possédait en 1696.

Elle est portée sur la carte de l'état-major avec le nom de Montaigne, et appartient aujourd'hui, si nous ne faisons erreur, à M. le baron de Portal.

Dans le testament de Ramon Ayquem, sur lequel nous aurons occasion de revenir, on lit une fondation de cent messes en l'église Saint-Martin de Blanquefort, pour le repos des âmes de son père et de sa mère « por las armas de mon pay et de ma may ». Cette fondation indique que c'était dans cette paroisse qu'avaient été inhumés son père et sa mère ; et, rapprochée du traité intervenu entre sa sœur et lui sur la succession de sa mère, elle confirme que c'est bien dans la juridiction et même dans la paroisse de Blanquefort, qu'est le berceau de la famille Eyquem.

Ce n'est donc pas en Angleterre qu'il faut rechercher l'origine de la famille de Montaigne.

Nous la trouvons à Blanquefort.

Nous allons tracer rapidement quelques notes sur la généalogie véritable de cette famille Eyquem, très probablement issue de serfs questaux du Médoc, longtemps confondue dans la foule ; nous la verrons, parvenue à la bourgeoisie et, s'élevant à la richesse par le commerce, acheter des seigneuries dont ses membres porteront les noms ; continuer cependant longtemps le négoce et remplir les charges municipales ; plus tard, échangeant la robe de jurat pour celle de conseiller au Parlement, et le tabouret du comptoir de la Rousselle pour le siége blasonné de fleurs de lys de la Cour souveraine, elle jettera sur le costume de cérémonie du maire de Bordeaux le collier des ordres du Roi, s'alliera aux familles de la province les plus illustres dans la robe et dans l'épée, et donnera son plus vif éclat dans la personne du célèbre auteur des *Essais*.

Les honneurs et les richesses pourront disparaître ; la race elle-même pourra s'éteindre. Désormais le nom de Montaigne est impérissable.

Arrêtons un moment nos regards sur cette petite seigneurie de Montaigne qui eut l'honneur de donner son nom à l'illustre descendant de Ramon Ayquem.

IV

LA MAISON NOBLE DE MONTAIGNE.

La maison noble de Montaigne; sa situation. — M. Magne. — Talbot. — La baronnie de Montravel, d'où dépendait la maison de Montaigne. — Les anciens seigneurs avant 1477.

> « Vostre maison est-elle pas en bel air et sain ? »
> (*Essais*, liv. III, chap. IX.)

> « C'est le lieu de ma naissance et de la plupart de mes ancêtres. Ils y ont mis leur affection et leur nom. »
> (*Id.*, *ibid.*)

En quittant à Montravel la route de Castillon à Sainte-Foy, peu après la ligne qui sépare le département de la Gironde de celui de la Dordogne, dirigeons-nous vers le Nord et suivons le chemin qui conduit au bourg de Saint-Michel de Montaigne. Le sol s'élève depuis les bords de la Dordogne; nous laissons à notre gauche la vieille église, d'apparence romane, et nous arrivons bientôt au sommet du mamelon; devant nous sont les murs du château de Montaigne.

A droite, avant d'entrer sous la porte voûtée qui donne accès dans les cours, le premier objet qui frappe les yeux c'est le pavillon où se trouvent la chapelle, la bibliothèque et le cabinet de travail de Montaigne. Les trois côtés levant, nord et midi sont occupés par des bâtiments de service; le château complète le quadrilatère du côté de l'ouest.

Château et servitudes ont été restaurés avec goût par M. Magne, le propriétaire actuel. Nous n'avons pas à en faire la description. Les toitures ardoisées et historiées ont remplacé les tuiles plates qui naguère recouvraient les deux tours et le corps du bâtiment.

La façade des jardins regarde l'Ouest. De ce point l'œil embrasse un magnifique panorama. Le regard descend d'étage en étage sur les croupes verdoyantes des mamelons qui découpent la vallée; au bas serpente la Lidoire, qui décrit un vaste arc de cercle au milieu d'une étroite bande de riantes prairies. Sur l'autre rive les coteaux se dessinent et s'estompent à l'horizon. Parfois, d'une de ces églises dont les flèches se dressent de divers côtés, le son lointain de la cloche de la prière vient animer ce tranquille paysage où tout respire le calme et la paix.

C'est non loin de là cependant que se livra la bataille où périt la nationalité de l'Aquitaine. La Lidoire vit ses eaux rougies du sang des Anglo-Gascons qui combattaient avec Talbot, dans la prairie de Colles. C'est sur ses bords que tomba le vieux guerrier avec ses fils. Plus tard, son épée fut retrouvée dans les flots, et on y lut sa devise : « J'appartiens à Talbot pour vaincre son ennemi. » *(Sum Talboti pro vincere inimico suo.)*

De la maison noble de Montaigne on put suivre les péripéties de la bataille.

A qui appartenait alors cette petite seigneurie?

La maison noble de Montaigne était un arrière-fief, et dépendait, pour la justice et pour l'hommage, de la baronnie de Montravel.

La terre de Montravel était une magnifique seigneurie qui comprenait dix-neuf paroisses, et dont relevaient un grand nombre de fiefs et de gentilshommes. Les anciens possesseurs en portaient le nom, et les documents historiques mentionnent au treizième siècle les Guillaume et Pierre de Montravel, qui jouissaient de la faveur des rois anglais, ducs d'Aquitaine. Geoffroy de Montravel fut dépouillé de ses domaines héréditaires par le Roi de France, pendant une des périodes où celui-ci s'empara de partie de la province; et, en 1303, nous voyons Geoffroy de Montravel, employé par le roi d'Angleterre à Edimburg, demander une indemnité « comme les autres » gens de Gascogne, pour les terres qu'ils ont perdues » dans leur pays ».

La *Chronique bordelaise* fait mention du don de cette seigneurie à l'archevêché de Bordeaux. « Arnaud, arche- » vesque de Bourdeaux, ayant acheté avec l'argent du » pape Clément, son oncle, les seigneuries et baronnies de » Montravel et de Belvès, en a fait donation à l'église » Saint-André, et les unit à jamais à la mense archiépis- » copale. »

D'après les papiers de l'archevêché, la donation de la baronnie de Montravel aurait été faite à l'archevêché en 1300, par l'archevêque Bertrand de Goth, qui fut élu pape en 1305.

Le plus ancien titre que nous connaissions, relatif à la maison noble de Montaigne, après, toutefois, un acte de 1207, par lequel un Guibert de Montaigne donne le moulin de Gailhard à l'abbaye de Faize, titre cité par M. Léo Drouyn [1], c'est l'acte des hommages rendus, le 25 février 1306, à l'archevêque Arnaud de Canteloup, par les gentilshommes de Montravel.

Ce jour-là quarante-sept tenanciers nobles, à genoux, sans ceinturon, épée, casque, ni capuce, vinrent devant

---

[1] *Guienne militaire*, t. II, p. 415.

l'église du château de Montravel, sous l'orme *(subtus ulmum)* faire hommage-lige sous le devoir d'une paire de gants blancs. Parmi eux se trouvait Pierre de Montaigne, damoiseau.

Dans les papiers de la maison de Montaigne, à la Bibliothèque de la ville de Bordeaux, nous trouvons quelques indications. Angevine de Montaigne, probablement fille de Pierre, épousa Guidon de Balbeyon, damoiseau, et fit son testament en 1327. Elle eut pour fils Guilhem de Balbeyon, qui réunit les deux terres de Montaigne et de Belbeys ou Balbeyon, qui furent depuis lors confondues, et fut père de Bernard de Balbeyo, damoiseau. Celui-ci épousa, le 20 novembre 1363, Conçois de Savinhac, damoiselle. On trouve encore trace d'alliances avec Raimond de Montpezat (1343); avec Vidal de Ségur (1361).

Mais depuis le testament de Raymonde Grimoard, veuve de Jean de Belbeys, damoiseau, et dans lequel elle parle de Hélie et Guidon de Belbeys, ses enfants (1375), nous ne voyons, ni dans ce recueil, ni dans les papiers de l'archevêché, ni dans ceux des notaires, aucun document sur les possesseurs de la maison noble de Montaigne.

M. Léo Drouyn cite un Pierre de Montaigne qualifié damoiseau en 1404, et un testament d'un Montaigne où le prénom et la date sont effacés, mais qui paraît se rapporter à la même époque et peut-être au même personnage.

Dans cet acte, N... de Montaigne, mari de Jeanne de Monedey, laisse 50 guiennois d'or du coing de Bordeaux à son fils naturel, Pey de Montanha, avec hypothèque sur les revenus de la terre de Montaigne, appartenant au testateur, plus toutes ses armes de guerre et de chasse (tot son arnes de quauque condition que sia), excepté sa cotte de fer qu'il laisse à Menaut de Valenx. Il nomme sa fille Jehanne de Montaigne, née de lui et de sa femme, son héritière universelle, et si cette dernière meurt sans enfants légitimes, il lui substitue par égales portions Jean de Ségur appelé de Francs, son cousin germain, et Bertrand de Casaus, damoiseau, son neveu. Il nomme exécuteurs testamentaires Jean de Ségur de Francs, son cousin ; Jehanne Monadey, sa femme, etc.

Nous perdons la trace des seigneurs de Montaigne jusqu'au moment où nous trouvons cette maison noble, en 1477, dans les mains de « honeste home Guilhaume » Duboys, paroissien de Julhac, en la chatellenie de » Gensac, » qui la vendit à Ramon Eyquem.

V

LA VEUVE ET LES ENFANTS DE RAMON AYQUEM.

I. Testament de Ramon Ayquem.
II. La veuve : damoiselle *Yzabeau de Ferraignes*.
III. Les enfants : Grimon, Pérégrine, Audeta, Pierre Ayquem.
    1º *Grimon* l'aîné : Fera l'objet d'un chapitre particulier. Il est le seul qui ait continué la descendance masculine.
    2º *Pérégrine* : Épouse, en 1477, noble Jehan Andron de Lansac, chevalier, seigneur de Maurian. Elle meurt sans enfants.
    3º *Audeta* : Épouse Bernard de Vertheüil. Sa fille épouse Jean du Fleix. Plusieurs enfants.
    4º *Pierre* : Associé de Grimon ; meurt sans enfants.

    « Je suis nay d'une famille qui a coulé sans éclat et sans tumulte. »
    (*Essais*, liv. III, chap. X.)

I

A l'époque où Ramon Eyquem achetait la maison noble de Montaigne, il avait soixante-quinze ans. C'est au moment de quitter la vie que le riche marchand de la rue de la Rousselle ajoute aux richesses qu'il va laisser à ses descendants ce petit fief seigneurial dont le nom, faisant oublier le sien, va devenir celui de sa famille. Ce sont ces richesses, acquises dans le commerce des harengs, des vins et du pastel, par Ramon de Gaujac et par Ramon Eyquem, destinées à être augmentées encore par le fils aîné de ce dernier, qui feront dire à Michel, dans les *Essais* : « Tout ce qu'il y a des dons de la fortune chez

» nous, il y est avant nous, et au-delà de cent ans. » Et ces dons de la fortune étaient considérables, car la part seule qui en revint à Michel et qu'il laissa à sa fille Éléonore était encore assez grande pour qu'Antoinette de Louppes, grand'mère de celle-ci, pût dire dans son testament que Michel et sa fille avaient vécu dans une grande opulence.

Ramon Eyquem ne survécut pas longtemps à l'achat de la terre noble de Montaigne : « Mon bisayeul, dit » Montaigne, a vécu près de quatre-vingts ans ([1]). » Le 12 juin 1478, le lendemain de sa mort, son testament fut déposé entre les mains de M⁰ Jehan Gimel, jurat et prévost de Bordeaux, par « la honorable dona Yzabe de » Ferranhas, sa veuve, et par Grimon Eyquem, son fils, » paroissien de Saint-Michel, et bourgeois de Bordeaux. »

Ce testament, en gascon, est daté du 5 juin 1475. Il commence ainsi :

« Yo, Ramon Ayquem, marchant, parropian de la » gleiza de San-Miqueu et borguès de Bordeu, san de » mon cors et de ma pensa, et estan en bon sens et bona » memoria. »

Le testateur se préparait à aller en pélerinage à Saint-James de Galice. (Saint-Jacques de Compostelle.)

Il veut être enterré dans la chapelle fondée en l'église Saint-Michel par Ramon de Gaujac, son oncle. Il fait divers legs pieux. Il fonde un grand nombre de messes dans diverses églises, pour lui et pour les membres de sa famille. Parmi ces fondations il est important de remarquer celle de cent messes, en l'église de Saint-Martin de Blanquefort, pour le repos des âmes de son père et de sa

---

([1]) *Essais*, liv. II, ch. XXXVII.

mère : « por las armas de mon pay et de ma may. »
Cette fondation indique que c'était dans le cimetière de
cette église qu'étaient enterrés son père et sa mère, et
démontre que c'est là, autour de Blanquefort, qu'est le
berceau de sa famille.

Ramon Ayquem fonde des messes en l'église Saint-
Michel de Bordeaux pour l'âme de Ramon de Gaujac, son
oncle, et pour celle de Trenqua de Farguettas, sa tante ;
d'autres pour Galhot Ayquem, son oncle, calonge (chanoine), de Saint-Seurin ([1]). Il fait un legs à Martin
Bacquey, marchand et bourgeois de Bordeaux, « son
compay, » seigneur de Sallebœuf ([2]).

([1]) Nous avons trouvé de nombreux Ayquem parmi les gens
d'église. Le livre de la Jurade indique, vers 1404, un « Petrus
Ayquelini, prebendarius Burdigalensis diocesis de Medulco. » Nous
avons déjà parlé du chanoine de Saint-André, Garcie Ayquem,
enterré en cette église en 1376.

Le Galhot Ayquem, chanoine de Saint-Seurin, dont il est question
au testament de Ramon Ayquem, pourrait être mossen Galhard
Ayquem de Mornhac, prestre, dont il est question dans un acte du
10 septembre 1427.

([2]) Martin Bacquey, ou Vaquey, et un allié maternel de la famille
Eyquem, Arnaud-Bertrand, de Blanquefort, avaient acheté de compte
à demi la seigneurie de Breilhan, en Médoc. Les archives du chapitre de Saint-André de Bordeaux constatent que, le 31 janvier 1477,
le chapitre « bailla auxdits Bertrand et Bacquey tous les droits de
seigneurie qu'il avait au territoire et courneau de Breilhan, en la
paroisse de Blanquefort, pour une rente de 25 livres bordeloises. »

Ce Martin Vaquey avait transigé, le 15 novembre 1473, avec les
Bénéficiers de Saint-Michel, en qualité « d'héritier de Johan Vaquey,
dit *lo Forney de S. Macari*, » son oncle, pour des rentes de blé à
Sallebœuf, Pompignac et Calhau (Entre-deux-Mers), Arcins et La-
marque, en Médoc, données par Johan Vaquey à l'église. La fille de
Martin Vaquey épousa le noble homme Jean Andron de Lansac,
seigneur de Maurian, lorsque celui-ci eut perdu sa première femme,
Pélégrine Ayquem, fille de Ramon Ayquem. Devenu vieux, Martin
Vacquey fut convoqué, en 1594, à l'assemblée du ban et arrière-ban
pour la guerre d'Italie.

Il laisse à sa femme, Ysabe de Ferraignes, la jouissance d'un grand nombre d'immeubles : des vignes, des palus, des rentes, des maisons rue des Menuts, rue de la Rousselle, rue du Pont-Saint-Jean ; il dote en argent ses deux filles, Pérégrina et Audeta Ayquem : enfin il constitue pour héritiers universels ses deux fils, Grimon et Perrin Ayquem.

Il désignait comme exécuteurs testamentaires Jehan Gimel et Martin Vaquey, son compère, tous deux marchands et bourgeois de Bordeaux.

Un terrier de l'église Saint-Michel, relatif aux anniversaires « fondés par feu Raymond Eyquem, en son vivant, seigneur de Montaigne », nous apprend que sa sépulture était en l'église Saint-Michel, dans la chapelle Saint-Clou. Ramon avait porté peu de temps le titre de seigneur de Montaigne, ayant acquis cette maison noble le 10 octobre 1477, et étant mort le 11 juin 1478.

Ramon laissait une veuve et quatre enfants : deux fils et deux filles. L'aîné de ses enfants avait vingt-huit ans ; il était marié ; une des filles était mariée depuis peu. Nous allons nous occuper successivement de la veuve et de chacun des enfants, et nous réserverons pour le dernier le fils aîné, Grimon, qui seul continua la descendance masculine.

II

Ysabe de Ferraignes, damoiselle, veuve de Ramon Eyquem, appartenait, comme nous l'avons dit, à la riche et influente famille des Ferraignes.

La maison patrimoniale qui portait le nom de maison

de Ferraignes était située dans la grande rue commerçante de Bordeaux, à cette époque, dans la rue de la Rousselle. Elle devint la propriété de Henri de Ferraignes; et après la mort de celui-ci, en 1487, elle fut louée par Grimon Eyquem et Pierre de Lestonna, tuteurs de ses enfants mineurs, en même temps que d'autres maisons rue de la Rousselle et rue du Pont-Saint-Jean.

Dès 1479 la riche veuve, alors âgée d'environ cinquante ans, épousait, en secondes noces, noble Jehan d'Anglade, chevalier, seigneur d'Anglade et de Béleyron, d'une des plus illustres familles du Bordelais.

Ysabeau de Ferraignes avait un procès en 1485 contre Jaubert de Chicque, à raison de l'acquisition que celui-ci avait faite d'Amanieu d'Arsac, seigneur de Monadey, de la maison noble de Monadey, située dans la rue Saint-Siméon.

En 1488 elle prit part au partage de la succession de son fils puîné Pierre ou Perrin, décédé sans enfants.

Elle était veuve du seigneur d'Anglade en 1491; et le 24 octobre 1491, étant sa propre maîtresse, « *sa dona*, » elle achetait, pour 1,200 francs bordelais, une maison rue du Pont-Saint-Jean. Nous la voyons encore, en 1502, donner à loyer une maison rue Dieu, paroisse Saint-Rémy.

Elle mourut en 1508, à l'âge de près de quatre-vingts ans, ayant survécu à trois de ses enfants, à son fils Pierre et à ses deux filles. Sa succession fut partagée le 23 novembre 1508, par acte de Turpaud, notaire, entre noble Grimon Ayquem, citoyen de Bordeaux, et les mineurs du Fleix, ses arrière-petits-enfants, descendants d'Audeta Ayquem, sa fille.

III

La fille aînée de Ramon, PÉRÉGRINA AYQUEM, épousa, le 9 mars 1477, noble Jehan Andron de Lansac, seigneur de Maurian. Le contrat, retenu par le notaire d'Artiguemale, fut passé à Blanquefort, dans la maison d'habitation de Ramon Ayquem, père de l'épouse, et en sa présence. Les biens qui furent constitués en dot devaient faire retour à Ramon ou à sa famille si la future venait à décéder sans enfants.

Cet événement se réalisa, et Jehan Andron de Lansac, devenu veuf, épousa en secondes noces la fille de ce Martin Vaquey, marchand enrichi et devenu seigneur de Sallebœuf, dont nous avons déjà parlé.

La seconde fille, AUDETA AYQUEM, épousa un des plus riches marchands de Bordeaux, Bernard de Vertheuil, fils de Bernard de Vertheuil et de Guilhelmina Demons. Un acte du notaire Bosco (26 mai 1487) nous dit que Martin d'Ortebac reconnaît devoir « à honorable dona » Audeta Ayquem, molher de honorable home Bernard de » Bertulh, » la somme de 6 f. 6 s., pour la vente d'une barrique de vin.

Le testament de Bernard de Vertheuil (20 mars 1507) nous indique qu'il était veuf en premières noces d'Auda Ferron, sœur de Jehan Ferron le vieux et de Jehan Ferron le jeune, bourgeois et marchands de Bordeaux. Il devint veuf, vers la fin de 1487, d'Audeta Ayquem, et se maria en troisièmes noces à Blanquine de Bolhon.

Bernard de Vertheuil laissait d'Audeta Ayquem une fille unique, et de son troisième lit quatre enfants, dont trois filles et un fils, Jehan de Vertheuil, qui continua sa descendance (¹).

Nous n'avons pas à nous occuper des enfants de ce lit.

Bernard de Vertheuil avait désigné comme l'un de ses exécuteurs testamentaires son beau-frère Grimon Ayquem.

La fille de Bernard de Vertheuil et d'Audeta Ayquem épousa Jehan du Fleix, fils du riche marchand Bernard du Fleix, dont elle eut plusieurs enfants.

Elle mourut avant sa grand'mère, Ysabeau de Ferraignes.

Perrin, Pierre, ou PEY AYQUEM était associé de Grimon, son frère aîné, et comme lui héritier universel de Ramon, leur père. Ils ne firent jamais de partage, et la seigneurie de Montaigne dut rester indivise entre eux.

Ils continuaient, dans la rue de la Rousselle, les affaires commerciales de leur père. Un contrat d'apprentissage, dressé par le notaire Bosco en 1487, dit que Peyrot, fils de Gassiard de Brusselay, de la ville d'Orthès en Béarn, prend l'engagement de demeurer apprenti de « honorables » hommes Grimon et Pey Ayquem, frays, marchands, » de la paroisse Sent-Miqueu. » Le 22 octobre 1487, « Grimon et Pey Ayquem, frays, » prêtaient à Pey Bonnin,

---

(¹) Bernard de Vertheuil avait un frère, Ramon, avocat au Parlement, dont la fille, Serène de Vertheuil, épousa, le 17 janvier 1503, Jean de Ferron, avocat au Parlement. Celui-ci devint conseiller et fut père de Mondot de Ferron, chevalier de Saint-Jean-de-Jérusalem ; de Charles de Ferron, seigneur de Carbonnieux, et du célèbre jurisconsulte Arnauld de Ferron, qui mourut en 1563. On a de celui-ci : *Observat. sur la coutume de Bordeaux*, Lyon, 1565, ainsi que la continuation *en latin* de l'*Histoire de Paul-Émile*, de 1484 à 1547, Paris, 1555, et en français de l'*Histoire des rois de France*, dé Du Haillan.

Scaliger lui avait donné le surnom d'*Atticus*.

de la paroisse Saint-Martin de Blanquefort, et prenaient hypothèque sur sa terre, qui confrontait à celle de Jehan du Porge et d'Arnaud de Tastet.

Pierre Eyquem décéda au commencement de l'année 1488, sans avoir été marié. Le 21 août 1488, son frère Grimond se présenta devant Nolot Revesque, jurat de Bordeaux, et lui exposa que peu de jours auparavant Dieu avait appelé à lui Pierre Eyquem, son frère; qu'ils avaient été associés dans toutes leurs affaires commerciales comme dans les biens héréditaires qu'ils avaient recueillis dans la succession de Ramon, leur père; que peut-être existait-il un testament de Pierre dans les mains de dame Ysabeau de Ferraignes, leur mère; qu'il demandait la nomination d'un notaire pour représenter la succession. Le jurat commit Me Estienne Galisson, notaire. Le 28 août, Me Galisson et Grimond Eyquem présentèrent au jurat Nolot Revesque, et à la court de Saint-Yliège (Saint-Éloi), un cahier contenant trente-deux feuillets de papier, chacun d'eux contresigné par le notaire et contenant l'inventaire des biens meubles et immeubles de la société qui avait existé entre les deux frères; et ils requirent la nomination d'experts pour estimer ces biens. La cour de Saint-Éloi nomma pour experts Jehan Gimel le vieux, jurat, Bernard de Vertheuil et Thibaud Bec.

VI

GRIMON AYQUEM, SEIGNEUR DE MONTAIGNE.

Son commerce. — Association avec son frère Pierre. — Son habitation dans la rue de la Rousselle. — Ses procès. — Ses affaires. — Ses associations avec Simon Bouloys et Arnaud de Pontac. — Ses charges à la paroisse et à l'Hôtel de Ville. — Acquisitions de terres et maisons. — Il règle la succession de sa mère. — Sa seigneurie de Montaigne. — Sa femme, *Jehanne Dufour*. — Sa mort en 1519. — Laisse ses enfants encore jeunes. — Ceux-ci obtiennent une bulle du pape Léon X.

GRIMON AYQUEM, le fils aîné de Ramon, était né vers 1450 [1]; il avait de vingt-sept à vingt-huit ans au moment de la mort de son père et était associé avec son frère Pierre. Il habitait la maison héréditaire, rue de la Rousselle, à laquelle en avaient été adjointes deux autres, celle prise en fief du chapitre Saint-Raphaël, et une autre prise en fief de Grimon Andron, seigneur de Lansac.

Les actes des notaires contemporains contiennent un très grand nombre de chargements de navires faits par Grimon Ayquem pour l'Espagne, la Bretagne, l'Angleterre, les Flandres. Il faisait particulièrement le commerce du pastel, alors très considérable à Bordeaux.

[1] M. Payen le fait, à tort, naître en 1440 et mourir en 1509. Il ne mourut qu'en 1519; et comme il avait alors soixante-neuf ans, au témoignage de Michel (*Essais*, II, 100), il en résulte bien qu'il était né en 1450.

Il ne fut pas sans avoir quelquefois des procès. Il en avait un en 1500 contre Berthomé de Diuzayde, seigneur d'Aguilhe.

Il en avait d'autres à la même époque avec Jean de Carle, docteur en droit et clerc de ville de Bordeaux, avec noble homme Pothon de Ségur, seigneur de Francs, avec Guilhem de Campagne et Gaucemot Pilet, marchands.

Il fut témoin, en 1504, au contrat de mariage de sa nièce Billone Aysselin, fille d'Auda deu Forn, sa belle-sœur, avec honorable homme Guilhem de Lestonna, fils de Pierre de Lestonna, bourgeois et marchand de Bordeaux.

Le 22 septembre 1505, il obtint du maire et des jurats de Bordeaux la concession de terrains contre les padouens de la ville.

En 1507, Grimon Ayquem fut, avec Guilhem de Salignac, Bernard du Fleix et Blanquine de Bolhon, veuve de Bernard de Vertheuil, exécuteur testamentaire de Bernard de Vertheuil, qui était veuf de la sœur de Grimon.

Le 23 octobre 1511, un arrêt fut rendu par le Parlement entre Mᵉ Jehan de Vaignolles, notaire et secrétaire du Roi, d'une part, et Grimon Ayquem et Simon Bouloys, marchands et bourgeois de la ville et cité de Bordeaux. L'arrêt porte notamment : « Et en tant que touche ledict
» Ayquem, la Cour ordonne qu'il nommera de son cousté
» deux marchands, et le sieur de Vaignolles deux aultres,
» gens de bien, experts, non suspects ni favorables à
» l'un et à l'autre, pour estimer combien valait la pipe
» de pastel à 12 florins de titre en l'an 1500. »

Un acte du notaire Jacques Devaulx, du 4 avril 1510, constate que, par arrêt du Parlement, la Cour avait confié à Grimon Ayquem 350 livres de poivre appartenant au roi de Portugal.

Par un autre arrêt du Parlement, noble Grimon Ayquem, seigneur de Montaigne, fut nommé, vers 1512, dépositaire d'une somme de 10,000 livres dans un procès entre Charles de La Trémouille, prince de Talmont, et Louise de Coëtivy, sa femme, contre Anthoyne de Monbéron.

Grimon Ayquem était fermier des revenus de l'archevêché de Bordeaux, en société avec Simon Bouloys et Arnaud de Pontac. Ils furent tenus, par arrêt du Parlement du 2 octobre 1512, de délivrer certaines sommes au chapitre de Saint-André, et ils eurent, en 1513, des difficultés avec monseigneur Jehan de Foix, archevêque de Bordeaux.

Grimon était fabricien de Saint-Michel, sa paroisse, et, le 29 octobre 1497 (Bosco, notaire), honorable homme Grimon Ayquem, marchand, « comme obrey et fabri» queux de l'obre et fabrique de la gleyza de Sent» Miqueu de Bourdeaulx, » échangea une maison située dans la rue Neuve contre une autre située au « poyadeuy de la Grava », appartenant à Estève de Pontac, potier d'étain (estanhey), et à Marie de Biron, « sa molher, » de ladite paroisse Saint-Michel.

Grimon Ayquem fut jurat de Bordeaux de 1485 à 1503. A cette époque il devint prévôt de la ville (¹).

Grimon Ayquem, outre les actes de son commerce, fit un grand nombre d'actes qui sont conservés par les notaires de cette époque; il fit de nombreuses acquisitions de terres et de maisons. Nous ne pouvons les

(¹) *Chronique bordeloise.*

relater toutes. Le 26 juillet 1497, « honorable homme Grimon Ayquem, ciptadan de Bordeu, » agissant par son fondé de pouvoirs, « honorable homme Bernard de Ver-
» theuil, » son beau-frère, acheta à « honête homme Johan
» Gimel lo bieilh ([1]), » marchand de la paroisse Sent-Miqueu, une maison près de la rue de la Rousselle, « en
» la rua qui va et qui es darrey l'ostau et la cosine
» (cuisine) dudit Gimel et l'ostau dudit Ayquem. » Cette vente fut faite pour le prix de 100 francs, qui furent payés en un bassin d'argent avec les bras dorés et un triolet au milieu, pesant 5 mars 6 onces et demie et 4 sous bordelais de monnaie courante.

Il possédait aussi une maison à Campaure, ainsi qu'il résulte d'un acte du 1er juillet 1507, de Militis, notaire, par lequel le couvent de l'Observance achète une maison et jardin « au loc aperat Campeyrau, paroisse de Notre-
» Dame-de-Puypaulin, dins los fossats de la ville entre
» la plasa et l'hostau de Grimon Ayquem, d'una part,
» et lo camyn comunau, d'autra part. »

Il régla, le 4 et le 27 novembre 1508, la succession de sa mère Ysabe de Ferraignes, dont il était le seul enfant survivant, avec ses petits-neveux, enfants de sa nièce Ysabeau de Vertheuil, fille de sa sœur Audète Ayquem. Les enfants mineurs d'Ysabeau de Vertheuil et de Jehan du Fleix étaient représentés par leur grand-père Bernard du Fleix, riche marchand, et, par échange avec eux, Grimon devint possesseur de terrains situés aux Chartreux (faubourg des Chartrons) et de terres à Mérignac et à Blanquefort.

([1]) Sire Jehan Gimel, citoyen de Bordeaux, figure au nombre des exécuteurs testamentaires de Ramon Ayquem. Il acheta, le 25 mars 1480, la seigneurie de Lamothe de Margaux à noble Thomas de Durefort, et la transmit à son gendre, Jean de Lory.

Quoiqu'il eût succédé à son père Ramon dans la possession de la maison noble de Montaigne, Grimon, comme nous venons de le voir, habitait constamment Bordeaux, où était le siége de son commerce et de ses principales affaires et où il remplissait les charges municipales. Il se qualifiait ordinairement de honorable homme, marchand et bourgeois, plus tard citoyen de Bordeaux. Cependant, si dans les actes qu'il passait pour les besoins de son commerce il ne prenait habituellement que les qualifications de bourgeois ou de citoyen, il prenait celle de seigneur de Montaigne toutes les fois qu'il s'agissait de sa maison noble.

La possession de cette maison noble n'était pas cependant encore bien assurée dans ses mains. Les enfants de ce Guilhem Duboys qui l'avait vendue en 1477 à Ramon Ayquem, réclamaient ce domaine du chef de leur mère, ou du moins prétendaient avoir des droits de créance sur la terre; un litige allait s'élever; il fut éteint par une transaction entre Grimon Eyquem et les héritiers Dubois; ceux-ci, le 17 avril 1509, moyennant le paiement de certaine somme (120 livres) qui fut fixée par arbitres et payée par Grimon, ratifièrent la vente faite en 1477.

Devenu propriétaire à l'abri de toute éviction, le 14 mai 1510, noble homme Grimon Ayquem, écuyer, seigneur des maisons nobles de Montaigne et de Belbeys, afferme les revenus de ces domaines pour le prix de 300 francs bordelais par an. Il prend les mêmes titres dans un acte d'achat d'un ruisseau à Montaigne qu'il achète à Johan Garreau.

Le 23 juin 1517, le curé de Blanquefort, Jehan de Vivant, protonotaire apostolique, aumônier du Roi en ce moment à Paris, donne sa procuration à noble homme Grimon Ayquem, seigneur de Montaigne.

A la même époque, il paraît avoir acquis des droits de seigneurie à Mérignac et à Bouliac. Ainsi, le 18 mai 1517, honnête homme Bernard de Hiriart, marchand et bourgeois de Bordeaux, faisant son testament par devant le notaire Brunet, déclare avoir accensé la seigneurie de Veyrines à M. de Montaigne. Dans un autre acte du même notaire, du 4 novembre 1517, pour des vignes à Bouliac au lieu de Mathacolom, Grimon Ayquem est qualifié de noble homme seigneur de Montaigne et de Mathacolom.

Grimon Ayquem était allié à des familles qui, comme la sienne, comptaient parmi les plus riches et les plus influentes de la cité. Il était le neveu de Henry de Ferraignes et le tuteur des enfants de celui-ci. Une de ses sœurs avait épousé le noble homme Jehan Andron de Lansac, chevalier, seigneur de Maurian; l'autre, le riche Bernard de Vertheuil.

Grimon avait épousé lui-même la fille d'un opulent marchand (¹), Johanna deu Forn (Jeanne Dufour), dont les sœurs avaient épousé, l'une Grimon Duboys, fils de celui qui avait vendu à Ramon Eyquem la maison noble

---

(¹) Grimon du Four, ou deu Forn, était jurat de Bordeaux de 1483 à 1499, souvent avec Grimon Ayquem, son gendre. Il avait lui-même épousé Billone Ap, fille de Pey Ap et sœur d'autre Pey Ap, jurat de Bordeaux aux mêmes époques. Ce Pey Ap acheta, en 1499, un domaine à Macau; il le transmit à sa sœur Billone, femme de Grimon Du Fourn. De ceux-ci, le domaine passa à leur fille, Johanne deu Forn, femme de Grimon Ayquem, et entra dans la famille Ayquem de Montaigne. Il figure dans le partage de 1568 entre Michel de Montaigne et ses frères. De Pey Ap et de Jeanne Dufour, son héritière, vinrent encore à la famille Eyquem des terrains à Bordeaux, sur les bords du ruisseau le Peugue.

de Montaigne, et l'autre un des gros marchands de l'époque, Billon Aysselin. En 1498, Johanna du Forn, molher de honorable homme Grimon Ayquem, accensait et donnait à ferme un moulin à Bègles sur l'eau bourde, avec trois mules. Elle stipulait une redevance d'un quart de farine tous les vendredis et le droit de faire moudre tout le froment dont elle aurait besoin pour le service de sa maison.

En 1506, le nom de Jeanne Dufour se retrouve encore dans des actes notariés.

Grimon Ayquem dut mourir dans les premiers mois de l'année 1519. Il avait soixante-neuf ans, au témoignage de son petit-fils Michel : « Mon ayeul a vécu soixante-neuf ans ([1]). »

Il laissait quatre enfants mâles et deux filles : Pierre *l'aîné,* Thomas, Pierre *le jeune,* Raymond, Blanquine et Jehanne.

Nous reviendrons sur chacun d'eux.

Ils étaient tous fort jeunes au moment de la mort de leur père, et ils éprouvèrent des difficultés à se mettre en possession de la fortune mobilière considérable qui formait le capital commercial des riches marchands de la Rousselle, Ramon et Grimon.

Ils durent s'adresser, pour obtenir les moyens de connaître les objets dépendant de la succession de leur père, à la juridiction qui avait à cette époque le droit d'ordonner ce que la procédure moderne appelle des *enquêtes par commune renommée.* Ils présentèrent leur supplique au pape Léon X, se plaignant de ce que certains de leurs parents leur cachaient et dissimulaient les

---

([1]) *Essais,* liv. II, ch. 37.

biens provenant de l'hérédité de leur père et de leur mère. Le pape donna, le 19 avril 1519, l'ordre d'informer à l'official de Bordeaux, juridiction ecclésiastique investie du droit de faire enquête.

Cette procédure indique l'époque de la mort alors récente de Grimon. Elle dut avoir lieu peu de temps avant le mois d'avril 1519, c'est-à-dire vers le commencement de cette année ou la fin de la précédente.

VII

LES ENFANTS DE GRIMON AYQUEM, SEIGNEUR DE MONTAIGNE.

§ 1. LES BRANCHES CADETTES.

I. *Thomas Eyquem de Montaigne*, dit *M. de Saint-Michel* : Il est curé de Saint-Michel de Montaigne, chanoine. — Son testament, 1541.

II. *Pierre Eyquem de Montaigne, seigneur de Gaujac* : Chanoine de Saint-André et de Saint-Seurin. — Curé de Caplong-Saint-Quentin et de Saint-Michel de La Hontan. — Ses richesses. — Son testament.

III. *Blanquine Eyquem de Montaigne* : Épouse Martial de Belcier, a pour fils Anthoine de Belcier, président au Parlement, Jehan de Belcier et Jeanne, femme de M. Jean Tibauld, avocat en la Cour.

IV. *Jeanne Eyquem de Montaigne* : Veuve de M. Me Nicolas Dugrain, notaire et secrétaire du Roy. — Pas d'enfants. — Son testament.

V. *Raymond Eyquem de Montaigne* : Avocat au Parlement. — Il est pourvu de la cure de La Hontane, sans être prêtre. — Il renonce à être d'église. — Il est nommé conseiller à la cour de Parlement, après avoir prêté 6,000 livres au Roi. — Il est seigneur de Bussaguet. — Il se marie, en 1546, avec demoiselle Adrienne de La Chassaigne, dont il a plusieurs enfants. — Ses acquisitions de terres et ses procès. — Ses relations avec Gaston de Foix, marquis de Trans et Adam Du Benquet ; avec Guillaume Le Blanc, les Vacquey, Bernard de Ségur de Pardailhan. — Son deuxième mariage avec Renée de Belleville. — Les Harpedane. — Situation de Raymond. — Son influence au palais. — Ses affaires privées. — Son testament. — Ses quatre enfants.

 1º *Geoffroy* l'aîné, qui suit.

 2º *Jeanne de Montaigne* : Épouse M. de La Taulade.

 3º Autre *Jeanne de Montaigne* : Épouse Guillaume Demons, depuis conseiller et président au Parlement. — Leurs sept enfants. — Leur gendre, Pierre de Lancre.

 4º *Robert de Montaigne* : Il est homme d'église.

  Geoffroy de Montaigne, fils aîné : Il est conseiller en la Cour. — Seigneur de Bussaguet, de Gaujac, de Saint-Genès. — Il transige avec Michel de Montaigne, son cousin. — Il vend la métairie de Bouglon ou Grange de Montaigne. — Il achète la baronnie de Lamarque et la cède au maréchal de Matignon. — Dans sa maison a lieu le mariage de la petite-fille de Michel avec Honoré de Lur-Saluces. — Sa femme, Périne Gilles. — Ses enfants : *Raymond, Joseph, Jeanne, Antoinette*. — Ses gendres : M. de Grely, M. de Lachèse. — Descendants de Geoffroy de Montaigne jusqu'à nos jours.

Des six enfants de noble homme Grimon Eyquem, seigneur de Montaigne, citoyen de Bordeaux, trois moururent sans postérité : deux des fils, Thomas et Pierre le puyné, et la fille cadette Jeanne ; trois continuèrent la famille : la fille aînée Blanquine et deux des fils, Pierre l'aîné et Raymond le plus jeune.

Nous allons nous occuper d'abord de ceux des enfants qui ne laissèrent pas de descendants, ou qui formèrent des branches cadettes.

I

THOMAS EYQUEM DE MONTAIGNE, *dit* M. DE SAINT-MICHEL.

Thomas était le second fils de Grimon. Il était avocat au Parlement de Bordeaux et prenait cette qualité dans une quittance du 27 mars 1529. Le même jour, devant Guillaume Payron, notaire, M. M⁰ Thomas Ayquem, avocat en la Cour de Parlement de Bordeaux, donnait à loyer une tour appelée la Tour de Brisson, et qui porta ensuite le nom de Tour de Montaigne ; elle était située sur la muraille de la ville.

Thomas était entré dans l'église. Il était désigné sous le nom de M. de Saint-Michel, parce qu'il était curé de Saint-Michel-de-Montaigne ; il fut aussi chanoine de l'église métropolitaine Saint-André de Bordeaux. Il mourut le premier des quatre frères, ainsi que nous l'apprend son neveu Michel (¹). Il avait fait son testament le 5 août 1541, devant Guynier, notaire. Il demanda à être enseveli dans la sépulture de ses père, grand-père et autres parents, en l'église Saint-Michel de Bordeaux. Il laissa à Pierre Ayquem, son frère aîné, seigneur de Montaigne, une maison à Bordeaux et lui substitua son filleul, Thomas, fils dudit Pierre. Il institua pour héritiers universels ses trois frères, Pierre Ayquem, seigneur de Montaigne, Pierre Ayquem, écuyer, seigneur de Gaujac, et M. Me Raymond Ayquem, conseiller du Roi en sa cour de Parlement de Bordeaux, seigneur de Bussaguet; et à leur défaut, Thomas Ayquem, fils du seigneur de Montaigne, et ses frères et sœurs.

Il avait fait un legs aux bénéficiers de Saint-Michel, qu'il chargeait de messes et prières pour le repos de son âme; l'exécution de ce legs donna lieu à un procès qui ne se termina que le 2 juin 1575, par une sentence arbitrale que rendirent MM. les conseillers J. Deymar et G. de La Chassaigne entre les bénéficiers et messire Michel de Montaigne, chevalier de l'ordre du Roy, et M. Me Geoffroy de Montaigne, seigneur de Bussaguet, conseiller au Parlement, pour l'exécution du legs fait par feu maistre Thomas Ayquem, oncle paternel desdits sieurs, chanoine de l'église métropolitaine Saint-André de Bordeaux, et curé de Saint-Michel-de-Montaigne.

II

PIERRE EYQUEM DE MONTAIGNE, SEIGNEUR DE GAUJAC.

A la mort de Grimon Ayquem, en 1519, ses deux derniers fils, Pierre et Raymond, étaient mineurs. Ils

(¹) *Essais*, liv. II, ch. 37.

eurent pour tuteur « honorable homme Louis Vézian, » marchand et bourgeois de Bordeaux ». Dans d'autres actes il reçoit le nom de « Loys Bezien » (1).

Louis Vezian s'occupa d'administrer les biens des mineurs. Le 2 juin 1522 (Cochet, notaire), il affermait des prairies à Tresses (Entre-deux-Mers).

Le 2 septembre de la même année, devant Mᵉ Peyron, notaire, il affermait, en sa qualité de tuteur de Pierre le jeune et de Raymond Eyquem, fils de feu Grimond Eyquem, seigneur de Montaigne, un bourdieu, sis à Blanquefort, *au lieu de Bouglon;* c'était la maison d'habitation de Ramon Ayquem, dans laquelle fut passé le contrat de mariage de sa fille Audète avec Jehan Andron de Lansac, en 1477.

Dès cette époque, la possession de la terre de Montaigne et du nom seigneurial était assez ancienne dans la famille Eyquem pour que la petite rue qui desservait les issues de diverses maisons que cette famille possédait dans la rue de la Rousselle, et qui avait porté jusque-là le nom de rue de Sarlac, eût reçu le nom de ruette de Montaigne. « Ainsi, le 5 février 1523, devant Mᵉ Torreu, notaire, honorable homme Louis Vezian, comme tuteur de Pierre et de Ramon Aiquem, enfans de Grimond Aiquem, reconnaît tenir en fief du prieur du collége de Saint-Raphaël, fondé par l'archevêque Pey Berlan, « tot » aquet hostaus, apentis, chay et issida en la ruetta » aperada de Montaigne, per darrey, qui es en la paropia » de Sent-Miqueu, en la rua aperada de la Rossella. »

Cette maison était entre la maison de Hiéronyme de Labatut et le chay de Simon Bouloys, d'une part, et « la

---

(1) On sait que les Gascons ont, de tous temps, confondu le V et le B, ce qui leur avait valu ce calembourg romain : *Felices populi quibus vivere est bibere.*

» maison et estable deusd. minors Aiquem, d'autre part. »
Elle avait sa façade le long de la rue de la Rousselle, et confrontait, par le fond, « entro au chay et graney de Pey
» Aiquem, senhor de Montaigne, fray deusdits minors,
» de part darrey de l'autre cap. »

La maison de Pierre Ayquem était la maison paternelle, à laquelle s'ajoutait une autre maison y attenant, qu'il tenait en fief de Grimon de Lansac, écuyer, seigneur de Maurian, et qui confrontait « à la rue appelée de Montai-
» gne jouxte la maison de Montaigne ».

La ruelle de Montaigne ouvrant sur la rue de la Rousselle porte encore aujourd'hui le même nom, et détermine la position de la maison principale et des deux autres maisons ayant appartenu à la famille de Montaigne, dans la rue de la Rousselle.

Pierre Ayquem le jeune était avocat en la cour de Parlement et homme d'église. Il était encore seigneur de Gaujac, petit fief relevant de la baronnie de Blanquefort, et situé dans la paroisse de ce nom.

Le 19 mai 1540, il faisait la déclaration ou dénombrement de sa seigneurie en faveur du baron de Blanquefort :

« Je, Pierre Eyquem, seigneur de Gaujac..., certifie tenir
» en la terre et baronnie de Blanquefort, ce qui s'ensuit :

» La maison noble de Gaujac en franc alleu ;

» Plus des rentes en argent, en vins, en foins, en poules. »

Il déclara qu'il ne savait à quel hommage il était assujéti envers son seigneur, parce que feu son père, quand il mourut, le laissa mineur de l'âge de dix ans environ.

En 1531 il avait acheté un chai au faubourg des

« Chartreux », en 1543 une maison rue Gensan. Le 7 octobre 1535, M⁰ Pierre Aiquem, seigneur de Gaujac, et Mᵉ Arnault de La Forcade, avocats au Parlement, vendent une place vide près du ruisseau du Peugue, touchant à la maison dudit Aiquem. Le 22 mai 1542, Mᵉˢ Arnauld de Forcade et Pierre Aiquem le jeune, avocats en la cour, donnent procuration à Mᵉ Pierre Aditon.

Le seigneur de Gaujac administrait lui-même ses domaines et récoltait à Eysines une assez grande quantité de vins. Le 7 février 1533, il achetait dix douzaines de barriques neuves, au prix de 8 francs la douzaine. Il affermait ses nombreuses pièces de terre à Eyzines.

Comme homme d'église, il avait succédé aux emplois ecclésiastiques de son frère Thomas. Nous le trouvons, en 1546, plaidant au Parlement comme curé de Saint-Michel-de-Montaigne. (B. 26, Arch. du dép.) Il fut chanoine de l'église Saint-André de Bordeaux et de l'église collégiale de Saint-Seurin; en 1562, il était curé de Caplong et de Saint-Quentin, son annexe, et plaidait au Parlement (B. 162, Arch. du dép.) pour percevoir les fruits décimaux attachés à sa cure, lesquels avaient été « mis sous la main de la justice par suite des troubles » et imminent péril auquel les habitants de la sénéchaus- » sée de Sainte-Foy ont été exposés. »

Il était encore curé de La Hontan, paroisse au pied des Pyrénées, dont la cure était à la nomination de sa famille, et en 1548 il affermait les dîmes de cette paroisse. Michel parle de ce bénéfice dans ses *Essais*.

« Le baron de Caupène en Chalosse et moi, avons en » commun le droict de patronage d'un bénéfice qui est

» de grande estendue au pied de nos montagnes (¹), qui
» se nomme La Hontan. »

Il donne une description pleine d'humour des mœurs anciennes et nouvelles des habitants de ce coin de terre.

« Il est des habitans de ce coing ce qu'on dict de ceulx
» de la vallée d'Angrougne; ils avoient une vie à part,
» les façons, les vestements et les mœurs à part; regiz
» et gouvernez par certaines polices et coustûmes parti-
» culières receues de père en fils, auxquelles ils s'obli-
» geoient, sans aultre contraincte que la révérence de
» leur usage. Ce petit estat s'etoit continué de toute
» ancienneté en une condition si heureuse qu'aulcun
» juge voisin n'avoit esté en peine de s'enquérir de leur
» affaire; aulcun advocat employé à leur donner advis,
» ny estrangier appelé pour esteindre leurs querelles, et
» n'avoit-on jamais veu aulcun de ce destroict à l'au-
» mosne; ils fuyoient les alliances et le commerce de
» l'aultre monde, pour n'altérer la pureté de leur police :
» iusque à ce, comme ils récitent, que l'un d'entre eulx,
» de la mémoire de leurs pères, ayant l'ame espoinçonnée
» d'une noble ambition, alla s'adviser, pour mettre son
» nom en crédit et reputation, de faire l'un de ses enfants
» maistre Jehan ou maistre Pierre, et l'ayant faict ins-
» truire à escrire en quelque ville voisine, le rendit enfin
» un beau notaire de village. Cettuy-ci, devenu grand,
» commencea à desdaigner leurs anciennes coustûmes,
» et à leur mettre en tête la pompe des régions de deça :
» le premier de ses compères à qui on escorna une
» chèvre, il luy conseilla d'en demander rayson aux juges
» royaux d'autour de là; et de cettuy-ci à un aultre, jus-

(¹) M. Grün a cru, à tort, qu'il s'agissait des montagnes du Périgord (p. 7). La Hontan est situé au pied des Pyrénées.

» qu'à ce qu'il eust tout abastardy. A la suite de cette
» corruption, ils disent qu'il en survint incontinent une
» aultre de pire conséquence, par le moyen d'un médecin
» à qui il print envie d'espouser une de leurs filles et de
» s'habituer parmy eulx (¹). »

Le seigneur de Gaujac, chanoine de Saint-André et de Saint-Seurin, acheta, le 4 mai 1557, à damoiselle Jehanne Vacquey, veuve de noble Jehan de La Cornière, et nièce de Jeanne Vaquey, dame de la maison noble de Saint-Genès et de La Salle du Petit-Linas, un tiers de la maison noble de Saint-Genès qu'elle avait reçu par donation de sa tante, ainsi que tous les droits successifs qu'elle avait dans les deux autres tiers, moyennant le prix de 250 francs bordelais en argent et « une aulne de velours noir ».

Le 6 octobre de la même année, il fit un codicille confirmant et rappelant son testament; il ajouta au legs fait par ce testament, en faveur de M. Mᵉ Anthoine de Belcier, conseiller au Parlement, son neveu, celui du droit de tenir un banc au marché de la ville, banc transporté depuis l'an 1548 au marché du Poisson-Salé. Il donna à son frère aîné, Pierre Eyquem, seigneur de Montaigne, tous les biens qu'il avait achetés en la seigneurie de Montaigne et toutes les sommes dont celui-ci pouvait lui être redevable; à Ramon Eyquem, conseiller au Parlement, son frère plus jeune, il légua tous les droits qu'il avait acquis de Jeanne Vaquey sur la maison noble de Saint-Genès.

Il avait quelques jours auparavant, le 17 septembre,

(¹) Liv. II, chap. xxxvii, 2ᵉ vol., p. 110.

fait une donation à son neveu Arnauld Eyquem de Montaigne, fils de Pierre, seigneur de Montaigne, et alors « escholier, estudiant au Collége de Guienne ».

Le seigneur de Gaujac, chanoine de Saint-André et de Saint-Seurin, curé de Saint-Michel-de-Montaigne en Périgord, de Caplong et Saint-Quentin en Agenais, et de La Hontan auprès des Pyrénées, avocat au Parlement de Bordeaux, avait exercé, dans l'année 1546 et 1547, les fonctions de procureur de la ville de Bordeaux.

Il vécut plusieurs années après avoir fait son testament; il comparaissait au Parlement, en février 1558, à raison de la succession de sa sœur Jeanne Eyquem, veuve de M. Me Nicolas Dugrain; il achetait le 24 avril 1560, en société avec son frère le conseiller Raymond, représentés tous deux par Me Pierre de Moncuq, avocat, des rentes de blé à Camblanes. Le 21 décembre, il affermait une maison avec jardin située à Bordeaux, rue de Ségur, paroisse Sainte-Eulalie.

Le 31 octobre 1561, réalisant dès ce moment la donation qu'il avait manifesté l'intention de faire dans son testament à son frère, le conseiller Raymond, il lui cédait tous les droits qu'il avait acquis de Jeanne de Vaquey sur la maison noble de Saint-Genès.

Le 23 janvier 1561/62, il acquérait, par voie d'échange avec Pierre du Fleix, écuyer et bourgeois de Bordeaux ([1]), des vignes en l'île de Macau, au lieu de Morlan, joignant les vignes de son frère aîné Pierre Eyquem, seigneur de Montaigne; au mois de mars, il faisait marché pour la construction de deux cuves pour son nouveau vignoble.

Il survécut à son frère le conseiller, et, après la mort

([1]) Pierre du Fleix, écuyer, descendait d'Audeta Ayquem.

de celui-ci, il agissait, le 15 juillet 1563, tant pour son frère, le seigneur de Montaigne, que comme curateur des héritiers de feu M. M⁰ Raymond Eyquem de Montaigne, conseiller au Parlement, et chargeait de procuration Thomas de Montaigne, écuyer, seigneur de Beauregard, son neveu. Il achetait, le 30 novembre, des prés en la palu de Blanquefort. Il ne paraît pas avoir assisté au mariage de Michel de Montaigne, son neveu. Mais il était désigné, par le testament de son frère Pierre, seigneur de Montaigne, pour exercer concurremment avec damoiselle Anthoinette de Louppes, veuve de celui-ci, et avec Michel de Montaigne, la tutelle des sœurs de Michel, damoiselles Léonor et Marie de Montaigne.

A partir de cette époque, nous ne trouvons plus d'actes dans lesquels il figure.

« Le seigneur de Gaujac, mon oncle paternel, dit » Michel, homme d'église, maladif dès sa naissance, fit » toutesfois durer cette vie débile jusqu'à 67 ans. »

Le manuscrit des *Éphémérides* porte écrit de la main de Michel la mention suivante : « Julius. 24. l'an 1573 » mourut Pierre de Môtaigne, seigneur de Gaujac, doyen » de Saint-Seurin et chanoine de Saint-André de Bour- » deaus, mon oncle, qui me laissa son héritier pour la » tierce part. »

Un acte du 11 janvier 1574 constate que la succession avait été partagée entre Geoffroy et Robert de Montaigne, ses neveux, fils de Raymond, d'une part, et Michel de Montaigne, son neveu, fils de Pierre, d'autre part.

III

Blanquine Eyquem.

Nous ne savons que peu de choses de Blanquine, fille de Grimond. Elle avait épousé M. M⁰ Martial de Belcier, avocat au Parlement. Elle mourut laissant plusieurs enfants : Anthoine de Belcier, qui devint conseiller, puis président au Parlement ; Jean de Belcier, écuyer, et damoiselle Jeanne de Belcier, qui épousa M⁰ Jean Tibauld, avocat en la Cour.

Ils étaient déjà arrivés à un certain âge, lorsque leur tante Jeanne Eyquem, veuve du notaire secrétaire du roi, Nicolas Du Grain, leur léguait un réau d'or par son testament du 19 février 1549.

Nous n'avons pas à suivre la postérité de la famille de Belcier, qui s'allia souvent avec celle de Montaigne, ni la postérité des familles issues de celle de Belcier. Notre cadre ne nous permet pas un tel développement.

IV

Jehanne Ayquem.

Comme ses deux frères Thomas et Pierre le jeune, Jehanne Ayquem mourut sans postérité.

Elle avait épousé M. M⁰ Nicolas du Grain, notaire et secrétaire du roi, dont elle fut veuve de bonne heure, et sur lequel nous n'avons trouvé aucun renseignement. Le nom Du Grain ne paraît pas avoir été son nom de famille, mais celui d'un petit fief dans l'Entre-deux-Mers, juridiction de Montferrand. Sa qualité de notaire secrétaire du roi indique qu'il avait acquis ce titre honorifique, qui conférait la noblesse..

Le 17 novembre 1546, Jeanne Eyquem donnait en fief « un chay et une estable en la rue de Sarlac, actuellement vulgairement appelée de Montaigne. »

Le 5 juillet 1554, elle fit donation à son plus jeune frère Raymond, conseiller au Parlement, d'une rente foncière en boisseaux de blé qui lui était due par M. de Ségur, baron de Pardailhan.

Elle achetait, le 12 décembre 1557, à Jehanne de Lavie, damoiselle, femme de Me Julien de Douhet, procureur en la Cour, une maison située rue du Hâ; quelques jours après (12 août), elle avait réglé ses comptes avec messire Bernard de Ségur, seigneur et baron de Pardailhan, qui lui devait 375 sols pour raison de 122 boisseaux et demi blé formant les arrérages d'une rente perpétuelle de boisseaux de blé.

Elle mourut à la fin de l'année 1557, et, dès le mois de février 1558, un appointement signé par le procureur général pour Sa Majesté était accordé par le Parlement à ses frères, Pierre Eyquem, écuyer, seigneur de Montaigne, le conseiller Raymond Eyquem, et messire Pierre Eyquem, seigneur de Gaujac, chanoine de Saint-André, agissant au nom et comme héritiers de feu Jehanne Eyquem, leur sœur.

Elle avait fait son testament, le 19 février 1549, devant le notaire Perreau. Elle avait voulu être enterrée en la sépulture de ses ancêtres, dans l'église de Saint-Michel de Bordeaux; elle avait donné un réau d'or ou la valeur aux enfants de sa sœur Blanquine Eyquem, décédée femme de Me Martial de Belcier, savoir : Anthoyne de

Belcier, son filleul, conseiller au Parlement; Jean de Belcier, et Jehanne de Belcier, femme de M⁰ Jehan Tibauld, avocat en la Cour. Elle avait laissé à Pierre Eyquem, seigneur de Montaigne, et à Pierre Eyquem, seigneur de Gaujac, ses frères, tous les biens qu'elle possédait à Mérignac; au seigneur de Gaujac, une maison située au marché de la ville; à Raymond, son troisième frère, les biens qu'elle possédait en la paroisse Saint-Seurin de Bordeaux; enfin, elle avait institué ses trois frères pour héritiers généraux universels, les chargeant de legs pieux aux bénéficiers de Saint-Michel.

Ce testament fut fait en la maison noble de Montaigne.

Il donna lieu, plus tard, à des difficultés entre les héritiers et les bénéficiers de Saint-Michel.

V

Raymond Eyquem de Montaigne.

Le dernier fils de Grimond Eyquem, et de beaucoup le plus jeune, dit Michel, était Ramon.

Il était mineur au moment de la mort de son père et placé sous la tutelle d'honorable homme Louis Bezian, marchand et bourgeois de Bordeaux. Ramon prit ses degrés en « chescun droit », et devint avocat au Parlement de Bordeaux. Il paraît avoir eu un moment l'idée d'entrer dans l'église, à l'imitation de ses frères Thomas, dit Monsieur de Saint-Michel, et Pierre, seigneur de Gaujac. En effet, en 1533, il fut nommé par son frère aîné, le seigneur de Montaigne, et par Arnauld de la Forcade, patrons lays de la cure de Notre-Dame de La

Hontan et de l'église paroissiale. Sur cette nomination, il fut présenté, le 17 avril 1533, par son procureur fondé, Me Anthoine Peneault, au seigneur évêque d'Ax (de Dax). L'évêque ayant répondu qu'il verrait ce qu'il avait à faire, cette réponse fut prise pour un refus dont le procureur prit acte. Les patrons de la cure ou vicairerie perpétuelle de Notre-Dame de La Hontan s'adressèrent alors au métropolitain de l'évêque de Dax, à l'archevêque d'Auch, dont le vicaire général accorda, le 25 novembre 1533, à Me Ramond Eyquem « dilecto nostro ma-
» gistro Ramundo Eyquem jure licentiato » les provisions de curé et vicaire perpétuel de Notre-Dame de La Hontan.

Il paraît d'ailleurs que Ramond Eyquem n'était pas entré dans les ordres sacrés, et qu'il ne tarda pas à renoncer aux bénéfices ecclésiastiques. En l'année 1536, un édit royal augmenta de quatre le nombre des conseillers de la Cour de Parlement de Bordeaux. Ramon Eyquem fut l'un des quatre élus. Les lettres de provision, datées de Compiègne du 19 février 1536 et signées du roi François, le qualifient d'avocat en la Cour. Il paraîtrait d'ailleurs que, par un échange de bons procédés, les conseillers nouvellement élus avaient dû prêter à Sa Majesté chacun une somme de six mille livres avant leur nomination. Le reçu de cette somme, daté du 19 mars 1536, ne laisse aucun doute à cet égard. « J'ai
» receu, dit le trésorier royal, de Me Raymond Eyquem,
» advocat en la Cour de Parlement à Bourdeaulx, la
» somme de six mil livres en cen écus d'or soleil et
» 45 sols qu'il a prestés au Roy en le pourvoyant de l'un
» des quatre offices de conseillers nouvellement créés et
» érigés par led. seigneur en lad. Cour. » Cette finance n'était pas encore remboursée en 1549.

Raymond Eyquem, conseiller au Parlement de Bordeaux, était seigneur de Bussaguet, maison noble située dans la juridiction de Blanquefort, paroisse du Taillan, auprès de la maison noble de Gaujac qui appartenait à son frère Pierre (1). Nous ne savons comment il devint possesseur de cette seigneurie, qui ne figure pas dans les actes que nous avons vus relatifs à Ramon Eyquem, le premier, ni à Grimon Eyquem, son fils, frère du Ramon dont nous nous occupons. Remarquons, en outre, que le titre de seigneur de Bussaguet n'est pas donné à ramon Eyquem jusqu'à sa nomination de conseiller en 1536. Nous le trouvons pour la première fois dans le testament de Thomas Eyquem, son frère, daté du 5 août 1541, et qui instituait Ramon Eyquem, conseiller, seigneur de Bussaguet, héritier avec ses deux autres frères Pierre, seigneur de Montaigne, et Pierre, seigneur de Gaujac.

Ramond paraît avoir eu quelques procès à cette époque; car, le 19 mars 1545, il donnait sa procuration à Me Martin, avocat au Parlement de Bordeaux, et le même jour, de concert avec son frère le seigneur de Gaujac, il en donnait une autre à Me Anthoine Gaultier, procureur au grand conseil du roi.

Raymond se maria en 1546. Son contrat de mariage, daté du 8 février 1546, indique qu'il épousa Adrienne de La Chassaigne, damoiselle, fille de M. Me Geoffroy de La Chassaigne, conseiller au Parlement. Il en eut plusieurs enfants.

(1) Seigneuries de Bussaguet, de Gajac, de Saint-Genès. Ces maisons nobles, dépourvues de droit de justice, étaient situées, les deux premières, près de la jalle ou rivière de Blanquefort, et la deuxième près de Bordeaux, dans la paroisse qui portait le nom de Saint-Genès de Talence.

Il s'occupait activement de l'administration de ses domaines et du soin de faire de nouvelles acquisitions. Le 12 mars 1546, il traitait avec les héritiers d'Arnaud de Forcade, auquel il avait acheté la part indivise que celui-ci possédait avec Pierre Eyquem, seigneur de Gaujac, sur une maison située paroisse Sainte-Eulalie, « sur l'estey du Péaulgue. » Il avait hérité de la maison de famille où avait été signé, en 1477, le contrat de mariage de sa tante avec Jean Andron de Lansac, seigneur de Maurian; le 8 octobre 1547, il affermait ce bourdieu, situé sur la jalle, paroisse de Blanquefort; le 22 novembre, comme exerçant les droits de Grimon Andron, seigneur de Maurian, il avait un procès contre les tenanciers de Maurian; le 2 février 1547/48, il achetait des barriques pour ses vins de Bussaguet, à raison de six francs la douzaine de barriques neuves. Il avait acheté un moment, pour la somme de 900 livres tournois, la seigneurie du Benquet à Cadillac et celle de Sainte-Croix-du-Mont. Elles avaient été saisies sur Adam du Benquet, écuyer, seigneur du Benquet, de Castetnau, de Sainte-Croix, de Pey sur Tartas, sénéchal de Marsan, Tursan et Gavardan, qui n'avait pas pu payer les sommes qu'il devait à haut et puissant seigneur Gaston de Foix, marquis de Trans. Le 22 avril 1548, Raymond Eyquem prenait possession de ces seigneuries par ses fondés de pouvoirs, Jehan de la Taulade, écuyer, et Blaise de Casuntas, écuyer, seigneur du Poy; mais, le 12 juin suivant, il les revendait à Adam du Benquet, le propriétaire saisi.

Raymond Eyquem eut à soutenir des procès pour la succession de Jehan Andron, chevalier, seigneur de Maurian, époux en premières noces de Pérégrina Ayquem, tante de Raymond, et en secondes noces de Jeanne

Vaquey, fille du seigneur de Salebœuf. Il plaidait au Parlement contre cette dernière en 1551, prétendant que la succession de messire Jehan Andron lui appartenait en toute propriété. Il finit par se faire reconnaître héritier, et devint seul seigneur de Maurian.

Raymond Eyquem de Montaigne figure comme témoin avec le célèbre avocat Guillaume Blanc, à la transaction qui eut lieu, le 30 juillet 1551, entre François de Fronsac, seigneur d'Uch, qui avait épousé damoiselle Marie de La Chassaigne, veuve en premières noces de Martin du Sault, seigneur d'Agassac, et le fils du premier lit, Jean du Sault; transaction par laquelle la seigneurie d'Agassac passa à François de Fronsac.

Quelques années plus tard, Guillaume Blanc acheta à haut et puissant seigneur Louis de Montbéron, chevalier, seigneur de Féat, Polignac et de Saint-Fort, la seigneurie de Polignac pour le prix de sept mille livres, qui furent déposées dans les mains du conseiller Raymond Eyquem. Mais comme M. de Montbéron ne s'empressait pas de mettre son acquéreur en possession, le 22 décembre 1556, honorable et saige M. Me Guillaume Blanc, advocat en la Court, déclara à M. Me Raymond Eyquem de Montaigne s'opposer à ce que celui-ci remît la somme à M. de Montbéron jusqu'à ce que Guillaume ait pu prendre possession de la seigneurie de Polignac.

Raymond devint coseigneur de Saint-Genès, seigneurie qui appartenait à la famille Andron et à la famille Vaquey; il acquit une partie des droits de propriété; il reçut plus tard de son frère Pierre, seigneur de Gaujac, la partie acquise par celui-ci de Jeanne de Vaquey, veuve du sieur de La Cornière, héritière et donataire de Jeanne de Vaquey, sa tante.

Raymond Eyquem avait reçu de sa sœur Jeanne, veuve de Nicolas Dugrain, une rente de blé due par M. de Ségur de Pardailhan ; il en fit donation le 29 juillet 1554 à sa fille Jeanne Eyquem de Montaigne.

Peu de temps après la mort de sa femme, damoiselle Adrienne de La Chassaigne, il contracta un second mariage avec haute et puissante dame Rénée de Belleville, vigière de Cosnac, en Saintonge. Rénée de Belleville descendait des Harpedane, d'origine anglaise, qui avaient joué un grand rôle dans la province, au temps où les rois d'Angleterre étaient ducs de Guienne. Jean de Harpedane, général de l'armée anglaise en Guienne et connétable d'Angleterre, s'était marié à Jeanne de Clisson, dame de Belleville en Poitou. Il s'était attaché au roi de France Charles VI, dont il était devenu chambellan en 1388. Son fils Jean de Belleville avait acheté en 1415 de François de Montberon et de Louise de Clermont, sa femme, les terres de Cosnac et de Mirambeau. Le fils de celui-ci et de Jeanne de Mussidan, Jean III de Harpedane, chevalier, seigneur de Belleville, Cosnac et Mirambeau, chambellan de S. M. le roi de France, épousa en premières noces Marguerite de France, dite de Valois, fille naturelle du roi Charles VI et d'Odette de Champdivers, légitimée par lettres du roi Charles VI en 1427 ; et en secondes noces, en 1458, Jeanne de Blois, dite de Bretagne.

C'est à cette illustre famille que s'allia Raymond Eyquem ; son contrat de mariage est à la date du 8 avril 1556.

La haute situation où étaient placés les fils de Grimond Eyquem se constate non seulement par les fonctions de maire de Bordeaux que remplissait le fils aîné Pierre, seigneur de Montaigne, mais encore par la riche alliance et par l'influence au Parlement du fils le plus jeune, le conseiller Raymond, seigneur de Bussaguet et de Saint-Genès. Les Registres du Parlement nous le montrent envoyé par cette Compagnie auprès du roi, et en 1552 présentant requête pour faire ordonnancer le paiement d'une somme de six vingt-trois livres, pour le restant dû de quarante journées par lui employées pour aller à la cour pour les affaires du Roy et du Parlement. Au mois de juin 1560, il est désigné par la cour pour aller, de concert avec l'avocat du roi, Bernard de Lahet, et en compagnie du seigneur de Burie, commis par le roi, apaiser et réprimer les émotions qui se manifestaient en Agenais.

A côté de la vie publique du conseiller Raymond Eyquem, les actes des notaires nous le montrent dans la vie privée, donnant pouvoir le 25 mai 1557, avec sa femme, noble et puissante dame Rénée de Belleville, pour administrer leurs biens de Cosnac, Saint-Fort et autres en Saintonge; le 22 octobre, il termine par transaction avec la famille de Vaquey les difficultés relatives à la maison noble de Saint-Genès, paroisse du Taillan, et reste seigneur et propriétaire des deux tiers de cette maison noble, l'autre tiers appartenant à son frère le chanoine, Pierre, seigneur de Gaujac, qui l'avait acquis de Jeanne Vaquey; il figure en février 1558 en la requête relative à la succession de sa sœur Jehanne Eyquem, veuve de Nicolas Dugrain, qui lui avait fait diverses donations précipuaires par son testament du 19 février 1549 et l'avait institué héritier par tiers avec ses deux autres frères alors vivants. Le 15 mai 1561, il paie aux créanciers de Gaston Vaquey le solde du prix de la transaction relative à Saint-Genès; le 22 mai, il loue une maison au faubourg Saint-Seurin de Bordeaux, lui provenant de l'hérédité de sa sœur; le 25 juillet, il relève appel au nom de Jeanne Eyquem de Montaigne, sa fille puînée, comme père et tuteur, contre Bernard de Ségur, écuyer, seigneur et baron de Pardailhan, à raison d'un procès relatif à la rente de blé due par ce dernier autrefois à Jeanne Eyquem, veuve de Nicolas Dugrain; le 19 octobre de la même année, il donne à ferme des métairies, maisons, terres, prés, etc., situés en la palu de Bordeaux et en la paroisse de Blanquefort, ainsi que le moulin d'Ars.

Le 31 octobre 1561, il acquiert de son frère, le seigneur de Gaujac, les droits que celui-ci avait acquis de Jeanne de Vaquey sur la maison noble de Saint-Genès, et devient ainsi seul seigneur.

Peu d'années après, le 2 juin 1563, il fit son testament au moment d'être frappé par la mort. Il voulut être enseveli dans l'église Saint-André de Bordeaux, dans la même sépulture que sa première femme Adrienne de La Chassaigne; il légua à Jeanne de Montaigne, sa fille aînée, et à Jeanne, la cadette, à chacune une somme de trois mille livres. Cette dernière avait déjà reçu en donation la rente de 90 boisseaux de blé-froment due par M. Bernard de Ségur de Pardailhan. Il donne à Robert, son fils, la maison noble de la Salle de Breilhan, paroisse de Blanquefort, qu'il avait acquise du seigneur de Sallebeuf; le bourdieu et grange en la palu de Blanquefort, au lieu appelé à la Jalle, et qui portait le nom de Bouglon. Il veut que ses héritiers respectent son contrat de mariage avec sa veuve, dame Rénée de Belleville, à laquelle il assure habitation dans sa maison de Talence, close de murailles; il institue pour héritier son fils aîné Geoffroy de Montaigne, et nomme pour exécuteurs testamentaires ses deux frères, Pierre Eyquem, seigneur de Montaigne, et Pierre Eyquem, seigneur de Gaujac, concurremment avec Rénée de Belleville, sa veuve.

A ce testament figurèrent comme témoins Arnaud de Lanta, abbé de Sainte-Croix, Étienne de La Boëtie, Michel Eyquem de Montaigne, l'auteur des *Essais;* Jehan de Saint-Maure, baron de Chaux, etc.

Le seigneur de Bussaguet mourut peu après son testament, et, dès le 15 juillet 1563, ses deux frères, exécuteurs testamentaires, le seigneur de Montaigne et le seigneur de Gaujac, agissant comme tuteurs de ses enfants, donnèrent procuration à son neveu, Thomas de Montaigne, écuyer, seigneur de Beauregard, fils de Pierre Eyquem, seigneur de Montaigne, pour comparaître devant le juge de Niort, à raison de procès relatif aux biens de la dame de Belleville.

Le conseiller Raymond de Montaigne, seigneur de Bussaguet et de Saint-Genès, laissait quatre enfants : deux filles et deux fils.

1º Jeanne Eyquem de Montaigne.

Peu de temps avant la mort de Raymond, le 29 juin 1561, un accord de mariage avait été fait par lui pour sa fille aînée. Ce ne fut qu'après sa mort que le mariage fut célébré : le 1ᵉʳ janvier 1563/4. Les parents et tuteurs de Jeanne Eyquem de Montaigne signèrent les articles de son contrat de mariage avec noble Estienne de La Taulade, écuyer, seigneur de La Taulade. Parmi les signatures se trouve celle de Michel de Montaigne, cousin de la future.

2° Autre Jeanne.

La fille puînée, Jeanne, épousa Guillaume Demons, avocat en la Cour de Parlement, plus tard conseiller au grand conseil et conseiller au Parlement de Bordeaux. Les lettres de provision de ce dernier office sont datées de novembre 1579, et indiquent qu'il est nommé en remplacement de Raymond de Pontac, décédé. Il dut également obtenir une dispense pour cause d'alliance, étant beau-frère de Geoffroy de Montaigne, qui était déjà conseiller.

Jeanne Eyquem et Guillaume Demons eurent un grand nombre d'enfants. Ils sont énumérés dans le testament de Jeanne Eyquem, daté du 15 juin 1600. Elle fait divers legs à Barbe-Jacques Demons, conseiller au Parlement, son fils aîné; à Jacques, Jean, Henry, Charles et Pierre, ses fils; à Jeanne Demons, sa fille, mariée à M. Pierre de Rostéguy de Lancre, conseiller au Parlement. Elle fit pour héritier universel son plus jeune fils Pierre.

Nous ne suivrons pas la postérité de Guillaume Demons et de Jeanne Eyquem de Montaigne. Notons seulement que Pierre Demons épousa damoiselle Anne de Bordes (29 décembre 1615), qui lui apporta du chef de sa mère, Catherine Duplessis, la baronnie de Soussans en Médoc.

Notons encore que Pierre de Rostéguy de Lancre, conseiller au Parlement de Bordeaux, est ce fameux magistrat qui fut envoyé en 1607 dans le pays de Labour pour juger les malheureux accusés de sorcellerie; qu'il crut faire une action pieuse et méritoire en livrant aux flammes plus de 500 de ces malheureuses victimes de l'ignorance et de la superstition religieuse.

Il est l'auteur des ouvrages les plus étonnants que la crédulité puisse inventer : *Le Tableau de l'inconstance des mauvais anges et démons* (Paris, 1613) ; *L'Incrédulité et Mescréance du sortilége pleinement convaincue* (1622) ; *Livre des Princes* (1622).

3° Robert de Montaigne.

Nous n'avons que peu de renseignements sur Robert de Montaigne, seigneur de Brelhan. Il fut chanoine de l'église métropolitaine de Saint-André. Il était partie, le 11 janvier 1574, avec son frère Geoffroy, tous deux représentant Raymond, leur père, et leur cousin Michel de Montaigne, à une sentence arbitrale rendue par messire Guillaume de La Chassaigne, conseiller, et noble Anthoine de Louppes, écuyer, seigneur de Laprade et avocat au Parlement de Bordeaux, tous deux parents et alliés de la famille Montaigne, sur le partage de la succession de Pierre Eyquem de Montaigne, seigneur de Gaujac, chanoine de Saint-André et de Saint-Seurin.

Par cette sentence, il fut attribué à Michel la moitié du moulin de Peyrelongue sur l'eau-bourde, paroisse de Bègles ; divers prés en la palu de Bordeaux et de Blanquefort ; deux petites maisons paroisse Sainte-Eulalie, contre le château du Hâ ([1]) ; une maison sur la clie et la poissonnerie ; une autre, rue de Ségur ; à MM. de Bussaguet et de Brelhan la maison noble de Gaujac et les prés

---

([1]) C'est dans une de ces deux petites maisons que le Dr Payen a cru que Michel de Montaigne avait son domicile à Bordeaux. On voit qu'il ne les possédait que depuis 1574 ; en outre, la liève des rentes et revenus de l'archevêché de Bordeaux, à la date de 1562, porte que l'une de ces maisons avait un four, et qu'elles étaient habitées, la première par Jean de Lafitte, procureur en la cour, et la seconde par Jean Ducasse.

dits *de Montaigne* en la palu de Blanquefort et en celle de Bordeaux. Le droit de patronage sur la terre de La Hontan fut attribué à Michel. Cet acte est suivi de la description très détaillée de la maison noble de Gaujac, qui, comme habitation, était peu importante et presque en ruines.

Robert, homme d'église, eut pour héritier son frère Geoffroy.

4° Geoffroy.

Geoffroy de Montaigne, fils aîné et héritier testamentaire de Raymond Eyquem, fut nommé, le 22 janvier 1571, conseiller clerc au Parlement de Bordeaux, en remplacement de M. de La Guionie, président aux enquêtes.

La même année, il reçut, en qualité de seigneur de Bussaguet, de La Salle de Brelhan, de La Mothe-Gaujac et de Saint-Genès, les reconnaissances de ses tenanciers. Toutes ces possessions se touchaient presque, et se trouvaient en majeure partie dans la baronnie de Blanquefort.

De nouvelles difficultés s'étaient élevées entre lui et son cousin Michel de Montaigne sur l'exécution du testament de Pierre, seigneur de Gaujac, chanoine de Saint-André et de Saint-Seurin, leur oncle; elles furent tranchées par une sentence arbitrale rendue entre eux le 2 juin 1575 par messire Joseph d'Eymar, chevalier, président au Parlement de Bordeaux, et Me Guillaume de La Chassaigne, conseiller.

Geoffroy avait hérité de la métairie de Bouglon, sur la jalle de Blanquefort; il eut des démêlés avec le couvent des Frères-Prêcheurs, qui réclamaient les lots et ventes et voulaient que M. de Montaigne, seigneur de Bussaguet et de Gaujac, se soumît à esporler et reconnût tenir en fief du couvent ces métairies. Il transigea avec eux le

16 janvier 1598, se soumit même au devoir d'esporler; mais il s'empressa de vendre la métairie et bourdieu de Bouglon, depuis appelée *la grange de Montaigne*, et la transmit le 19 novembre 1599 à M. de Ménardeau, seigneur de Beaumont.

Il avait acquis avec le frère de Rénée de Belleville, seconde femme de son père, les baronnies de Lamarque et de Saussac en Médoc, qui avaient été saisies sur les Foix-Candale sur les poursuites de Pierre Arnoul, seigneur de Nieul, président au Parlement. Le 9 février 1591, MM. Geoffroy de Montaigne, seigneur de Bussaguet et de Gajac, et Guy de Belleville, écuyer de la reine Isabelle, douairière de France, seigneur de Mirambeau, vendirent ces baronnies à messire Jacques de Matignon, comte de Thorigny, maréchal de France et maire de Bordeaux. C'est au château de Lamarque que le maréchal fut frappé, au souper, d'une attaque d'apoplexie et mourut le samedi 21 juillet 1597.

Dans la maison du conseiller Geoffroy de Montaigne eut lieu, le 10 décembre 1600, le contrat de mariage de Françoise de La Tour, petite-fille de Michel de Montaigne, avec Honoré de Lur, fils de Jean de Lur et de Catherine de Saluces.

Geoffroy de Montaigne eut de Périne Gilles, sa femme, quatre enfants : deux garçons et deux filles.

L'aîné Joseph, dont nous parlerons le dernier, continua seul la descendance masculine. Les autres s'appelaient Raymond, Ysabeau et Antoinette.

RAYMOND DE MONTAIGNE fut homme d'église et chanoine en l'église Saint-André de Bordeaux. Il portait le nom de seigneur de Saint-Genès. Il fut reçu conseiller au Parlement de Bordeaux en 1594.

Il assistait le 24 juin 1602 au mariage de son frère Joseph avec damoiselle Jeanne de Brian. Il recevait le 6 novembre 1602 la procuration de dame Françoise de La Chassaigne, veuve de messire Michel de Montaigne, dame de Montaigne, et rendait hommage en son nom pour la terre de Montaigne à S. E. Mgr François, cardinal de Sourdis, archevêque de Bordeaux, seigneur de Montravel.

Ysabeau de Montaigne épousa, le 24 mai 1594, Pierre de Grély, fils de Gaston de Grély, seigneur de Lavagnac et de Castegen, et de dame Jehanne de Ségur.

Antoinette de Montaigne épousa, le 2 juin 1599, M. Léonard de La Chèze.

Joseph de Montaigne, le fils aîné, continua le nom et la descendance masculine.

Il était conseiller en la Cour du Parlement de Bordeaux en même temps que Geoffroy de Montaigne, son père, et que Raymond, son frère.

Ses lettres de provision sont du 18 juin 1593; il remplaçait feu Raymond de Montaigne, son grand-père, dont l'office était donné par le roi à Geoffroy, son père, par des lettres portant : « Aujourdhuy, 14ᵉ jour de juin 1593,
» le Roy estant à son camp de Gonesse, désirant bien et
» favorablement traiter M. Mᵉ Geoffroy de Montaigne,
» seigneur de Bussaguet, conseiller en la Court de Par-
» lement de Bordeaux, en considération des bons et
» recommandables services qu'il a cy-devant et dès long-
» temps faicts, tant aud. office qu'aux aultres charges
» et commissions où il a été employé,..... S. M. luy a
» faict don de l'office de conseiller au Parlement de

» Bordeaux que tenoit le sieur Raymond de Montaigne,
» son père, pour en faire pourvoir telle personne capable
» qu'il advisera. »

Joseph de Montaigne, seigneur de Gajac, conseiller au Parlement, assisté de son père Geoffroy et de son frère Raymond, aussi conseillers en la même Cour, se maria le 24 juin 1602, au château de Montaigne en Périgord, avec damoiselle Jehanne de Brian, habitant au château de Mauriac, fille de feu messire Jacques de Brian, chevalier, seigneur dudit lieu, gentilhomme ordinaire de la chambre du roi de Navarre, et de damoiselle Anne de Taillefer.

Il eut quatre fils et une fille, qui tous sont nommés dans le testament de Marie de Brian, femme de Guy de Lestonnat, leur tante maternelle.

Par ce testament, en date du 9 août 1644, ladite Marie de Brian institue pour héritier universel François de Montaigne, son neveu, et fait des legs particuliers à Guillaume de Montaigne, qu'elle lui substitue, et aux enfants de sa sœur, Henry et Anthoine de Montaigne, conseillers au Parlement, frères de François et de Guillaume.

Il serait trop long de suivre les descendants de Joseph de Montaigne. Jusqu'à la révolution de 1793, on les voit vivre en propriétaires dans leurs domaines héréditaires près de Blanquefort, et rendre hommage au roi pour leurs diverses seigneuries de Bussaguet, de Saint-Médard en Jalle et de Corbiac. Ils avaient formé deux branches : les Montaigne du Taillan et les Montaigne de Saint-Médard.

En 1793, le dernier rejeton de cette famille, M. Joseph-Michel de Montaigne, se vit obligé de quitter la France.

Il perdit son fils unique à Aix-la-Chapelle pendant les premières années de la Révolution. Sa fille avait épousé M. le comte de Lévis-Mirepoix. Elle n'eut elle-même qu'une fille mariée à M. le comte de Kercado, dont les enfants sont aujourd'hui les représentants de cette branche de l'antique famille Eyquem de Montaigne.

VIII

LES ENFANTS DE GRIMON EYQUEM DE MONTAIGNE.

§ II. LA BRANCHE AÎNÉE.

PIERRE EYQUEM DE MONTAIGNE, PÈRE DE MICHEL.

Sa naissance. — Sa jeunesse. — Il devient seigneur de Montaigne en 1519. — Il fait les guerres d'Italie. — Son portrait d'après son fils. — Ses possessions à Bordeaux. — Son domicile à Bordeaux. — Vente de ses vins de Montaigne. — Il entre dans les charges municipales. — Il est prévôt de la ville de Bordeaux, jurat. — Il fait partie de la Cour des Aydes de Périgueux, et cède son office à son fils Michel. — Il est nommé maire de Bordeaux. — Quelques actes de son administration. — Son mariage. — Ses enfants. — Sa mort. — Son tombeau. — Son testament.

> « Je dois plus à la fortune qu'à ma raison. Elle m'a fait naître d'une race fertile en preudhomie et d'un très bon père. »
> (*Essais*, liv. II, chap. XI.)

> « Mon père, après avoir eu longue part aux guerres delà les monts...... »
> (*Id.*, liv. II, chap. II.)

L'aîné des enfants de Grimon Ayquem, Pierre, était né en 1495, ainsi que nous l'apprend son fils Michel (*Essais*, liv. II, ch. 5), lorsqu'il nous dit : « L'an 1528 » étoit le trente-troisième de son âge; » et ailleurs : « Le » 29 septembre, l'an 1495, naquit Pierre Eyquem de » Montaigne, mon père, à Montaigne (¹). » Le château

---

(¹) Man. de Beuther. V. Payen, *Nouv. docum.*, p. 10, n° 3.

de Montaigne appartenait à la famille Eyquem depuis 1477, c'est-à-dire depuis dix-sept ans; il n'avait guère été possédé plus de six mois par Ramon Ayquem, qui en avait été l'acquéreur à l'âge de soixante-quinze ans, et dont le fils Grimon, né en 1450, avait au moment de cette acquisition près de vingt-huit ans. Ainsi, voyons-nous que Michel n'est pas dans la vérité lorsqu'il dit, en parlant de la maison noble de Montaigne : « C'est le lieu de ma naissance et de la plupart de mes ancêtres (II, 235).» De ses ancêtres, un seul, son père, était né à Montaigne.

Après la mort de son père Grimon, Pierre devint seigneur de Montaigne, et il rendit hommage, le 30 décembre 1519, à Révérend Père en Dieu, messire Jehan de Foix, archevêque de Bordeaux, seigneur temporel de Montravel, d'où relevait la maison noble de Montaigne, devant Delas, notaire et secrétaire de l'archevêché. (Arch. du dép., G, 304.)

Cet hommage, au devoir « d'une paire de gants blancs, » d'un gracieux embrassement à la coustume des prélats » et d'un baiser en la joue, » était dû à « muance » de seigneur et de vassal. En 1519, monseigneur Jean de Foix était achevêque de Bordeaux et seigneur de Montravel depuis 1501, l'hommage était donc dû par muance de vassal, c'est-à-dire par suite du décès de Grimon Eyquem. En 1530, monseigneur de Gramond, ayant succédé à Jehan de Foix comme archevêque de Bordeaux, reçut le 9 novembre, pour les maisons nobles de Montaigne et de Belbeyon, l'hommage de noble Pierre Eyquem, seigneur de Montaigne.

Quelques phrases des *Essais* ont fait croire que l'éducation de Pierre Eyquem avait été assez négligée. Pendant que ses frères Thomas, Pierre le jeune et Raymond étaient licenciés en droit, avocats au Parlement, que les deux premiers étaient prêtres, Pierre Eyquem, le fils aîné, au témoignage de Michel, n'avait aucune connaissance des lettres. « Il n'étoit aydé que de l'expé- » rience et du naturel d'un jugement bien net. » (*Essais*, I, 270.) Il n'écrivait guère; aussi avait-il un secrétaire. « Il ordonnoit à celuy de ses gents qui lui servoit à » escrire. » (*Essais*, XXXIV, 182). Il dut n'avoir ce secrétaire que lorsqu'il fut revêtu des charges municipales de la ville de Bordeaux.

Ce portrait n'est peut-être pas très exact, ainsi que le fait remarquer avec raison M. le Dr Payen. Il eût été étonnant que lorsque tous les enfants de Grimond recevaient une brillante éducation, l'aîné seul eût été laissé dans l'ignorance. Non seulement Pierre Eyquem avait connaissance des lettres, mais il les cultivait. A l'âge de seize ans, en 1511, il composa une pièce de vers latins dédiée à Jehan de Durfort-Duras. Ces vers furent imprimés en 1512; ils portent en tête :

>   Petrus Eyquem Burdigalensis, generoso adolescenti
>   Johanni de Duras
>   Carmen Simonideum.

On voit d'ailleurs Pierre Eyquem, maire de Bordeaux, s'intéresser à Govéa, à Ramond de Sebonde, et à d'autres lettrés.

Dans sa jeunesse, il pouvait cependant préférer la chasse à la lecture et l'épée à la plume. C'était un homme de petite stature, mais vigoureux et habile aux exercices du corps, joyeux et allègre. (*Essais*, II, 24.) Il devait penser ce qu'a écrit Michel, que l'occupation propre et essentielle de la noblesse, en France, c'était le métier des armes. Aussi « prit-il longue part aux guerres delà » les monts. » C'étaient les guerres d'Italie sous le roi-chevalier, François Ier, le vainqueur de Marignan, le vaincu et le prisonnier de Pavié.

Au moment de revenir dans ses foyers, Pierre Eyquem se maria, le 15 janvier 1528, avec Anthoinette de Louppes, à laquelle nous consacrerons un chapitre particulier. Il avait alors trente-trois ans; et quoiqu'il eût d'importantes possessions en Médoc et la seigneurie de Montaigne en Périgord, il paraît avoir eu sa résidence habituelle et son domicile à Bordeaux. A l'époque de son mariage, il se qualifiait, dans un acte de Donzeau, notaire (13 mai 1528), de noble Pierre Eyquem de Montaigne, bourgeois de Bordeaux. Il habitait à Bordeaux la maison patrimoniale, dans la rue de la Rousselle. Il possédait dans cette rue, outre cette maison, celle qu'il avait acquise de Grimon de Lansac, seigneur de Maurian (1554. Destivals, not.). Il avait des maisons rue du Pont-Saint-Jean, rue Gensan, au faubourg des Chartrons. Dans un acte de Peyron, notaire, de 1531, il est dit demeurer à Bordeaux; il avait le même domicile en 1541. Dans un acte du 30 janvier de cette année (Devaulx, not.), il est ainsi dénommé : « Noble Pierre » Eyquem, écuyer, seigneur de Montaigne, demeurant » en la présente ville de Bordeaux. » Il en est de même, en 1543, lorsqu'il achète une maison rue Gensan (Peyron, not.).

C'est à Bordeaux qu'il vendait le vin qu'il récoltait dans son vignoble de Montaigne. Ainsi, le 31 octobre 1554, devant Me Guilhem de Perrinault, notaire,

étaient présents sires Pierre de Crusagne et Ramon Laune, marchands, qui confessaient devoir « à noble
» homme Pierre Eyquem de Montaigne, escuyer, seigneur
» dudit lieu et maire ceste présente année de la ville de
» Bourdeaulx, la somme de six cents francs bordelais, à
» cause de la vendition et délivrance de quarante thon-
» neaulx de vin au prix de 15 francs chescun thonneau. »

Pierre Eyquem fut pendant plus de vingt-cinq ans, de 1530 à 1556, dans les charges municipales de Bordeaux : prévôt de la ville, jurat, sous-maire, maire.

Pendant cette longue période de temps, les magistrats bordelais eurent à traverser des temps difficiles et troublés entre les convulsions populaires et les vengeances royales. Les Bordelais, se souvenant encore de leur nationalité et jaloux de leur indépendance, ne souffraient qu'avec peine les impôts que leur imposaient les rois de France. La révolte de 1548 eut des suites sanglantes. Le terrible Montmorency entra par la brèche pour châtier la ville rebelle, et jeta sur l'échafaud bon nombre de ses citoyens. La ville fut privée de ses priviléges et chargée de taxes énormes. La jurade eut de longs efforts à faire pour obtenir quelques adoucissements à ces rigueurs.

Si nous arrêtons nos regards sur des tableaux moins sombres, nous voyons les maire et jurats s'occuper avec ardeur de l'instruction publique et du Collége de Guienne. Malgré les prétendus défauts de son éducation, Pierre de Montaigne prit une part active à cette œuvre, dont il appréciait l'importance, ainsi que le démontrent les soins qu'il prit de l'enfance et de la jeunesse de son fils Michel, auquel il donna des maîtres excellents, et qu'il plaça, dès l'âge de six ans, dans ce fameux Collége de Guienne que dirigeait André Govéa. Le 24 avril 1537 (Castaigne, not.), en pleine jurade, Pey Ayquem, escuyer, seigneur de Montaigne, soubs-maire, et les seigneurs de la ville, assemblés au son de la cloche, jour de jurade, pour les négoces et affaires communaux, ont dict, par l'organe dudit seigneur, soubs-maire, parlant au sieur de Govéa, principal du Collége de Guienne, qu'il avait été fait un contrat entre la ville et ledit Govéa, par lequel, entre autres choses, la ville avait promis d'obtenir pour Govéa des lettres de naturalité; que ces lettres, datées de janvier 1536, scellées du grand scel de cire verte à cordons rouges et verts, signées du roi François, furent alors remises par le soubs-maire à Govéa; lequel, en présence de témoins, en donna quittance et décharge.

Mon père, a dit Michel, aimait à bastir Montaigne où il était né. C'est Pierre Eyquem qui fit disparaître l'antique maison noble, qui ne lui paraissait pas suffisamment en état de défense à l'époque de troubles qui commençait, et qui fit construire un édifice plus en état de résister à un coup de main. La date de la construction du château de Montaigne, tel qu'il était avant les réparations et les embellissements qu'y a faits M. Magne, nous est donnée par celle de l'autorisation que dut demander le seigneur de Montaigne au seigneur féodal dont il était vassal. Le 8 décembre 1554, monseigneur François de Maùny, archevêque de Bordeaux, seigneur temporel de la juridiction et châtellenie de Montravel, accueillit la requête par laquelle son bien-aimé Pierre Eyquem, écuyer, seigneur du repaire noble de Montaigne, lui avait exposé que, comme bon et fidèle vassal et pour augmenter le fief, il avait fait édifier une belle maison et château au lieu de

Montaigne et commencé à rendre ledit lieu fort et assuré, et qu'il se proposait de le fortifier et le mettre en bon état de défense, ainsi que de le munir de tous engins nécessaires.

Un procès qu'eut plus tard Pierre Eyquem nous apprend que son frère, le seigneur de Gaujac, lui avait prêté ou fourni les armes qui furent destinées à la défense de la petite forteresse.

Le seigneur de Montaigne eut, du reste, un très grand nombre de procès relatifs à la seigneurie de Montaigne.

Les énormes volumes conservés à la bibliothèque de Bordeaux sont remplis d'actes de procédure et de sentences et arrêts relatifs à des contestations se rattachant, non à la possession de la terre de Montaigne, mais à l'étendue et la limite de son territoire, des droits de toutes sortes qui accompagnaient alors une maison noble; à des acquisitions, des ventes, des échanges, dont le détail et l'analyse sont peu intéressants.

De 1528 à 1559, en trente-un ans, Pierre Eyquem passa environ 250 actes notariés portant acquisitions la plupart immobilières.

Montaigne nous a appris que son père avait eu une verte et belle vieillesse : « Je l'ay vu, dit-il, par delà
» soixante ans se mocquer de nos alaigresses, se jeter
» avecques sa robbe fourrée sur un cheval, faire le tour
» de la table sur son poulce, ne monter guères en sa
» chambre sans s'élancer trois ou quatre degrés à la
» fois. » Cependant, et malgré sa vigueur, lorsque le ban et l'arrière-ban de la sénéchaussée de Périgord furent convoqués en 1557 en la ville de Périgueux, Me Pierre

Eyquem, écuyer, seigneur de Montaigne, comparut en personne le 24 février et dit ne pouvoir faire le service personnel du ban et arrière-ban à cause de sa vieillesse, et être prêt à contribuer suivant ce qu'il se trouverait devoir. Il avait alors soixante-deux ans.

Peu de temps avant d'être élu maire de Bordeaux, Pierre de Montaigne avait été compris dans la formation de la cour des généraux de finances établie à Périgueux sous le nom de Cour des Aydes. Cette Cour avait été instituée sur la demande de la ville de Périgueux, après que le maire et les consuls eurent fait délibérer les habitants réunis dans la maison commune sur les conditions auxquelles le roi consentait à la création de la Cour, conditions dont les principales étaient que la ville lui payât une somme de 50 mille livres pour la finance des nouveaux offices, et lui fournît des personnages capables de les remplir.

Cette Cour fut installée le 16 décembre 1554, aux frais de la ville, par Pierre de Carle, président au Parlement de Bordeaux, commissaire du roi. Les lettres d'érection comprenaient : PIERRE EYQUEM de Montaigne.

Celui-ci avait été élu maire de Bordeaux le 1er août 1554, et il était entré en fonctions. Il est probable qu'il ne remplit pas son office de général des finances en la Cour des Aydes de Périgueux, et qu'il ne l'avait demandé que pour le transmettre à son fils Michel, alors très jeune.

La cause et la date de la mort de Pierre Ayquem nous ont été données par Michel :

« 18 juin l'an 1568, dit la note manuscrite publiée
» par M. Payen, mourut Pierre de Montaigne, mon père,
» âgé de soixante-douze ans trois mois, après avoir esté

» lontamps tourmanté d'une pierre à la vessie, et nous
» laissan cinq enfans mâles et trois filles. »

La même note ajoute qu'il « fut enterré à Montaigne,
» au tombeau de ses ancêtres. »

M. le vicomte de Gourgues a fait remarquer que l'expression « tombeau de ses ancêtres » était un peu exagérée, et il conteste, sur ce point, l'exactitude de la note. Il est certain que si la seigneurie de Montaigne était alors depuis 1477, c'est-à-dire depuis quatre-vingt-onze ans dans la famille Eyquem, elle n'avait encore appartenu qu'à trois de ses membres, Ramon, Grimon et Pierre; que Ramon avait été enterré en l'église Saint-Michel de Bordeaux, suivant le vœu de son testament; qu'il avait fondé une chapellenie dans cette église; que Grimon avait été enterré en la même église, ainsi qu'il résulte du testament de son fils Thomas, daté de 1541; que Thomas, frère de Pierre, avait été lui aussi enseveli à Saint-Michel; que les deux autres frères de Pierre, le seigneur de Gaujac et celui de Bussaguet, furent enterrés à Saint-André. Montaigne lui-même devait être enterré à Bordeaux, en l'église de la commanderie de Saint-Antoine, et son cœur seul fut déposé, non au château de Montaigne, comme il a été dit, mais en l'église de la paroisse de Saint-Michel de Montaigne. Il en résulte que Pierre Ayquem dut être le seul de sa race enterré à Montaigne, et que si son corps fut couché dans le caveau mortuaire des seigneurs de Montaigne, il reposa, non auprès des siens, mais auprès des seigneurs qui avaient précédé sa famille dans la possession de la maison noble de Montaigne, et dont les siens avaient acquis l'héritage et le nom.

Pierre de Montaigne laissait un testament daté du 22 septembre 1567, et que nous n'avons pu retrouver. Il est relaté dans les actes de partage de sa succession. Ce testament devait plus tard être l'occasion d'un procès relatif à la substitution de mâle en mâle de la maison noble de Montaigne qui s'y serait trouvée.

IX

ANTHOINETTE DE LOUPPES, MÈRE DE MICHEL DE MONTAIGNE.

I. Influence morale de la mère sur le fils. — Influence du milieu dans lequel l'enfant est élevé. — Dissensions religieuses du seizième siècle. — Commencement et développement de la Réforme. — Les protestants. — Les catholiques. — Les juifs. — Les Espagnols et Portugais chassés d'Espagne et de Portugal, et établis en France comme nouveaux chrétiens. — Professions qu'ils exerçaient en Espagne. — Médecins et commerçants. — Difficultés de démontrer que les Espagnols et Portugais de Bordeaux étaient juifs. — Le conseiller Pierre de Lancre. — L'avocat de La Roche. — Le Parlement.

II. — Parmi ces Espagnols, la famille Lopès. — Paul Lopes, médecin à Cestona. — Ses fils en France. — Anthoine Lopes, ou de Loupes, dit de Villeneuve. — Importance de son commerce; ses frères Martin de Castille, Bertrand de Loupes, Pierre de Toulouse et Pierre de Flandres. — Ses rapports avec Pierre, seigneur de Montaigne.

III. Anthoinette de Louppes, femme de Pierre de Montaigne. — De quel de Louppes était-elle fille? — Les enfants d'Anthoine de Louppes de Villeneuve : 1º Bertrand; — 2º Catherine; — 3º Béatrix; — 4º Jean de Louppes de Villeneuve, seigneur de Cantemerle. — Relations de celui-ci avec la famille de Montaigne. — Erreurs de M. Francisque Michel.

IV. Bertrand de Louppes, barbier. — Ses enfants Anthoine et Raymond de Louppes. — Ils héritent du docteur en médecine espagnol Ramon de Granolhers. — Étroites relations d'Anthoine de Louppes avec la famille de Montaigne.

V. Parenté des de Louppes avec Antoinette de Louppes, mère de Michel de Montaigne. — Date de son mariage. — Dans quelle ville a-t-il eu lieu? — Probabilité que c'est à Toulouse. — La famille de Louppes à Toulouse.

VI. Résumé. — Probabilité qu'Antoinette était fille de Pierre de Louppes de Toulouse. — Qu'elle était d'origine juive. — Opinion des contemporains

sur ce point. — Le P. del Rio. — Le conseiller Pierre de Lancre, allié de Montaigne.
VII. Anthoinette de Louppes était-elle protestante?
VIII. Son testament.

> « Mon père.... se maria-t-il bien avant en aage, l'an 1528, qui estoit son trente-troisième, sur le chemin de son retour d'Italie. »
> (*Essais*, liv. II, chap. II.)

> « Je treuve que nos plus grands vices prennent leur ply dès notre plus tendre enfance, et que notre principal gouvernement est entre les mains des nourrices. »
> (*Id.*, *ibid.*)

I

On a maintes fois constaté l'influence considérable de la mère sur le développement intellectuel et moral de l'enfant. Tandis que le père, souvent absorbé par ses occupations au dehors de la maison, ne rencontre son fils que par moments, et pour ainsi dire à la dérobée, l'enfant voit sans cesse veillant sur lui sa mère attentive et aimante. C'est elle qui le réveille dans un baiser, qui, sans jamais se lasser, dirige ses premiers gazouillements et lui apprend à parler, qui l'endort dans ses bras par une douce chanson. Comme elle lui a donné sa chair et son lait, la mère donne aussi à l'enfant les idées qu'elle possède, et les grave d'une empreinte durable et quelquefois ineffaçable dans cette jeune intelligence.

Il n'est donc pas indifférent de pouvoir apprécier quelle était l'influence dominante dans le milieu où vivait la mère, et dont elle a dû transmettre l'impression à son fils.

Le commencement du seizième siècle avait vu naître la réforme religieuse; la parole de Luther et celle de Calvin, mille fois répétées par l'instrument nouveau qui essayait déjà ses forces, par l'imprimerie, agitaient profondément la vieille société catholique et féodale.

Au goût de la liberté religieuse naissante se mêlait confusément un sentiment de liberté politique diversement compris, les uns voulant revenir à l'antique indépendance des provinces, les autres rêvant une sorte de république religieuse. Cependant, une résistance énergique était apportée à ces tendances nouvelles par les catholiques orthodoxes; la lutte avait grandi et devenait une guerre civile qui allait ensanglanter tout un siècle.

La religion juive, qui avait donné naissance à celle des chrétiens, ne trouvait grâce ni devant les nouveaux sectaires ni devant les catholiques, dont l'intolérance s'était ravivée par l'ardeur du combat; on ne croyait pas pouvoir pardonner à ces juifs infidèles, dont les ancêtres avaient immolé le Christ.

Chassés de France depuis plus de cent ans, les Juifs trouvaient encore à la fin du seizième siècle, en Espagne et en Portugal, une patrie d'adoption, dans laquelle leurs pères s'étaient fixés depuis la chute de Jérusalem, et dont ils avaient augmenté la gloire et la prospérité. Philosophes, poètes, historiens, médecins, légistes, commerçants, ils s'étaient placés au rang des plus utiles citoyens; mathématiciens et astronomes, ils avaient puissamment aidé les rois de Portugal à découvrir le passage par le cap de Bonne-Espérance et la route des Indes; banquiers et négociants, ils avaient facilité à Isabelle la Catholique et à Ferdinand la conquête du royaume de Grenade et la formation de l'unité espagnole.

Cependant, ils venaient d'être chassés d'Espagne et de Portugal. Montaigne raconte les circonstances de ce fait avec une grande exactitude de détails :

« Les rois de Castille ayant banni de leurs terres les
» juifs, le roy Jehan de Portugal leur vendit à huict
» escus pour teste la retraicte aux siennes pour un
» certain temps ; à condition que, iceluy venu, ils
» auroient à les vuider ; et luy promettoit de les fournir
» de vaisseaux à les trajecter en Afrique. Le jour arrivé,
» lequel passé il estoit dict que ceulx qui n'auroient
» obéi demeureroient esclaves, les vaisseaux leur feurent
» fournis escharcement, et ceulx qui s'y embarquèrent
» rudement et vilainement traictez par les passagers,
» qui, oultre plusieurs aultres indignitez, les amusèrent
» sur mer, tantost avant, tantost arrière, jusqu'à ce
» qu'ils eussent consommé leurs victuailles, et feussent
» contraincts d'en acheter d'eulx si chèrement et si
» longuement, qu'on ne les meit à bord qu'ils ne feussent
» de tout mis en chemise. La nouvelle de cette inhuma-
» nité rapportée à ceulx qui estoient en terre, la pluspart
» se résolurent en la servitude : aulcuns feirent conte-
» nance de changer de religion. Emmanuel, successeur
» de Jehan, venu à la couronne, les mit premièrement
» en liberté ; et, changeant d'advis depuis, leur ordonna
» de sortir de ses païs, assignant trois ports à leur
» passage. Il espéroit, dict l'évesque Osorius, non mépri-
» sable historien latin de nos siècles, que la faveur de
» la liberté qu'il leur avoit rendue, ayant failli de les
» convertir au christianisme, la difficulté de se com-
» mettre à la volerie des mariniers, et d'abandonner un
» païs où ils estoient habitués avecques grandes richesses,
» pour s'aller jecter en régions incogneues et estrangères,
» les y raméneroit. Mais se veoyant descheu de son espé-
» rance, et eulx tous délibérez au passaige, il retrancha
» deux des ports qu'il leur avoit promis, afin que la
» longueur et incommodité du traject en réduisit aulcuns,

» ou qu'il eust moyen de les amonceler touts à un lieu
» pour une plus grande commodité de l'exécution qu'il
» avoit destinée; ce feust qu'il ordonna qu'on arrachast
» d'entre les mains des pères et des mères tous les
» enfants au-dessoubs de quatorze ans, pour les trans-
» porter hors de leur veue et conversation en lieu où ils
» feussent instruicts à nostre religion. Ils disent que cet
» effect produisit un horrible spectacle; la naturelle
» affection d'entre les pères et les enfants, et de plus le
» zèle à leur ancienne créance combattant à l'encontre
» de cette violente ordonnance, il y feust veu commu-
» nément des pères et mères se desfaisants eulx-mêmes,
» et d'un plus rude exemple encore, précipitants par
» amour et par compassion leurs jeunes enfants dans
» des puits pour fuyr à la loi. Au demourant, le terme
» qu'il leur préfix expiré, par faulte de moyens, ils se
» remeirent en servitude. *Quelques-uns se feirent chrestiens :*
» *de la foy desquels ou de leur race, encores aujourd'huy*
» *cent ans après, peu de Portugais s'asseurent,* quoyque la
» coustume et la longueur du temps soyent bien plus
» fortes conseillères à telles mutations que toute aultre
» contraincte. »

Même ceux qui réussissaient à fuir et à trouver un asile, durent embrasser le catholicisme, car les Juifs avaient été chassés et étaient exclus de France et d'Angleterre. Ils n'avaient guère, s'ils conservaient leur religion, de refuge honteux et insuffisant que dans les États de l'Église, où on les tolérait comme des témoignages vivants de la passion du Christ. Ils se firent catholiques, et, sous le nom de nouveaux chrétiens, un grand nombre d'entre eux entra en France et principalement à Bayonne, Toulouse et Bordeaux, profitant de ce que le roi Louis XII leur avait permis de s'établir dans le midi de la France.

Parmi ces *nouveaux chrétiens*, qui tous faisaient ouvertement profession de la religion catholique, les uns, alliés à des familles catholiques, finirent par perdre ou laisser perdre à leurs descendants le souvenir de cette origine juive qu'ils étaient obligés de cacher avec soin ; les autres conservèrent précieusement, sous le manteau du culte officiel seul permis, les traditions et les espérances des enfants de Moïse, jusqu'à l'avénement des jours meilleurs qu'ils espéraient. Tous recevaient le baptême, allaient à l'église, y recevaient le sacrement de mariage, faisaient des dons aux églises dans leur testament, et demandaient à être ensevelis dans les chapelles de leur paroisse. Il est donc très difficile, surtout aujourd'hui que les siècles ont accumulé les ténèbres sur des points qui étaient volontairement rendus obscurs aux contemporains eux-mêmes, de fournir une preuve écrite, un document certain et authentique, démontrant que tel réfugié espagnol ou portugais de la fin du quinzième siècle ou du commencement du seizième était réellement un juif. On ne peut établir que des présomptions. Mais, pour parler le langage du droit, des présomptions graves, précises et concordantes peuvent équivaloir à une preuve.

Tous ces nouveaux chrétiens, tous ces Espagnols et Portugais, qui vinrent en foule s'établir à Bordeaux un peu avant 1500, étaient accusés de n'être chrétiens que de nom et, suivant l'expression de l'époque, de judaïser en secret. Ces défiances contemporaines et populaires étaient partagées par des esprits d'ailleurs éclairés et par des magistrats revêtus des plus hauts emplois. C'est ainsi qu'un siècle plus tard elles vivaient encore dans toute leur force, ainsi que le constate Montaigne, et que le conseiller Pierre de Lancre, célèbre par sa mission

contre les sorciers du pays de Labour et par ses livres sur la sorcellerie, accusait formellement les Espagnols et Portugais établis à Bordeaux d'être tous des juifs cachés sous l'apparence de chrétiens; que l'avocat La Roche les actionnait criminellement devant le Parlement pour les faire condamner par le bras séculier. C'est ainsi que plus de deux siècles après leur conversion forcée en Espagne, Basnage pouvait écrire, en 1710 : « L'Inquisition
» veille sur ces *nouveaux chrétiens,* ainsi qu'on les appelle
» encore aujourd'hui, quoique deux cents ans se soient
» passés depuis la conversion de leurs ancêtres. Ils sont
» toujours suspects aux ministres de ce tribunal. Le
» moindre soupçon suffit pour les rendre criminels. »

Parmi ces réfugiés d'Espagne et de Portugal qui cherchaient un lieu « où reposer la plante de leurs pieds », et qui se fixèrent à Bordeaux au commencement du seizième siècle, on comptait, outre des commerçants, un grand nombre de savants, de légistes et de médecins.

A cette époque arrivèrent à Bordeaux de l'Aragon, de la Castille, de la Navarre, de la Biscaye, du Portugal, une grande quantité de ces nouveaux chrétiens dont quelques-uns devaient prendre une place éminente dans la cité et devenir, dans leur patrie d'adoption, la souche de familles puissantes et considérées. Parmi ces nouveaux habitants de Bordeaux, nous citerons le principal et plusieurs des régents du Collége de Guienne, les Govéa; les Dacosta, les Mendès, peut-être le père de Simon Millanges; le docteur en droit Dominique Ram ; les médecins Gabriel de Tarrégua, Ramon de Granolhas, Bertrand Lopès.

II

Dans un acte du 22 juin 1495, passé au château de Vic, diocèse de Lectoure, sénéchaussée d'Armagnac, devant Michel Cabannes, clerc, notaire public, et contenant le contrat de mariage de noble Johannes de Gieras (Jehan de Gères) avec damoiselle Catherine de Béarn, fille de Jehan de Béarn, seigneur de Bonnegarde, figure, au nombre des témoins, Paul de Lopes, médecin du comte d'Armagnac.

Ce Paul Lopès, d'origine espagnole, exerçant sa profession de médecin dans les contrées du midi de la France, si semblables par l'origine, les mœurs, le langage, à celles qui formaient l'autre versant des Pyrénées, sur la fin de ses jours voulut mourir à Cestona, en Biscaye. Il avait plusieurs membres de sa famille, probablement ses enfants et ses neveux, établis en France, à Toulouse et à Bordeaux; d'autres à Londres et à Anvers. Les uns continuaient l'exercice de la médecine, cet art favori des Juifs; les autres se livraient au commerce.

Deux de ces Lopès étaient établis à Bordeaux. L'un, Bertrand Lopès, et sous la plume des notaires du seizième siècle Bertrand Loppes, Louppes et de Louppes, était chirurgien, ou, suivant le langage de l'époque, barbier; l'autre, adonné au commerce et qui devait arriver à une grande fortune, s'appelait Antonio Lopès, d'où Anthoine Loppes, Louppes et de Louppes. Il portait le surnom de Villeneuve.

Le nom d'Anthoine de Louppes de Villeneufve commence à paraître dans les actes des notaires de Bordeaux à partir de 1510.

Le 4 avril 1510, Anthoyne Lopes de Villeneufve et

Guillaume Perle, facteurs de Guiraud Ébrard, marchand de Toulouse, font un chargement de vins pour l'Irlande et un chargement de pastel pour l'Espagne.

Le 19 février 1516, Antoine Loppes de Villeneufve, de la paroisse de Saint-Rémy, donne à bail une maison en la grande rue dessus le fossé de Trompette. Le 12 décembre 1517, « Anthoyne Louppes, dict de Villenueufve, » marchand, paroissien de Saint-Rémy, fait un acte chez le même notaire Donzeau.

A partir de cette époque, les minutes des notaires contemporains, conservées aux Archives du département de la Gironde, nous montrent Antoine Lopès faisant un grand nombre de chargements de vins et de pastel pour Bilbao et l'Espagne, pour Londres et l'Angleterre, pour Anvers et la Flandre; on le voit en rapport avec les plus grands commerçants de Bordeaux, avec Jehan de Nahugues, avec Guilhem Delcassou, avec François Malbosc, avec Bérnard de Vertheuil, avec Bernard du Fleix, avec Arnaud de Pontac, avec Pierre de Lestonna, avec Alphonse de Lisana, probablement Espagnol comme lui; avec le Florentin Pierre de Touailla, etc. On lui voit pour correspondants : en Espagne, Martin de Castille; en Angleterre, Martin Lopès, de Londres, son frère; à Anvers, Pierre Loppes, marchand, son frère, qui est souvent nommé Pierre Loppes de Flandres; à Toulouse, Pierre Lopès, marchand, aussi son frère.

Pour donner une idée de l'importance des affaires d'Antoine Lopès, disons que, dans le seul mois de décembre 1527, il traite avec Martin Allaux, maître après Dieu du navire *la Bonne-Aventure*, et avec d'autres patrons de navires; il charge 480 balles pastel pour délivrer à Pierre Loppes, marchand à Anvers ; 900 balles pour Bilbao; 880 pour Londres; 141 pour Pierre Loppes à Anvers; 670 pour Bilbao; 219 — 400 — 1,031 — 830, pour délivrer à Londres à divers, notamment à Jean d'Arratia et à Francisco Lopès d'Arviano, et pour faire la volonté d'honorable Pierre Loppes.

Nous avons dit que, sous la plume des notaires du seizième siècle, le nom de Lopes est devenu Loppes, puis Louppes, puis de Louppes. Cela arrive quelquefois dans le même acte. Ainsi, le 6 septembre 1527, le notaire Donzeau constate que « Jacques de Chimènes, fils de feu » Jacques de Chimènes, en son vivant docteur en médecine, » après avoir prêté serment d'être majeur de vingt-cinq » ans, reconnaît avoir reçu de sire Jehan *Loppes*, demeu- » rant à présent à Sarragousse au royaulme d'Arraguon, » et représenté par honorable Pierre du Sault, marchand et bourgeois de Bordeaux, les sommes lui revenant pour la tutelle qu'a eue de lui et de ses biens « ledict Jehan » de *Louppes* » (1).

Le nom primordial est bien Lopès.

Pour l'établir, nous invoquerons le témoignage d'un allié de Montaigne, le conseiller Pierre de Lancre, dont nous citerons plus loin le texte.

Nous nous appuierons d'ailleurs sur un document plus incontestable, sur la propre signature de Bertrand de Louppes de Villeneufve, fils d'Antoine. Nous avons trouvé un reçu sous seing-privé de celui-ci, en date du 15 février 1540, et dont nous donnons le fac-simile. Le reçu est signé Bertrand *Lopes* de Villeneufve.

D'où vient ce surnom de Villeneufve?

(1) Nous écrivons toujours les noms propres comme ils sont écrits dans l'acte que nous citons. Aiquem, Ayquem, Eyquem; Anthoine, Antoine; Lopes, Loupes, de Louppes; Villeneuve, Villeneufve, etc.; Gajac, Gaujac, etc.

Très certainement du lieu d'origine d'Antoine Lopès ou de celui d'un établissement antérieur à celui qu'il fit à Bordeaux. Nous voyons, en effet, parmi ces frères Lopès, que l'un est dit *de Castille,* l'autre d'Arviano, l'autre de Flandres. Dans l'acte du 12 décembre 1517, le notaire s'exprime ainsi : Anthoyne Louppes, *dict de Villeneufve* (¹). Antonio Lopès empruntait-il ce nom à *Villanova* de Portugal, dont étaient natifs plusieurs des réfugiés arrivés à Bordeaux ? Cela pourrait être, malgré l'origine espagnole que nous attribuons à Antonio Lopès, parce que nous savons que, chassés d'Espagne en 1494, les nouveaux chrétiens avaient pendant quelques années trouvé un refuge en Portugal. Un acte du notaire Destivals, du 6 mars 1545, contient procuration par Mathieu de Costa, frère de Jehan da Costa, sous-principal du Collége de Guienne, à Fernandès Dias, son frère, « demeu- » rant en Villeneufve de Pourtugal en los Algarves, » pour retirer certaines sommes des mains de Fernandès Conceptio, son oncle.

Cependant, il nous paraît plus probable qu'Antonio Lopès tirait son nom de Villeneuve, village du diocèse de Tolède en Espagne. Nous inclinons pour cette dernière hypothèse, soit parce que, suivant le témoignage de Pierre de Lancre, les Lopès étaient Espagnols ; soit à cause de la renommée de l'Université de Tolède, où avait dû étudier Paul Lopès, le médecin du comte d'Armagnac ; soit enfin à raison de ce que Tolède était la ville d'Espagne où les Juifs avaient eu le plus de richesses et exercé la plus grande influence.

(¹) Un arrêt du Parlement du 6 septembre 1550, relatif au fils aîné d'Antoine, porte la même mention. Il est rendu contre Jehan de Poncastel, marchand de Bordeaux, sur la requête de Bertrand de Louppes, *dict de Villeneufve.*

Antoine de Louppes de Villeneufve avait, d'ailleurs, les relations les plus étroites avec les autres Espagnols établis à Bordeaux. Ce sont eux qu'il prend pour témoins dans les actes les plus importants. Ainsi, le 31 juillet 1525, il est dressé par le notaire Donzeau un « instrument » entre M. Me Robert de Las, Estienne Eymar, Jehan Milanges et Anthoine Loppes de Villeneufve ; il est dit que M. Me Robert de Las a cédé son office d'avocat du roi en Guienne à Me Estienne Eymar pour 3,500 livres ; qu'il reçoit ces 3,500 livres des mains d'Anthoyne Loppes de Villeneufve en une lettre de change sur Bartholomé Pauchaty, banquier de Lyon, à raison du mariage projeté entre ledit Eymar et la fille d'Antoine de Louppes ; et que si le mariage n'a pas lieu, Eymar rendra l'argent. Milanges se porte caution. Les témoins sont M. Me Dominique Ram, docteur en cascun droit, et Raymond de Granolhas, docteur en médecine. Tous deux étaient Aragonais. Les lettres de provision de l'office de conseiller au Parlement de Dominique Ram, de mars 1542, portent qu'il est « natif du royaume d'Aragon », et les lettres de naturalisation de Ramon de Granolhas, en 1543, portent la même mention (1).

D'autre part, la fille de Ramon de Granolhas paraît avoir épousé un Lopès, probablement un frère d'Antoine, Bertrand de Louppes ; car un acte de Guay, du 15 mars 1562, constate qu'Anthoyne de Louppes et Raymond de Louppes, son frère, docteur en médecine, étaient héritiers de Raymond de Grenouillas *(sic)*.

Des relations d'affaires s'étaient établies entre ces grandes familles commerçantes, les Eyquem et les

---

(1) Il était établi à Bordeaux depuis 1503, médecin depuis 1508, et celui de la ville depuis 1526. Il prenait probablement son nom de Granolers, près Barcelone.

Espagnols. Le 4 avril 1510, suivant arrêt du Parlement, 350 livres de poivre appartenant au roi de Portugal avaient été déposés dans les magasins de Grimon Ayquem, et en furent retirés par Dominique Ram, mandataire du roi du Portugal. En 1541, Pierre Ayquem avait vendu au docteur Ramon de Granolhas une maison rue du Pas-Saint-Georges, paroisse Saint-Siméon (Destivals, 27 mars).

Le même Pierre Eyquem, écuyer, seigneur de Montaigne, avait en 1537, comme sous-maire, remis à Gouvéa ses lettres de naturalité. En 1534, il était associé avec Anthoine de Louppes de Villeneufve pour un chargement de vins et de pastel pour Anvers, consigé à Pierre de Louppes d'Anvers (Donzeau, 30 déc.).

Enfin, relation la plus importante de toutes, Pierre Eyquem, seigneur de Montaigne, épousa en 1528 Anthoinette de Louppes.

III

Antoinette de Louppes, mère de Michel de Montaigne, était-elle la fille du riche marchand Anthoine Lopès de Villeneuve, établi à Bordeaux sous le nom d'Anthoine de Louppes de Villeneuve?

Elle n'était pas sa fille.

Nous avons, en effet, une série de documents qui nous font connaître tous les enfants d'Anthoine de Louppes, parmi lesquels ne figure pas Anthoinette. Il avait trois fils : Bertrand, Étienne et Jean, et deux filles : Béatrix et Catherine.

Il avait épousé Giraulde du Puys.

Il mourut avant 1537. Nous trouvons, en effet, à cette

date que son fils aîné Bertrand Loppes de Villeneufve donnait à ferme les 13 février, 5 et 6 juin, un moulin, dit le moulin d'Ars, une maison sur les fossés du Château-Trompette, agissant comme tuteur de Jean et Étienne, ses frères.

Étienne mourut le premier, et la succession donna lieu à des procès entre ses frères et ses sœurs.

Bertrand de Louppes de Villeneufve, l'aîné, avait été associé aux opérations commerciales de son père; il les continua après la mort de celui-ci, et entretint notamment les relations qui existaient entre la maison de commerce de son père et celle de Pierre de Louppes, son oncle, établi à Toulouse.

Nous voyons, en effet, que le 27 février 1534 honorable homme Anthoine Loupes de Villeneufve, marchand et bourgeois de Bordeaux, chargeait des balles de pastel au nom de sire Bertrand Loupes, aussi marchand dudit Bordeaux, *son fils,* pour les mener à Anvers et les délivrer à Martin Loppes, frère dudit Antoine ;

Que le 7 juin 1540, Bertrand Loppes de Villeneufve, marchand et bourgeois de Bordeaux, fit payer une somme d'argent à honorable homme Pierre Louppes, marchand de Toulouse; ledit Bertrand, *son nepveu,* pour lui stipulant, pour livraison de pastel envoyé de Toulouse.

Quelques années plus tard, Bertrand de Louppes de Villeneufve paraît avoir abandonné le commerce et acheté une charge de notaire secrétaire du roi, qui conférait la noblesse. A cette occasion, il eut des démêlés très vifs avec M⁰ Louis de Pontac, pour des questions de préséance. Il fallut, pour les faire cesser, des lettres-patentes du roi, qui furent accordées à Louis de Pontac, et par lesquelles S. M. le roi Henry, à la date du 18 septembre 1553, accordait à Louis de Pontac, contrôleur de l'audience en la chancellerie de Bordeaux, le titre et les honneurs de conseiller du roi, ce qui conférait la noblesse, comme le titre et les honneurs de notaire secrétaire du roi.

A partir de ce moment, Bertrand abandonne le nom de Lopès ou de Louppes, il ne s'appelle plus que M. Bertrand de Villeneufve. Il fait son testament le 19 mars 1554 par devant Béchemil, notaire. Il est qualifié M. M⁰ Bertrand de Villeneufve, secrétaire du roi, paroissien de l'église Saint-Rémy. Il veut être enseveli en l'église Saint-Rémy, dans la chapelle où reposent son père et sa mère. Il lègue un noble à la rose à Béatrix de Villeneufve, sa sœur, et aux enfants de Catherine de Villeneufve, aussi sa sœur, un autre noble à la rose. Il fait des legs très importants à « Jeanne de Plamond, sa » très aymée femme ». Enfin, il institue pour son héritier général et universel « M. M⁰ Jehan de Villeneufve, conseiller du roi en son grand conseil, *son frère unicque* ». Il signe « de Villeneufve ».

Jehan de Villeneufve était, en effet, seul frère de Bertrand depuis le décès d'Étienne.

Avant de nous occuper de Jean, nous allons parler de ses sœurs, Béatrix et Catherine.

BÉATRIX DE VILLENEUFVE, damoiselle, avait épousé en 1525 M⁰ Estienne Eymar, avocat du roi en Guienne. Nous avons déjà cité un acte du 31 juillet 1525, par lequel Anthoine Loppes de Villeneufve avait payé à M⁰ Robert de Las, avocat du roi en Guienne, le prix de son office qu'achetait Estienne Eymar, et ce à raison du mariage projeté entre ledit Eymar et la fille d'Antoine de Louppes. M⁰ Estienne Eymar devint plus tard conseiller en la cour du Parlement de Bordeaux, et eut plusieurs enfants, dont l'un, Joseph d'Eymar, lui succéda dans son office de conseiller en la Cour, et devint un des présidents du Parlement.

CATHERINE DE VILLENEUFVE avait épousé M. de Ferrand, conseiller au Parlement, dont elle eut plusieurs enfants. Elle lui survécut et contracta un second mariage.

Dans son testament du 17 février 1555, devant Béchemil, notaire, elle nomme ses deux fils François et Sauvat de Ferrand, ses quatre filles Antoinette, Jeanne, autre Antoinette et Aliénor, ou Léonore. Elle veut être enterrée en l'église Saint-Rémy, en la chapelle où sont ensevelis Antoine de Villeneuve et Giraulde du Puys, ses père et mère. Elle lègue à Antoinette de Ferrand, sa fille aînée, sa robe de Sarlac, sa cotte de satin violet cramoisi et sa cotte rouge de damas cramoisi, avec les manches de velours cramoisi; plus des cottes de damas blanc, de taffetas, etc. Elle indique qu'elle a un procès pendant par appel au Parlement sur sentence de la Cour de sénéchaussée entre elle demanderesse, d'une part, et Bertrand et Jehan de Louppes de Villeneufve, ses frères, pour cause de supplément de l'hérédité tant de feu Antoine de Louppes, son père, que de la succession d'Étienne de Louppes, son frère. Elle veut que ce procès soit poursuivi.

JEHAN DE LOUPPES DE VILLENEUFVE avait, comme son frère Bertrand, quitté le nom primordial de Lopès, ou de Louppes, pour ne plus s'appeler que Jean de Villeneuve.

Il paraît avoir passé sa jeunesse à Toulouse, auprès de la famille de son oncle Pierre de Louppes. Il était né vers 1520, était mineur en 1537, alors que son frère aîné Bertrand donnait à ferme, comme son tuteur, le moulin d'Ars et d'autres immeubles. Il acheta en 1545 l'office de viguier royal à Toulouse. Le 26 décembre 1548, M. Me « Jehan de Villeneufve, licencié en droit, viguier » pour le roy nostre Sire », à Toulouse, épousa Marie Potier, fille de noble homme Pierre Potier, notaire et secretaire du roi.

Plus tard, le viguier de Toulouse devint conseiller au grand conseil du roi ; il exerçait ces fonctions en 1554 lors du testament où son frère Bertrand le constituait son héritier général et universel, et en 1555 lors du testament de sa sœur Catherine, veuve de M. de Ferrand, et du procès à la Cour pour les successions de son frère Étienne et de son père Anthoine de Louppes.

Le 26 juillet 1569, il devint conseiller en la Cour de Parlement de Bordeaux et tiers président. Les lettres de provision de l'office de conseiller pour Me Jehan de Villeneufve, conseiller du roi en son grand conseil, relatent les notables services qu'il a rendus depuis vingt-quatre ans, « tant dans ledict office, que dans celui de viguier » de Tholoze. » Il obtint également des « dispenses » pour exercer lesdicts estats et offices, nonobstant que » Me Joseph d'Eymar, conseiller en la Court, *soit son* » *nepveu, fils d'une sienne sœur.* »

Joseph d'Eymar était, en effet, le fils aîné de M. Me Estienne Aymar, conseiller en la Cour de Parlement, et de Béatrix de Villeneufve, sœur du nouveau président. Joseph d'Eymar avait succédé à l'office de conseiller au Parlement de son père, qui l'avait institué son héritier universel dans son testament du 25 janvier 1556. (Béchemil, notaire.)

Le président de Villeneuve avait d'ailleurs avec Anthoinette de Louppes, femme de Pierre Ayquem de Montaigne,

et avec la famille de Montaigne des rapports très suivis. C'est ainsi que, le 31 août 1568, Anthoinette de Louppes, transigeant avec son fils Michel sur le testament de Pierre de Montaigne, époux de l'une et père de l'autre, choisirent pour un de leurs arbitres, en cas de contestations, M. le président de Villeneuve : « A esté dict et accordé, que,
» en cas que ladite damoiselle et ledict sieur de Mon-
» taigne ne tombassent pour l'advenir en différend, ils
» seront tenus de s'en rapporter et en croire MM. le
» président de Belcier de Saincte-Croix et de Villeneufve,
» conseiller au grand conseil ([1]). »

([1]) Le président Jean de Villeneufve acquit par l'exercice du retrait lignager la maison noble de Cantemerle en Médoc, qui appartient encore aujourd'hui à ses descendants.

La maison noble de Cantemerle avait été acquise par Léonard d'Eymar, troisième fils d'Estienne Eymar et de Béatrix de Villeneuve, en 1576. Léonard d'Eymar, seigneur de la Guasquerie, vendit bientôt la seigneurie de Cantemerle à Me François Geoffre, notaire secrétaire du roi. A cette époque, la loi permettait le retrait lignager, c'est-à-dire que le plus proche parent mâle avait le droit de reprendre dans l'année le domaine vendu en remboursant à l'acquéreur le prix et loyaux coûts. Léonard d'Eymar n'avait que deux filles, dont l'une épousa Bertrand de Montaigne, seigneur de Mattecoulom, frère de Michel de Montaigne. Le retrait lignager fut exercé en 1580 par son oncle le président Jehan de Villeneuve, au grand regret de Me François de Geoffre, écuyer, un moment seigneur de Cantemerle. Le testament de celui-ci (Chadirac, 1583) porte les traces de son chagrin. « On m'a contraint à reprendre mon argent, » dit-il.

Et à propos de ce président Jean de Villeneuve, seigneur de Cantemerle, qu'on nous permette une courte digression. M. Francisque Michel, dans son *Histoire du commerce et de la navigation à Bordeaux*, a consacré un chapitre, le vingt-septième, aux notables commerçants de cette ville au seizième siècle. Il a parlé d'Anthoine de Louppes de Villeneufve; de Bertrand, qui, dit-il, paraît lui avoir succédé; de Béatrix, qu'il croit sœur de Bertrand. Et il ajoute la curieuse note que voici : « L'anoblissement vers l'année 1550 de cette famille de
» Villeneuve, son nom primordial de Louppes *et son origine biscaïenne*,
» ne permettent pas de la confondre avec sa contemporaine, la

IV

Antoinette de Louppes n'était donc pas la fille d'Anthoine de Louppes, puisque nous connaissons tous les enfants de celui-ci.

Nous avons dit que ce dernier avait des frères établis en Castille, en Angleterre, en Flandre, à Toulouse. Il paraît aussi en avoir eu un à Bordeaux.

Il existait, en effet, à Bordeaux, en même temps qu'Antoine, un autre Lopès, qui portait le nom de BERTRAND, et qui y était établi dans la même paroisse, dans celle de Saint-Rémy. Il exerçait la profession de chirurgien, ce qui n'avait rien d'extraordinaire pour un descendant de Paul Lopès, médecin du comte d'Armagnac.

Le 12 juin 1517, Bertrand de Loppes, barbier, avait été institué héritier universel de Valentine Gazelle, veuve.

» famille de Villeneuve de Durfort, qui occupait déjà un rang et une
» position considérable à Toulouse et à Bordeaux parmi la noblesse
» du Languedoc et de la Guienne. Dans son contrat de mariage du
» 26 décembre 1548...., noble Jehan de Villeneuve, chevalier, est
» qualifié de viguier de Toulouse. De 1550 à 1591, date de sa mort,
» on le voit conseiller du roi en son conseil privé, second président
» au Parlement de Bordeaux.... Son fils épousa Antoinette de
» Durfort.... »

Si M. Francisque Michel avait eu tous les actes authentiques sous les yeux, il aurait vu que dans le contrat de mariage du 26 décembre 1548, Jehan de Villeneufve est qualifié de *M. Me licencié en droit*, et non de *noble* et de *chevalier*. Il ne devint chevalier qu'avec l'office de membre du conseil du roi. Du rapprochement des actes dont nous avons parlé, testament de Bertrand de Louppes de Villeneuve, testament de Catherine de Villeneuve, mariage de Béatrix de Villeneuve, provision d'office de conseiller et dispenses à raison de ce que son neveu Joseph d'Eymar était lui-même conseiller au Parlement, résulte la preuve très complète que le président Jehan de Villeneufve était le fils d'Anthoyne de Louppes de Villeneufve, d'*origine biscaïenne*, descendant de Paul Lopès, de Cestona.

En septembre de la même année, il vendit une maison rue Notre-Dame, paroisse Saint-Mexent, qui lui venait de cet héritage. En 1523, le 18 juin, il est témoin de la vente par Guilhem de La Taste à Jehan Daste, écuyer, d'une maison avec jardin et puits, située paroisse Saint-Rémy, « dessus les foussés de Trompette, » confrontant à la maison de sire Antoine de Villeneuve.

Ce Bertrand de Louppes ou de Loppes paraît avoir épousé la fille du médecin espagnol Ramon de Granolhas, ou Grenouillas, dont le véritable nom devait être « de » Granollers », de la petite ville de ce nom près Barcelone.

Quoi qu'il en soit, Ramon de Granolhas eut pour héritiers Anthoine de Louppes, avocat au Parlement, et Raymond de Louppes, médecin, frère du premier.

Un acte du notaire Gay, du 15 mars 1562, nous apprend que Raymond de Louppes, médecin, avait épousé Jehanne de Girard, de la famille de l'historien de Girard du Haillan; que lui et Antoine de Loppes, avocat au Parlement, écuyer, avaient hérité de M. Me Raymond de Grenouilhas, docteur en médecine, d'une maison rue du Pas-Saint-Georges, à lui vendue, en 1541, par Pierre Ayquem, seigneur de Montaigne.

Le testament d'Antoine de Louppes, du 28 octobre 1563, nous fait connaître ses enfants et ceux de son frère; il exclut l'idée qu'Antoinette de Louppes, femme de Pierre Ayquem de Montaigne, soit sa sœur.

Toutes les circonstances semblent toutefois se réunir pour démontrer qu'il était parent, probablement cousin, d'Antoinette; tous deux portent le nom d'Antoine de Louppes, qui, dans cette hypothèse, eût été leur oncle.

Le nom de Bertrand, qui est porté par le barbier que nous croyons frère d'Antoine de Louppes, le riche marchand, est aussi porté par le fils aîné de celui-ci; il sera plus tard donné par Antoinette de Louppes, femme de Pierre Eyquem, à l'un de ses enfants.

Cet ANTHOINE DE LOUPPES, avocat en la cour de Parlement de Bordeaux, puis conseiller en cette cour, seigneur de Laprade et d'Avensan en Médoc, avait d'ailleurs les relations les plus étroites avec Antoinette de Louppes, femme de Pierre Ayquem de Montaigne, et avec la nouvelle famille de celle-ci. Il figure comme témoin au contrat de mariage de Michel de Montaigne, du moins au premier projet de contrat; et s'il ne figure pas au second, c'est que le même jour, 22 septembre 1565, il se rendait caution de la dot de la future (¹).

Il était choisi comme arbitre, le 11 janvier 1574, entre Michel de Montaigne, seigneur de Montaigne; Geoffroy de Montaigne, seigneur de Bussaguet, et Robert de Montaigne, seigneur de Brilhan, pour la succession de Pierre Eyquem, seigneur de Gaujac.

Anthoine de Louppes est choisi pour arbitre, dans la famille de Montaigne, avec messire Guillaume de la Chassaigne, conseiller en 1574, comme l'avaient été, en 1568, MM. les présidents de Belcier et de Villeneuve. Tous les quatre étaient parents des Montaigne.

V

Les documents que nous avons rappelés nous démontrent que si Antoine de Louppes, le marchand, et ses

(¹) M. Payen a donné le fac-similé d'une signature d'un de Louppes, en disant qu'il ne savait qui il était. Le second contrat porte la signature de Pierre de Louppes, seigneur de Sainte-Colombe, qui nous paraît étranger à Bordeaux et qui pourrait bien être de Toulouse. Mais Anthoine de Louppes dont nous nous occupons a signé le premier contrat et l'acte de caution.

enfants Bertrand de Villeneuve, madame Deymar, madame de Ferrand, et le président Jehan de Villeneufve, d'un côté; Bertrand de Louppes, le barbier, et ses enfants le médecin Raymond de Louppes et Anthoine de Louppes, écuyer, seigneur de Laprade et d'Avensan, avocat au Parlement, appartiennent à la même famille qu'Antoinette de Louppes, la mère de Michel de Montaigne, celle-ci n'est cependant pas la fille d'Antoine ni de Bertrand, anciens, ni la sœur des autres.

Elle pourrait être leur nièce et cousine.

Le document qui mettrait fin à toute incertitude, et qui donnerait un renseignement irrécusable, ce serait l'acte ou le contrat de mariage d'Antoinette avec Pierre Eyquem. Ce document nous manque.

Nous savons, toutefois, que le contrat de mariage est à la date du 15 janvier 1528. Nous lisons, en effet, dans la transaction passée le 30 août 1568 entre Antoinette de Louppes et Michel de Montaigne, son fils : « Et moyen-
» nant ce, a renoncé et renonce lad. damoiselle à tout
» le droict qu'elle pouvoit prestendre tant ès biens.....
» dudict feu sieur de Montaigne, son mary, pour raison
» desdites sommes, en vertu du contrat de son mariaige
» du quinzième jour de janvier 1528. »

Mais nous ne connaissons ni le nom du notaire, ni la ville où le contrat a été passé.

Nous pouvons cependant présumer que cette ville n'est pas Bordeaux.

Dans cette ville, le notaire Donzeau était, en 1528, le notaire de la famille de Louppes. Ses registres sont au complet. L'acte de mariage ne s'y trouve pas.

Un vif rayon de lumière nous est apporté par une phrase des *Essais* que nous avons prise pour épigraphe de ce chapitre. Montaigne a écrit, en parlant de son père : « Il se maria l'an 1528, qui était la trente-troi-
» sième année de son âge, *sur le chemin de son retour*
» *d'Italie.* »

Sur ce chemin se trouvait la ville de Toulouse où était établi Pierre Lopès, frère d'Antoine de Louppes de Ville-neufve établi à Bordeaux.

Les minutes du notaire Donzeau, notamment les actes du 6 février 1538, 17 juin 1540, établissent que Pierre de Louppes était frère d'Antoine; qu'ils étaient en correspondance commerciale; que cette correspondance a continué avec Bertrand de Villeneufve, fils d'Antoine et neveu de Pierre. L'acte du 16 juin 1540 porte textuellement que Pierre Loppes, marchand de Toulouse, a pour neveu Bertrand.

Pierre de Louppes a fondé à Toulouse une famille riche et considérée. Elle possédait dans cette ville une résidence qui a été désignée jusqu'à la fin du dix-huitième siècle sous le nom de *Maison de Louppes*. Elle était séparée par une impasse de la grande rue des Jacobins et contiguë au bel hôtel de Bernuy, auquel elle a été réunie il y a une quinzaine d'années. C'est dans cet hôtel, affecté dès la fin du seizième siècle au Collége des Jésuites, qu'a été établi le Lycée.

Pierre de Louppes, bourgeois de Toulouse, a été capitoul en 1542; Michel de Louppes, docteur en droit et avocat, l'a été en 1582. En 1654 vivait Tristan de Louppes, écuyer.

Jean de Bernuy, bourgeois et capitoul de Toulouse en 1534, seigneur de Villeneuve, était allié à la famille de Louppes, de Toulouse. Il était, disent MM. Alexandre du

Mège et Hyacinthe Carrère, *Espagnol*, ce qui veut dire très probablement d'origine juive.

Il existe à Toulouse, confié à la garde de la Chambre des notaires, un recueil des minutes des anciens notaires, dans lequel on compte treize à quatorze notaires exerçant en 1528. Nous avons la conviction que dans l'un de ces registres enfumés se trouve, à la date du 15 janvier 1528, le contrat de mariage de Pierre Eyquem, seigneur de Montaigne, avec damoiselle Antoinette de Louppes, fille de Pierre de Louppes, marchand de Toulouse.

Nous regrettons de ne pouvoir faire nous-même cette recherche ; mais nous avons prié le savant archiviste de Toulouse, M. Adolphe Beaudouin, de vouloir bien la faire et nous espérons qu'elle réussira.

VI

En résumé, ce qui paraît incontestable, c'est que damoiselle Antoinette de Louppes, mère de Michel de Montaigne, appartenait à la famille d'Anthoine de Louppes de Villeneufve, de Bordeaux, et de Pierre de Louppes, de Toulouse, tous deux frères ;

— Que le nom primordial de cette famille était Lopès ;
— Qu'elle était d'origine espagnole.

Ce qui paraît probable, c'est que cette famille Lopès, composée de médecins et de marchands, venue en France à la fin du quinzième siècle ou au commencement du seizième, appartenait à cette catégorie d'Espagnols qui était désignée sous le nom de nouveaux chrétiens et qui était de race juive.

Les contemporains, du reste, ne s'y trompaient pas.

Il faut lire dans le curieux ouvrage du conseiller Pierre de Lancre : *l'Incrédulité et Mescréance du sortilége,* le traité 8 (p. 445 et suiv.), « que plusieurs personnes » judaïsent en France sous le nom d'Espaignols et Por- » tugais. » Le crédule et cruel magistrat qui reçut mission du roi, en 1609, d'aller procéder avec le président d'Espagnet contre les sorciers du Labour, et qui en fit brûler un si grand nombre, ne pouvait supporter l'opinion émise dans ses *Essais* par Michel de Montaigne, qu'il n'y a réellement pas de sorciers et que la sorcellerie est un crime imaginaire; aussi malmène-t-il rudement le philosophe : « Le sieur de Montagne se donnait liberté » de coucher par écrit non des opinions réglées..., mais » ses conceptions; lesquelles, quand elles eussent été » convaincues d'absurdité, d'impertinence et de fausseté, » il excusait... J'en fais juge tout homme non abusé et » passionné de son bel esprit. »

Et le conseiller s'empresse de citer un théologien espagnol, pour lequel Montaigne est un hérétique : « Le » P. del Rio..., parlant du sabbat et des assemblées » nocturnes des sorciers, semble mettre le sieur de » Montaigne au rang de ceux qui suivent les hérétiques. » Car, parlant des autheurs qui croient que les sorciers » assistent seulement au sabbat par imagination, illusion » ou fantaisie d'esprit, il dit que c'est une opinion de » Luther et Mélanchton, hérétiques, et de leurs sectaires » qu'il nomme par après, suivie, dit-il, par quelques » catholiques, et entre autres par M. de Montaigne.

» Il ne le traite pas avec les éloges qu'il donne à un » sien parent dans ce chapitre..., bien qu'on die que le » sieur de Montaigne estoit son parent du costé de *sa* » *mère, qui estoit Espaignole de la maison de Lopès.* »

Il n'est peut-être pas inutile de faire remarquer que le

conseiller Pierre de Rosteguy, seigneur de Lancre, devait être bien informé, car il était lui-même parent par alliance de Michel de Montaigne, ayant épousé une proche parente de celui-ci, mademoiselle Jeanne Demons, fille de Guillaume Demons et de Jehanne de Montaigne, fille elle-même du conseiller Raymond Eyquem de Montaigne, seigneur de Bussaguet, oncle de Michel.

VII

Certains auteurs ont prétendu qu'Antoinette de Louppes était protestante, et qu'après avoir embrassé les principes de la Réforme, elle avait essayé de les transmettre à ses enfants.

Ce qui est certain, c'est que deux de ses enfants, un frère et une sœur de Michel de Montaigne, étaient protestants. Pour l'un, Thomas, seigneur de Beauregard, c'est Michel lui-même qui nous l'apprend, dans la lettre où il raconte à son père les derniers moments d'Étienne de La Boëtie.

Jeanne de Montaigne, qui épousa le conseiller Richard de Lestonna, était protestante. On raconte qu'elle fit tous ses efforts pour donner sa religion à l'une de ses filles Jeanne de Lestonna, qui épousa M. de Montferrand, et qui, devenue veuve, fonda à Bordeaux le couvent de Notre-Dame.

M. l'abbé Sabathier, nommé par le pape pour faire l'enquête relative à la béatification de cette religieuse, a publié en 1843, sous le titre de *Considérations critiques pour servir à l'histoire de l'ordre de Notre-Dame et à la vie de Madame de Lestonna, sa fondatrice,* un travail où il examine si la mère de celle-ci, Jeanne de Montaigne, et sa grand'mère, Antoinette de Louppes, étaient catholiques. Il s'exprime ainsi :

« Sa mère (de Jeanne de Lestonna) était-elle protes-
» tante? A cette question, tous les historiens répondent
» affirmativement. Le fut-elle *par naissance* ou par l'effet
» d'une personnelle et libre adhésion? D. de Sainte-Marie
» et le P. Julia font de son protestantisme un *vice de*
» *naissance*..... Le P. Julia atteste, qu'aidée par une sœur
» protestante comme elle, Mme de Lestonna, sœur de
» Michel, réussit à élever sa jeune fille dans les principes
» du protestantisme, et que l'opposition du père empêcha
» qu'elle fût baptisée au temple. »

Ainsi, un frère, deux sœurs de Michel, et peut-être sa mère, avaient embrassé les principes de la religion réformée.

Il n'y aurait d'ailleurs aucune impossibilité à ce qu'Antoinette de Louppes, élevée dans les exercices extérieurs du culte catholique, mais issue de parents de la religion juive, et qui n'avaient abjuré leur croyance que cédant à une cruelle nécessité, n'eût jamais éprouvé pour le dogme catholique une foi bien ardente et bien sincère.

Un grand nombre de régents du Collége de Guyenne, les Govéa, les Dacosta, Antoine Mendès, Simon Millanges, et à la même époque les Tarregua, les Ram, les Nonès, les Grenolhas et autres Portugais et Espagnols réfugiés, de même origine que les Lopès, ayant été obligés de renier la loi de Moïse et de devenir chrétiens, avaient bientôt été signalés comme favorables aux nouvelles doctrines que prêchait la réforme religieuse.

VIII

Le 10 décembre 1600, damoiselle Anthoinette de Louppes, veuve de Pierre Eyquem de Montaigne, venait sanctionner, par sa présence et son consentement, le mariage de son arrière-petite-fille Françoise de Latour avec Honoré de Lur-Saluces. Elle était alors très âgée; son propre mariage remontait au 15 janvier 1528. Elle ne survécut pas longtemps à l'union de Françoise de Latour avec Honoré de Lur-Saluces; le 23 juillet 1601, après son décès, il était procédé à l'ouverture de son testament, qui était en date du 19 avril 1597.

Nous avons rappelé plusieurs des dispositions de ce testament particulières aux enfants d'Antoinette de Louppes, mais il n'est pas sans intérêt d'en donner une idée générale.

« Au nom du Père et du Fils et du Saint-Esprit! *Amen.*
» Je, Anthoinette de Louppes, me reconnaissant mortelle,
» chargée d'années, près la fin de mes jours, ay faict ce
» mien présent testament solempnel en la forme que
» s'ensuyt : Premièrement, je supplie mon bon Dieu et
» Créateur, par l'intercession de Notre-Seigneur Jésus-
» Christ, de recepveoir mon âme lorsqu'elle sera séparée
» de mon corps et me donner lieu en son Paradis et la
» vie éternelle. Et veulx mondict corps être ensepvely
» dans l'esglize Saint-André, au tombeau où ont esté mis
» Messieurs de Bussaguet et Gaujeac, mes beaux-frères,
» et le sieur de Saint-Martin, mon filz. »

Nous avons dit que, dans notre opinion, Antoinette de Louppes, ou mieux Antoinette Lopès, de la maison espagnole Lopès, comme disait son allié le conseiller

Pierre de Lancre, était issue de nouveaux chrétiens chassés d'Espagne ou de Portugal vers 1496 et venus en France pour y chercher un asile. Le préambule religieux de son testament ne contredit pas notre système; beaucoup de conversions, forcées chez les pères, restèrent sincères chez les enfants, car, comme le dit Montaigne, dont nous avons déjà cité les paroles, « à telles mutations » la coustume et longueur de temps sont plus fortes » conseillères que toute autre contrainte. »

Nous avons déjà fait remarquer que ces nouveaux chrétiens, suspects encore cent ans après, comme le constate Michel; deux cents ans après leur conversion, comme le constate Basnage, accomplissaient toutes les pratiques extérieures du culte catholique. Nous pourrions multiplier les citations et les copies de pièces à ce sujet. Nous nous bornons à donner un contrat de mariage contemporain de l'époque dont nous parlons, contrat incontestablement relatif à ces Portugais qui *judaïsaient en secret,* comme dit Pierre de Lancre; *de la foi desquels ou de leur race* on est peu assuré, comme dit Montaigne.

Ce contrat est à la date du 26 juin 1610 entre « sire » Isidore de Louppes Brandon, marchand portugais, natif » de la ville de Frontières en Portugal, » et damoiselle Catherine de Soulys, fille de sire Roderic Ayron, Portugais, et d'Ysabeau de Soulys, habitants de Lisbonne. On y voit figurer Alagro Loupes, oncle paternel, Simon Rodriguez Londrugues, son cousin; M. M⁰ Martin Darraguon, docteur en droit et avocat au Parlement; François Diez (Diaz), marchand portugais, demeurant en la ville de Diane en Portugal; David Darragon, docteur en médecine; Gomez, marchand portugais, etc. Le notaire Brandon lui-même nous paraît être un « nouveau chré- » tien ». Cependant, l'acte commence « au nom du Père,

» du Fils et du Saint-Esprit! Amen », et les futurs époux promettent « recevoir le Saint Sacrement de mariage en
» face de notre sainte mère l'église catholique, aposto-
» lique et romaine! »

Revenons au testament d'Antoinette de Louppes.

« Aussy est-il notoire que j'ay travaillé l'espace de
» quarante ans en la maison de Montaigne avecques
» mon mary, en manière que par mon travail, soin et
» menasgerie, ladicte mayson a esté grandement évaluée,
» bonifiée et augmentée; de quoy et de ce que dessubz
» feu Michel de Montaigne, mon fils aisné, a jouy paisi-
» blement par mon octroy et permission, et despuis son
» décès, Léonor de Montaigne, fille dudit feu Michel,
» mon fils, tient et possède presque tous les biens
» délayssés par ledit feu sieur de Montaigne, mon mary,
» *estant très riche et opulente.* Par ainsy ne doit rien
» prétendre de mes biens et hérédité. »

Elle ne lui laisse, en effet, que peu de chose; elle fait divers legs à ses enfants, petits-enfants, et institue pour héritiers ses deux fils mâles, alors survivants, Thomas et Bertrand de Montaigne.

Quelle influence a pu être exercée sur Michel de Montaigne par l'origine juive de sa mère, par les idées religieuses de celle-ci, c'est une étude à laquelle nous ne pouvons nous livrer en ce moment.

Nous nous bornons à constater que cette influence a dû être très grande, en répétant cette phrase du célèbre philosophe :

« Je treuve que nos plus grands vices prennent leur
» ply dès notre plus tendre enfance, et que notre prin-
» cipal gouvernement est entre les mains des nourrices. »

X

QUEL EST LE FILS AÎNÉ DE PIERRE EYQUEM ?

Le manuscrit des *Éphémérides* tranche la question. — Erreurs de MM. Grün et Payen. — Michel n'a pas eu de frère aîné vivant ; — il a pu être précédé par deux enfants morts en bas âge. — Nous nous occuperons des frères et sœurs de Michel avant d'arriver à lui.

> « Junius 18.
>
> « Cejourdhui l'an 1568 mourut Pierre de Montaigne, mon père eagé de 72 ans 3 moes, après avoir été lontams tourmanté d'une pierre à la uessie, et nous laissa 5 enfans masles et 3 filles. Il fut anterré à Montagne au tumbeau de ses ancêtres. »
>
> (Écrit de la main de Michel de Montaigne. Man. de Beuther. V. Payen, *Nouv. docum.*, n° 14.)

La découverte du manuscrit de Beuther et des annotations écrites de la main même de Montaigne mettent fin aux longues controverses qui avaient divisé les biographes sur le nombre des frères et sœurs de Montaigne.

Cependant, MM. Grün et Payen ont encore commis des erreurs graves sur ce point, parce qu'ils n'ont pas rapproché de ces annotations d'autres documents authentiques qui viennent les compléter.

C'est ainsi que nous les voyons faire diverses suppositions, démenties par ces documents, pour rechercher quels étaient les deux frères aînés de Montaigne, et mettre au nombre de ces aînés tantôt l'un, tantôt l'autre des cadets. M. le vicomte de Gourgues a relevé ces erreurs (¹).

Nous nous bornons à constater qu'au décès du père commun il existait cinq enfants mâles et trois filles.

Les cinq enfants mâles étaient : 1° Michel; 2° Thomas; 3° Pierre; 4° Arnaud; 5° Bertrand.

Les trois filles étaient : 1° Jeanne; 2° Léonor; 3° Marie.

Michel était né le 28 février 1533.

Thomas, le 17 mai 1534.

Pierre, le 10 novembre 1535.

Arnaud, le 14 septembre 1541.

Bertrand, le 20 août 1560.

Jeanne, le 17 octobre 1536.

Léonor, le 30 août 1552.

Marie, le 19 février 1554.

Nous allons justifier ces dates, soit par les manuscrits des *Éphémérides*, soit par d'autres documents.

Un mot d'abord sur ce manuscrit.

Le volume des *Éphémérides* de Beuther est un in-8° contenant, outre 10 pages de préliminaires et 16 pages de table, 432 feuillets, imprimé en 1551. Le texte donne un article général pour chaque mois, puis un article spécial pour chaque jour. En tête de chaque page est la concordance des divers calendriers hébreux, grecs, latins, français, puis se trouvent des éphémérides historiques occupant la moitié de la page; l'autre moitié de page reste libre en blanc, afin que le possesseur puisse en faire son agenda.

Cet agenda a probablement appartenu au père de

(¹) *Actes de l'Acad. de Bordeaux*, 1855, p. 485. *Réflexions sur la vie et le caractère de Montaigne.*

Montaigne. C'est probablement Pierre Ayquem qui y inscrivit la naissance de Michel.

Michel y a inscrit de sa main diverses notes, et entre autres la date de la naissance, du mariage et de la mort de ses plus proches parents. Après lui, sa fille et d'autres membres de sa famille y ont inscrit des mentions diverses.

Il n'est pas contesté que Michel est né le 28 février 1533.

Le manuscrit porte écrit de la main de Michel de Montaigne :

Pour Thomas :

« Maius 17. 1534. Naquit Thomas mon frère, sieur de
» Beauregard et Darsac. »

Pour Pierre :

« November 10. 1535. Naquit mon frère Pierre, seigneur
» de La Brousse. »

Pour Jeanne :

« October 17. 1536. Naquit ma sœur Jane, depuis fame du
» sieur de Lestonna. »

Pour Léonor :

« Augustus 28. 1552. Naquit Leonor de Montaigne, ma
» sœur, que ie batisai avec Leonor de Melet à Montaigne. »

Pour Marie :

« Februarius 19. 1554. Nasquit à Bourdeaus Marie de
» Montaigne, ma sœur. »

Pour Bertrand :

« Augustus 20. L'an 1560 nasquit à Montaigne, sur le
» matin, Bertrand de Montaigne, mon jeune frère. Le
» tindrent sur les fonts Bertrand de Ségur et Rénée de Belle-
» ville, surnomé depuis sieur de Mattecolom. »

Arnaud seul ne figure pas dans ce livre de famille. Et MM. Grün et Payen en ont conclu qu'il était l'aîné. Mais la date de sa naissance est donnée par l'acte de partage entre Michel et ses frères, du 22 août 1568, dans lequel il est dit « que lesdits sieurs Thomas, Pierre et
» Arnaud de Montaigne, majeurs de vingt-cinq ans,
» comme ils ont dit et déclaré, et comme ils ont faict
» apparoir par un escript aparent présentement exhibé
» sur le passement de ces présentes qu'ils ont dict estre
» de la propre main dudict feu sieur de Montaigne, leur
» père, par lequel appert que ledict Arnaud de Montaigne,
» le plus jeune des quatre frères, nasquit le quator-
» ziesme jour de septembre l'an mil cinq cent quarante
» et ung. »

Du reste, les *Essais* confirment que Michel était l'aîné : « A l'adventure eust-on faict une injustice de *me déplacer*
» *de mon rang* pour avoir esté le plus lourd et plombé,
» non seulement que tous mes frères, mais que tous les
» enfants de ma province. »

Dans son testament, la mère de Michel de Montaigne parle de la maison de Montaigne, dont, dit-elle, « feu
» Michel de Montaigne, *mon fils aîné,* a joui paisible-
» ment. » Et il est à remarquer que, dans ce testament, elle nomme tous ses enfants, ceux encore vivants, comme Bertrand et Thomas, ceux qui sont morts, Michel l'aîné, Pierre dont elle a reçu la succession, Arnauld, sieur de Saint-Martin, enseveli en l'église Saint-André de Bordeaux, et auprès duquel elle veut reposer.

Cependant comment expliquer cette phrase de Michel : « J'etois nay vingt-cinq ans et plus avant la maladie de
» mon père, *le troisième de ses enfants en rang de nais-*
» *sance ?* »

Il n'y a qu'une seule explication : Pierre de Montaigne, marié le 15 janvier 1528, a pu avoir, avant le 28 février 1533, deux enfants qui n'auront, comme les filles de Michel, vécu que peu de temps. Ces enfants, dont l'existence n'a laissé aucune trace, ont cependant compté pour les rangs de naissance. Et c'est ainsi que Michel, né le troisième, s'est trouvé dès son plus jeune âge, et par suite du décès prématuré des deux frères ou sœurs qui l'ont précédé, être l'aîné de la famille.

Fidèle à l'ordre que nous avons déjà adopté, nous allons nous occuper des frères et sœurs de Michel de Montaigne, branches cadettes issues de la branche aînée de la famille Eyquem, comme nous avons précédemment épuisé ce qui est relatif aux branches cadettes de la postérité de Ramon et de Grimon Eyquem. Nous allons déblayer ce terrain pour n'avoir plus à nous occuper que de Michel Montaigne et de ses descendants.

XI

FRÈRES ET SŒURS DE MICHEL DE MONTAIGNE.

I

THOMAS DE MONTAIGNE, SEIGNEUR DE BEAUREGARD ET D'ARSAC.

Il est le cadet. — Date de sa naissance. — Il assiste à la mort de La Boëtie. Il avait embrassé la réforme. — Son premier mariage avec Serène Estève. — Son deuxième mariage avec Jaquette d'Arsac. — Il devient, par ce mariage, seigneur d'Arsac, de Lilhan, de Loyrac et du Castera en Médoc. — Les sables de la mer. — Marguerite de Carle, veuve de Jean d'Arsac. — Troisième mariage avec Françoise de Dampierre. — Il ne laisse d'enfants que de Jaquette d'Arsac.

Enfants de Thomas et de Jaquette d'Arsac : leurs fils,

Jean et *Pierre-Mathias;*

Leurs filles,

Antoinette épouse Gabriel d'Arrérac;
Jeanne épouse Jacques de Ballodes;
Marguerite épouse Pierre de Ségur-Montbrun.

Ce que devient la succession de Jaquette d'Arsac. — Procès intenté par Thomas, comme substitué à la maison noble de Montaigne, à défaut de mâles. — Le testament de Pierre Eyquem de Montaigne a disparu. — Les armes de la maison de Montaigne. — Mort des enfants mâles sans postérité. — Antoinette meurt sans enfants et porte la terre d'Arsac à la famille d'Arrérac. — Les dames de Ségur et de Ballodes vendent les autres possessions de leur famille.

I

THOMAS DE MONTAIGNE, SEIGNEUR DE BEAUREGARD ET D'ARSAC.

Thomas de Montaigne, le frère cadet de Michel, est celui qui, après son aîné, paraît avoir joué le plus grand rôle à son époque.

Il était né, le 17 mai 1534 (¹). Il portait le nom de seigneur de Beauregard. Il reçut définitivement la propriété ou fief de Beauregard, à Mérignac, avec diverses pièces de fonds à Eysines et au Taillan, lors du partage de la succession de son père, le 22 août 1568.

Cinq ans auparavant, il se trouvait à Germignan, en Médoc, auprès du conseiller Étienne de La Boëtie, lors de la maladie qui enleva cet illustre ami de Montaigne.

C'était au mois d'août 1563; et le jeune seigneur de Beauregard, alors âgé de 29 ans, avait embrassé les nouvelles opinions religieuses. La Réforme faisait à cette époque de nombreux prosélytes en France et surtout en Guienne. A la réforme religieuse se mêlait une arrière-pensée politique peut-être un peu confuse, un souvenir des anciennes libertés provinciales et une protestation contre les envahissements du pouvoir royal. Les idées nouvelles étaient ardemment embrassées par un grand nombre de la noblesse et des Parlements. « Il n'y a ici » enfants de famille, écrivait le maréchal de Montluc, » qui n'ait voulu taster de cette viande. » Ces mouvements d'indépendance avaient été partagés et vivement excités naguère avec autant d'énergie que d'éloquence par l'auteur de la *Servitude volontaire*, écrit « en l'honneur ». *de la liberté contre les tyrans* ». Cependant, à son lit de mort, frappé sans doute des désordres et des crimes que les haines religieuses allaient faire commettre, Étienne de La Boëtie engagea vivement Thomas de Montaigne à renoncer à ces « nouvelletés et remuements », et à ne pas abandonner la foi de ses pères : « Messire de Beau- » regard,..... je vous jure que de tous ceulx qui se sont

---

(¹) « Maius. 17. 1534, naquit Thomas, mon frère, seigneur de Beau- » regard et Darsac. » (Man. de Beuther. Écrit de la main de Michel.)

» mis à la réformation de l'église, je n'ai jamais pensé
» qu'il y en ait eu un seul qui s'y soit mis avec un meilleur
» zèle, plus entière, sincère et simple affection que vous.
» Et croys certainement que les seuls vices de nos prélats
» qui ont, sans doubte, besoin d'une grande correction,
» et quelques imperfections que le cours du temps a
» apporté à nostre église, vous ont incité à cela; je ne
» vous en veulx pour cette heure de mouvoir, car aussy
» ne priai-je pas volontiers personne de faire quoy que ce
» soit contre sa conscience. » Il le conjura néanmoins
d'avoir égard à la volonté de son père, de son oncle, de
ses frères, de ne pas porter le trouble dans une famille
si bien unie.

Thomas de Montaigne avait épousé damoiselle Serène Estève de Langon, fille d'Estève, seigneur de Langon en Bourgès. Elle mourut sans enfants. Thomas demanda en mariage Jaquette d'Arsac, belle-fille de La Boëtie.

Étienne de La Boëtie, reçu conseiller au Parlement en la charge de Guillaume de Lur, le 3 octobre 1553, avec dispense d'âge parce qu'il n'avait pas atteint vingt-cinq ans, avait épousé dame Marguerite de Carles, veuve depuis 1552 de noble Jehan d'Arsac, seigneur d'Arsac, du Castera de Saint-Germain, de Lilhan et de Loyrac en Médoc, issu d'une vieille famille de chevalerie. Les deux sœurs de Jean d'Arsac, étaient unies, l'une à messire Louis de Castéjà, chevalier, seigneur d'Audenge ; l'autre à messire Gaston de Bourbon, chevalier, seigneur de La Canau, descendant du Bâtard de Bourbon.

Dame Marguerite de Carles n'eut pas d'enfants de son second lit avec Étienne de La Boëtie, mais de son premier mari, Jean d'Arsac, elle en avait deux, Gaston et Jaquette. Elle resta veuve de La Boëtie en août 1563. Sur son

lit de mort, son illustre époux avait fait ses adieux à Jaquette d'Arsac, sa belle-fille, et Montaigne nous les a transmis : « Il fit après appeler mademoiselle d'Arsat, sa
» belle-fille, et lui dict : « Ma fille, vous n'avez pas grand
» besoin de mes advertissements, ayant une telle mère,
» que j'ay trouvée si sage, si conforme à mes volontez,
» ne m'ayant jamais faict nulle faulte..... Estant fille
» d'une personne qui m'est si proche, il est impossible
» que tout ce qui vous concerne ne me touche aussy. Et
» pourtant ais-je touiours eu tout le soing des affaires
» de M. d'Arsat, votre frère, comme des miennes propres.
» Vous avez de la richesse et de la beauté assez ; vous
» êtes damoiselle de bong lieu..... » Puis appelant mon
» frère de Beauregard : « Monsieur de Beauregard, luy
» dict-il, je vous mercye bien fort de la peine que vous
» prenez de moi. »

Thomas de Beauregard fut un des témoins du testament d'Estienne de La Boëtie, reçu le 14 août 1563 par le notaire Raymond et dont nous donnons le texte.

Quelques années plus tard il épousa Jaquette d'Arsac.

Le frère de celle-ci, messire Gaston, seigneur d'Arsac, du Castera, de Lilhan et de Loyrac, avait épousé en 1563 damoiselle Louise de La Chassaigne, fille du président Geoffroy de La Chassaigne. Il mourut peu après sans enfants. Par suite d'une transaction entre sa veuve et sa sœur, l'héritage de l'antique maison d'Arsac appartint alors tout entier à Jaquette d'Arsac, qui l'apporta à son mari. Celui-ci devint seigneur des quatre seigneuries unies dans les mains du seigneur d'Arsac, et en porta le nom et le titre.

Pendant le temps de sa possession, Thomas de Mon-

taigne vit les sables de la mer envahir sa seigneurie de Lilhan, autrefois siége d'une paroisse. « En Médoc, dit
» Michel, le long de la mer, mon frère sieur d'Arsac,
» veoid une sienne terre ensepvelie soubs les sables que
» la mer vomit devant elle; le faiste d'aulcuns basti-
» ments paroist encore; ses rentes et domaines se sont
» eschangées en pasquages bien maigres. Les habitants
» disent que depuis quelque temps la mer se poulse si
» fort vers eulx, qu'ils ont perdu quatre lieues de terre.
» Ces sables sont ses fourriers, et voyons de grandes
» montioles d'arêne mouvante qui marchent d'une demi-
» lieue devant elle, et gaignent pays. »

Thomas transigea en 1571 avec la veuve de Gaston d'Arsac; et il ne dut avoir l'entière jouissance des biens héréditaires de sa femme qu'après la mort de la mère de celle-ci. Nous voyons, en effet, Marguerite de Carle, qui était probablement usufruitière des domaines de Castéra et de Lilhan, en rendre hommage à messire Ludovic de Gonzague et à madame Henriette de Clèves, son épouse, duc et duchesse de Nivernais, sire et dame de Lesparre. Marguerite de Carles fit son testament le 7 juin 1580, et laissa sa fortune à ses petits-enfants Jean, Pierre-Mathias, Antoinette, Marguerite et Jeanne de Montaigne.

Marguerite de Carle, veuve de Jean d'Arsac et d'Estienne de La Boëtie, mourut peu après, et en 1581 Thomas de Montaigne, seigneur d'Arsac, rendit hommage pour Lilhan, Loyrac et le Castéra au nouveau sire de Lesparre, messire Charles de Matignon.

A cette époque, Jaquette d'Arsac était morte; une lettre de Thomas de Montaigne, conservée aux minutes du notaire Guitton prouve qu'elle était décédée avant le 28 février 1578. Thomas de Montaigne contracta une troisième union le 9 janvier 1582 avec noble damoiselle Françoise de Dampierre, dont il n'eut pas d'enfants.

Le 20 mai 1602, *Jeanne de Montaigne*, damoiselle, fille de Thomas de Montaigne, écuyer, seigneur d'Arsac, épousait, au château du Castéra de Saint-Germain en Médoc, M. Jacques de Ballodes, écuyer, fils d'André de Ballodes, écuyer, seigneur d'Ardennes, et de Reine de Vassal, damoiselle. A ce contrat assistaient le père de la future, Françoise de Dampierre, sa belle-mère, ses deux frères Jean d'Arsac et Pierre-Mathias de Montaigne et Pierre de Ségur, son beau-frère.

Pierre de Ségur, écuyer, seigneur de Montbrun, avait précédemment épousé *Marguerite de Montaigne*, sœur aînée de Jeanne.

La troisième sœur, *Antoinette*, épousa Gabriel d'Arrérac, écuyer, avocat au Parlement, fils de Me Jean d'Arrérac, conseiller au Parlement de Bordeaux.

La succession de Jacquette d'Arsac ne resta pas longtemps entre les mains de ses enfants.

L'aîné *Jean d'Arsac* mourut le premier sans avoir été marié, et son frère *Pierre-Mathias de Montaigne* devint seigneur d'Arsac. Il voulut aussi devenir seigneur de Montaigne et revendiqua contre la veuve et la fille de Michel de Montaigne la maison noble de Montaigne. Il paraîtrait qu'il ne faisait en cela que continuer une réclamation intentée par Thomas de Montaigne, son père. Dans sa requête au Parlement, celui-ci exposait le 21 novembre 1607 et son fils reprenait le 5 avril 1610, que feu noble Eyquem de Montaigne, père de Thomas, avait par son testament prélégué à François-Michel de Montaigne, quand vivait chevalier de l'ordre du Roy, son fils aîné, son château de Montaigne avec ses préclotures, mestéries, héritages, etc.; et d'autant qu'il avait pris le nom de ladite maison, il avait assuré ledit prélégat à ses enfants mâles à la charge de porter le nom, surnom et armes de ladite maison; il aurait expressément voulu que le tout retournât à Thomas, son second fils mâle, au cas où Michel décédât sans enfants mâles, cas qui était advenu; que la veuve et la fille de Michel s'étaient emparées de tous les titres et papiers ainsi que du testament qui, avec tous les titres communs, était demeuré entre les mains de Michel de Montaigne, fils aîné, en la maison de Montaigne; que ces dames devaient être condamnées à produire le testament, faute de quoi à délaisser le château de Montaigne et ses dépendances, avec restitution de fruits. L'arrêt de la Cour porte : dict a esté, avant faire droict définitivement des fins et conclusions du demandeur, que ladicte de Lachassaigne sera défaulte dans un mois prochain venant, pendant lequel sera ladite dame de Montaigne réassignée pour défendre aussy de son chef; pour ce faict, et faute de ce faire et ledict delay passé en estre ordonné comme il appartiendra.

Qu'advint-il de ce jugement de défaut profit joint, comme disent les gens du palais?

Il paraîtrait que le testament, probablement olographe, de Pierre Eyquem de Montaigne, resté en la possession de Michel de Montaigne, et après lui de sa veuve et de sa fille, ne s'est pas retrouvé; peut-être a-t-il été détruit.

Qu'on nous permette, à propos de procès, une courte digression; la requête présentée par Thomas d'Arsac porte que son père avait *pris le nom* de la maison de Montaigne ; qu'il avait légué et substitué cette maison noble à ses enfants mâles à la charge de porter le *nom,* le *surnom* et les *armes* de ladite maison.

Cette énonciation semble indiquer que les armes de la maison de Montaigne avaient été *prises* par les Eyquem, comme ils avaient pris le nom de cette maison noble. Il était, en effet, d'usage de porter dans ses armoiries celles des terres nobles que l'on possédait. Ce droit appartenait au possesseur du fief, que celui-ci lui vînt par héritage, par alliance ou même par suite d'achat.

Aussi, Michel a-t-il écrit :

« Les armoiries n'ont de seureté, non plus que les
» noms. Je porte d'azur semé de trefles d'or, à une patte
» de lyon de mesme, armée de gueules, mise en fasce.
» Quel privilège a cette figure pour demourer particu-
» lièrement en ma maison? *Un gendre la transportera en*
» *une aultre famille ; quelque chétif acheteur en fera ses*
» *premières armes* ([1]). »

Michel lui-même transféra à un étranger à sa famille le droit de porter ses armoiries. Ne laissant aucun enfant mâle, il voulut, par testament, reconnaître comme le successeur naturel de ses pensées l'auteur du *Livre de la Sagesse.*

« Charron, après avoir prêché le carême à Angers,
» en 1589, était venu à Bordeaux, où il lia une étroite
» amitié avec Montaigne. Il y a dans les livres de *la*
» *Sagesse* une infinité de pensées qui avoient paru dans
» les *Essais* de Montaigne. Ne doutez pas que cette doci-
» lité de Charron avoit contribué beaucoup à l'affection
» très particulière que Montaigne avoit pour lui, et qui
» fit qu'il lui permit par son testament de porter après

([1]) *Essais,* liv. I, chap. XLVI.

» son décès les pleines armes de sa noble famille, parce
» qu'il ne laissoit aucuns enfants masles (¹). »

Les armes de Montaigne, telles qu'il les a blasonnées dans le passage que nous venons de transcrire, sont sculptées sur son tombeau dans la chapelle du Lycée de Bordeaux.

Elles étaient gravées sur un anneau circulaire en fer, portant la légende : « Michel, seigneur de Montaigne. » Cet anneau, longtemps conservé dans le château de Montaigne, devint la propriété de M. le vicomte Charles de Gourgues. Il a été gravé (²).

Quoi qu'il en soit, Pierre-Mathias de Montaigne ne devait pas profiter du procès que son père avait intenté. Il mourut avant que la justice eût prononcé, et les héritiers de Thomas se trouvant n'être plus que ses trois filles n'avaient plus qualité pour réclamer une substitution faite de mâle en mâle à l'exclusion des filles.

La terre d'Arsac, suivant transaction du 10 novembre 1620 fut attribuée à Antoinette de Montaigne; celles du Castéra et du Lilhan, par indivis, aux deux autres sœurs.

Antoinette de Montaigne n'eut pas d'enfants de son mariage avec Gabriel d'Arrérac. Par son testament, elle lui donna la seigneurie d'Arsac, qui passa ensuite aux enfants du second lit de celui-ci avec Catherine Dunoyer, ainsi qu'il résulte de son testament du 3 mars 1624.

Marguerite de Montaigne était veuve de Pierre de Ségur, seigneur de Montbrun, et en avait plusieurs enfants. Sa part dans ses biens héréditaires fut saisie

---

(¹) Bayle, *Dict. critiq.*, t. I, p. 852, édit. de 1720.
(²) Comité de la langue et d'histoire; *Bulletin,* t. II, n° 5.

par des créanciers, et le 28 avril 1625, son fils aîné, Gabriel de Ségur, seigneur de Montbrun et de Pitay, agissant tant en son nom que pour ses frères dont il était administrateur, vendit à Mᵉ Estienne de Joly, conseiller du roi, magistrat au présidial de Guienne, pour le prix de 4,215 livres, tous les droits de sa mère indivis avec la dame de Montuzeau, sa tante, sur la maison noble du Castera et la justice de Lilhan.

Quelques jours après, le 28 mai 1625, damoiselle *Jeanne de Montaigne*, femme de Jacques de Valodes, écuyer, seigneur de Montuzeau, ayant par acte de partage droit à une somme de trois mille francs par prélèvement sur la maison noble du Castera et la justice de Lilhan, plus à la moitié indivise du surplus, vendit au même Étienne de Joly tous ses droits pour 7,778 livres.

Le contrat de mariage de Gaston de Balodes, fils de Jeanne de Montaigne, avec damoiselle Catherine Bodet, du 22 juin 1643, nous apprend qu'il avait deux frères, Jacques de Valodes, seigneur du Castera, et Josué de Valodes [1].

Nous ne suivrons pas plus loin la descendance des Ségur-Monbrun et des Valodes, qui continuèrent le sang de Thomas de Montaigne.

[1] Nous trouvons leur nom écrit *B*alodes et *V*alodes.

XII

FRÈRES ET SŒURS DE MICHEL DE MONTAIGNE *(suite)*.

II

ARNAUD, DIT *LE CAPITAINE SAINT-MARTIN*.

Erreurs de MM. Grün et Payen, qui pensent qu'Arnaud était aîné de Michel. — Le partage de l'hérédité de Pierre Eyquem fixe la date de la naissance d'Arnaud en 1541. — Cet acte, daté de 1568, prouve qu'Arnaud n'était pas mort en 1565. — Légitime d'Arnaud. — Il est élevé au Collége de Guienne. — Donation à lui faite par son oncle, le seigneur de Gaujac. — La maison noble de Saint-Martin, paroisse d'Eysines. — Le capitaine Saint-Martin meurt d'un coup reçu au jeu de paume. — La chaîne d'or que lui avait donnée sa mère. — Il n'a pas de postérité.

II

ARNAUD, DIT LE CAPITAINE SAINT-MARTIN.

M. Grün a supposé que Montaigne avait deux frères aînés; il dit (p. 76) : « Ces deux frères aînés se nom-
» maient de Saint-Martin et de Beauregard. On ne sait
» lequel était le plus âgé.

» La preuve qu'ils étaient nés avant Michel, c'est que
» celui-ci, après le décès de Pierre Eyquem, prit le nom
» et les armes de la famille. Puisque cet honneur n'échut
» à aucun de ses trois autres frères, MM. d'Arsac, de
» Mattecoulom et de Labrousse, ces derniers étaient les
» plus jeunes. Donc, Michel, né le troisième, avait devant

» lui MM. de Saint-Martin et de Beauregard. A quelle épo-
» que moururent ces deux aînés?

» M. de Saint-Martin était mort depuis longtemps,
» quand Michel quitta le Parlement. »

M. Grün cite à l'appui une phrase de Moréri, signalée par M. Payen, à l'article *Albert de Luynes*, mort en 1621 :
« Le roi Charles IX, après l'avoir reçu au nombre de ses
» gentilshommes servants, lui donna par lettres datées
» de Condom, du 21 juillet 1565, la charge d'une bande
» de gens de pied entretenue à son service sous le nom
» de régiment de Sarlabous, vacante par la mort du
» capitaine Saint-Martin. C'était le frère du philosophe
» Montaigne. »

Il est difficile d'entasser plus d'erreurs en peu de mots.

M. Grün fait deux personnages de MM. de Beauregard et d'Arsac, qui ne sont en réalité qu'une seule et même personne, Thomas de Montaigne, seigneur de Beauregard, né le 17 mai 1534, et devenu seigneur d'Arsac par son mariage avec l'héritière de cette maison. C'est de lui que Montaigne a écrit dans les *Éphémérides* : « Maius 17. 1534.
» Naquit Thomas mon frère, sieur de Beauregard et
» Darsac. »

Le capitaine Saint-Martin n'était pas l'aîné de Michel, et il n'était pas mort le 27 juillet 1565. Il ne pouvait donc pas à cette date laisser vacant un commandement par suite de son décès.

Il suffit, pour s'en convaincre, de lire l'acte de partage de l'hérédité de Pierre Eyquem, le père commun. Cet acte, au rapport de Castaigne, notaire, en date du 22 août 1568, est passé entre « Monsieur Maître Eyquem
» de Montaigne, seigneur dudit lieu, conseiller du Roy
» en sa Court de Parlement de Bourdeaulx, au nom et

» comme héritier universel de feu noble Pierre Eyquem
» de Montaigne, son père, escuyer, seigneur dudict lieu
» quand vivoit, d'une part; et Thomas, Pierre et *Arnaud*
» *de Montaigne,* escuyers, ses frères, enfants et héritiers
» légataires dudit feu sieur de Montaigne, d'autre
» part. »

Ainsi, Arnaud de Montaigne n'était pas mort avant le 27 juillet *1565*, puisqu'il partageait le 25 août 1568 la succession paternelle.

Il n'était pas davantage l'aîné de Michel, puisqu'il est dit, dans le même acte, « que lesdits sieurs Thomas,
» Pierre et Arnaud de Montaigne, majeurs de vingt-cinq
» ans, comme ils ont dict et déclaré, et comme ils ont
» faict apparoir par un escript aparent présentement
» exhibé sur le passement de ces présentes qu'ils ont
» dict estre de la propre main dudict feu sieur de Mon-
» taigne, leur père, par lequel *appert que ledict Arnaud*
» *de Montaigne, le plus jeune des quatre frères, naquit le*
» *quatorziesme jour de septembre l'an mil cinq cent quarante*
» *ung.* »

Arnaud n'était donc pas l'aîné, comme l'a cru M. Grün.

Né en 1541, tandis que Michel était né en 1533, Arnaud était le plus jeune des quatre frères qui comparaissaient à l'acte de liquidation du 22 août 1568. Le cinquième frère, Bertrand, né le 20 août 1560, n'avait que huit ans, et était sous la tutelle de son frère aîné.

Pour sa légitime, Arnaud reçut des terres et vignes « en l'isle de Macau » en Médoc. Ces vignes avaient appartenu à Pierre Eyquem, à Grimond Eyquem, et venaient de la femme de celui-ci, Jeanne Dufour, par sa mère Billone Ap. Elles avaient été achetées par Pey Ap, jurat de Bordeaux.

Arnaud avait été élevé au Collége de Guienne, ainsi qu'il résulte d'un acte de donation fait le 19 septembre 1557 : « A Arnauld Eyquem de Montaigne, escholier, » estudiant au Collège de Guienne, son nepveu, par » Pierre Eyquem de Montaigne, seigneur de Gaujac, » chanoine de Saint-Seurin et de Saint-André de Bordeaux. »

C'est probablement de son oncle de Gaujac, qui possédait à Eysines de grands domaines, qu'Arnaud de Montaigne tenait la petite maison noble de Saint-Martin, située dans cette paroisse, et dont Arnaud prit le nom.

Il avait pris le parti des armes, et mourut fort jeune d'un accident arrivé au jeu de paume. « Un mien frère, » dit Michel, le capitaine Saint-Martin, âgé de vingt-trois » ans, qui avoit déjà faict assez bonne preuve de sa » valeur, jouant à la paulme, reçeut un coup d'esteuf » qui l'asséna un peu au-dessus de l'aureille droicte, » sans aucune apparence de contusion ni blesseure; il » ne s'en assyt ny reposa, mais cinq ou six heures après » il mourut d'une apoplexie que ce coup lui causa (¹). »

Michel, ou peut-être l'imprimeur, a commis évidemment une erreur de chiffre sur l'âge d'Arnaud, qui avait plus de vingt-trois ans à sa mort, puisqu'il en avait vingt-sept à la mort de son père, étant né le 14 septembre 1541.

Il mourut entre la date de la liquidation de la succession de son père, à laquelle il comparaît le 22 août 1568 et le 23 mai 1569.

Sa mère lui avait prêté ou donné une de ces larges chaînes d'or dont les jeunes gentilshommes aimaient alors à se parer. Arnaud avait-il voulu faire une galan-

---

(¹) *Essais*, liv. I, chap. XXIX.

terie à sa jeune belle-sœur, damoiselle Françoise de La Chassaigne, ou lui avait-il seulement remis en garde cette chaîne d'or? Je ne sais. Mais après la mort d'Arnaud, la chaîne se trouva parmi les bijoux de madame de Montaigne jeune et madame de Montaigne douairière le revendiqua. Il fallut un acte et une quittance en bonne forme. Le 23 mai 1569, dans le château de Montaigne et devant une sorte de tribunal de famille, en présence des nobles hommes Thomas de Montaigne, seigneur de Beauregard, et Pierre de Montaigne, seigneur de La Brousse, ses frères, noble Michel, seigneur de Montaigne, parlant à demoiselle Antoinette de Louppes, sa mère, lui a déclaré qu'il avait trouvé dans les coffres de sa femme une chaîne d'or que feu noble Arnaud de Montaigne, seigneur de Saint-Martin, son frère, y avait laissée, laquelle la dame de Louppes dit lui appartenir et demande qu'elle lui soit rendue. La chaîne d'or, en présence et du consentement de ses frères, fut remise à leur mère, qui la reçut et en donna quittance par devant notaire.

Arnaud n'avait pas été marié et ne laissa pas de postérité.

XIII

FRÈRES ET SŒURS DE MICHEL DE MONTAIGNE *(suite)*.

III

PIERRE EYQUEM DE MONTAIGNE, SEIGNEUR DE LA BROUSSE.

Part héréditaire de Pierre. — Il porte les armes. — Il meurt sans postérité.

IV

BERTRAND DE MONTAIGNE SEIGNEUR DE MATTECOULOM.

I. Bertrand-Charles, né en 1560. — Ne figure pas au partage de 1568. — Sa part héréditaire. — Voyage en Italie avec son frère Michel. — Son duel à Rome. — Il épouse Charlotte d'Eymar. — Procès avec l'archevêque de Bordeaux pour l'hommage de la maison de Mattecoulom. — Erreur de M. Payen.

II. *Madeleine-Marie de Montaigne*, sa fille unique. — Elle épouse Lancelot de Belcier. — Sa postérité. — M. de Cazenave.

V

JEANNE DE MONTAIGNE, FEMME DE RICHARD DE LESTONNA.

Née en 1536. — Son mariage en 1555 avec le conseiller Richard de Lestonna. — Leurs enfants :

1º *Guy de Lestonna*, seigneur du Parc. — Pas d'enfants.
2º *Jeanne de Lestonna* épouse Gaston de Montferrand. — Elle a plusieurs enfants. — Elle se fait religieuse et fonde le couvent de Notre-Dame. — Sa mort. — Sa béatification.
3º *Pierre de Lestonna*, seigneur de Pipeleu.
4º *Jaquette de Lestonna* épouse Richard d'Aulède.
5º *Françoise de Lestonna* épouse Jean d'Aulède. — Leur postérité.

VI

LÉONOR DE MONTAIGNE, FEMME DE M⁰ THIBAUD DE CAMAIN.

Née en 1552 — Mariée à M. de Camain.— Sa descendance : MM. de Camain de Saint-Sulpice, et de Mèredieu.

VII

MARIE DE MONTAIGNE, FEMME DE M. BERNARD DE CAZALIS.

Née en 1554. — Épouse, en 1579, Bernard de Cazalis. — Meurt sans postérité.

III

PIERRE EYQUEM DE MONTAIGNE, SEIGNEUR DE LABROUSSE

Pour sa part dans l'héritage paternel, Pierre reçut tous les biens et possessions situés au fief et territoire de La Brousse, en la paroisse d'Estervignes, juridiction de Montravel en Périgord. Il prit le nom de Monsieur de La Brousse. Il vécut modestement en gentilhomme campagnard dans ses terres du Périgord, aimant, au contraire de Michel, à entendre gémir un lièvre sous la dent de ses chiens. Il dut porter les armes pour le parti du Roi pendant les guerres civiles : « Voyageant un jour, dit
» Michel, mon frère seigneur de La Brousse et moi,
» durant nos guerres civiles, nous rencontrâsmes un gen-
» tilhomme de bonne façon. Il estoit du party contraire
» au nostre : mais je n'en savois rien, car il se contre-
» faisoit aultre : et le pis de ces guerres, c'est que les
» chartes sont si meslées, vostre ennemy n'estant dis-
» tingué d'avescque vous d'aulcune marque apparente,
» ny de langage ni de port; nourry en mesmes loix,

» mœurs et mesme air, qu'il est malaisé d'y éviter con
» fusion et désordre. Cela me faisoyt craindre à moi
» mesme de rencontrer nos troupes en lieu où je ne
» feusse cogneu, pour n'estre en peine de dire mon
» nom. »

Pierre de Montaigne, écuyer, seigneur de La Brousse agissait comme fondé de pouvoirs de madame Françoise de La Chassaigne, veuve de Michel de Montaigne, le 27 janvier 1593, et traitait avec les religieux Feuillants pour faire mettre en leur église le corps de Michel, dans un caveau devant le grand autel.

Il était mort en 1597, sans alliance et sans postérité; le testament de sa mère, Antoinette de Louppes, daté du 19 avril 1597, constate qu'elle n'a plus que deux fils survivants: Thomas et Bertrand; et ailleurs il est parlé d'un chay aux Chartreux, « obvenu de la succession de » feu Pierre de Montaigne, mon fils. »

IV

BERTRAND DE MONTAIGNE, SEIGNEUR DE MATTECOLOM.

Bertrand-Charles de Montaigne était né, suivant la note écrite de la main de Michel de Montaigne sur les *Éphémérides* de Beuther, le 20 août 1560 à Montaigne. Il fut tenu sur les fonds baptismaux par Bertrand de Ségur et Renée de Belleville; il était mineur au moment de la mort de son père et à celui de la liquidation de son hérédité en 1568. Il reçut plus tard pour sa légitime la maison noble de Mattecolom, paroisse de Montpeyroux, juridiction de Monravel, qui portait autrefois le nom « des Marrons » et avait reçu de la famille Montaigne celui de Mattecolon probablement en souvenir de ses anciennes possessions au lieu de Mattecolon sur la rive droite de la Garonne, presque en face de Bordeaux, paroisse de Bouliac. Le 4 novembre 1517, noble homme Grimond Eyquem, seigneur de Montaigne et de Mathacolon, avait reçu l'esporle pour des vignes en la paroisse de Boliac (Entre-deux-Mers), au lieu de Mathacolon.

Montaigne nous apprendra qu'il partit pour l'Allemagne et l'Italie le 22 juin 1580, avec Bertrand, son frère, et MM. d'Estissac, de Cazelis et du Hautoy. M. de Cazelis était probablement Bertrand de Cazalis, seigneur du Frayche, qui avait épousé, le 28 septembre 1579, Marie de Montaigne, sœur de Michel.

Bertrand avait alors vingt ans.

C'est dans les Académies de Rome et de Venise que les jeunes gentilshommes allaient apprendre l'exercice des armes ; les guerres de François Ier avaient mis ce voyage à la mode pour la jeune noblesse. « Nous allons appren-
» dre en Italie à escrimer, » dit Montaigne. Il nous conte une aventure arrivée dans ce pays à Bertrand. « Mon
» frère sieur de Mattecoulom fut convié à Rome à secon-
» der un gentilhomme qu'il ne cognoissoit guère, lequel
» estoit deffendeur et appelé par un aultre. En ce combat
» il se trouva de fortune avoir en teste un qui luy estoit
» plus voisin et plus cogneu ; je vouldrois qu'on me fist
» raison de ces lois d'honneur qui sont çi souvent choc-
» quant et troublant celles de la raison. Après s'estre
» défaict de son homme, veoyant les deux maistres de la
» querelle en pieds encore et entiers, il alla descharger
» son compaignon. Que pouvait-il moins ? Debvoit-il se
» tenir coy, et regarder desfaire, si le sort l'eût ainsi
» voulu, celluy pour la deffense duquel il estoit là venu ?
» Ce qu'il avoit faict jusques alors ne servoit rien à la

» besongne : la querelle estoit indécise. La courtoisie
» que vous pouvez et certes debvez faire à vostre
» ennemy, quand vous l'avez réduict en mauvais termes
» et à quelque grand désadvantage, je ne veois pas com-
» ment vous la puissiez faire quand il va de l'intérest
» d'aultruy, où vous n'estes que suyvant, où la dispute
» n'est pas vostre : il ne pouvoit estre ni juste ni cour-
» tois au hasard de celuy auquel il s'estoit presté. Aussi
» feut-il délivré des prisons d'Italie par une bien soub-
» dene et solemne recommandation de nostre Roy. Indis-
» crète nation! Nous ne nous contentons pas de faire
» sçavoir nos vices et folies au monde, par réputation ;
» nous allons aux nations estrangières pour les leur faire
» veoir en présence. Mettez trois Français au désert de
» Lybie, ils ne seront pas un mois ensemble sans se har-
» celer et esgratigner : vous diriez que cette pérégrina-
» tion est une partie dressée pour donner aux estrangiers
» le plaisir de nos tragédies, et le plus souvent à tels qui
» s'esjouïssent de nos maulx et qui s'en mocquent! »

Revenu de ses voyages et de ses duels, Bertrand de Montaigne songea à se marier et à vivre dans ses domaines.

Le 10 septembre 1591, Bertrand de Montaigne, écuyer, seigneur de Mattacoulom, gentilhomme ordinaire de la Chambre du Roy, sous l'autorité de dame Antoinette de Louppes, sa mère, épousa damoiselle Charlotte Deymar, fille de Léonard d'Eymar, écuyer, seigneur de La Guasquerie et de Cantemerle, et de damoiselle Madeleine de La Lande, et reçut en dot la maison noble de La Guasquerie.

Léonard d'Eymar, seigneur de La Guasquerie, et Joseph d'Eymar, son frère, président au Parlement de

Bordeaux, étaient fils du conseiller Étienne d'Eymar et de Béatrix de Louppes de Villeneufve. La fortune du président Joseph d'Eymar ne revint pas à son frère Léonard, quoique le premier n'eût pas d'enfants. Il avait institué pour héritières sa femme Anne Gay, et sa sœur Françoise, mariée à M. de Tymbaud, par son testament du 5 mai 1586. Léonard, suivant son testament du 3 décembre 1595, n'avait que deux filles : Charlotte, mariée en 1591 à Bertrand de Montaigne, et Béatrix, aussi mariée, mais dont il ne nomme pas le mari.

Antoinette de Louppes, dans l'acte de ses dernières volontés, en 1597, s'exprime ainsi : « Je déclare que j'ai » deux fils mâles encore vivants, savoir Thomas et Ber- » trand de Montaigne, lesquels m'ont toujours bien » assistée, servie et honorée. » Elle leur laisse par préciput le tiers de ses biens.

Bertrand eut des difficultés pour la maison noble de Mattecoulom avec son suzerain féodal, monseigneur l'archevêque de Bordeaux, seigneur temporel de Monravel.

Bertrand soutenait que la maison était noble et ne devait que l'hommage noble, tel que son prédécesseur feu noble Joachim Dumas, seigneur de ladite maison, l'avait rendu le 3 décembre 1530. L'archevêque prétendait que la maison, anciennement appelée des Marrons et nouvellement de Mattacolon, n'était pas noble, qu'elle devait esporler et non rendre hommage; et en outre que Bertrand avait fortifié cette maison sans en avoir obtenu la permission de son seigneur l'archevêque.

Ce débat fut terminé par une transaction, et le 19 janvier 1603 hommage noble fut rendu à monseigneur l'archevêque, seigneur temporel de Montravel, l'illustrissime François, prestre, cardinal de Sourdis, primat d'Aquitaine, par Bertrand-Charles de Montaigne, écuyer, seigneur de La Guasquerie, gentilhomme ordinaire de la chambre du roi, pour la maison noble de Mattecolom, autrefois des Marronx, au devoir d'un baiser en la joue et d'un réglet de bréviaire [1].

Madeleine-Marie de Montaigne, fille unique de Bertrand, épousa en 1621 messire Lancelot de Belcier, chevalier, dont elle eut des enfants. Le 23 avril 1671 messire Jeannetin de Belcier, chevalier, seigneur de Gensac, rendait hommage au nom de sa parente Marie de Gamaches, dame de Montaigne, veuve de Louis de Lur, pour la seigneurie de Montaigne. Le 4 avril 1686, messire Jeannetin de Belcier, chevalier, seigneur de Mattecolom, rendait le même hommage à l'archevêque de Bordeaux au nom de Claude-Madeleine de Lur-Saluces, veuve d'Isaac de Ségur-Montazeau, dame de Montaigne.

Nous ne pouvons suivre jusqu'à nos jours la généalogie des descendants de cette branche de Montaigne

---

[1] M. Payen a écrit que Mattecoulon avait dû être remis à Bertrand avant la mort de son père, Pierre Eyquem, puisque Bertrand ne signa pas au partage, à moins que cette terre ne lui soit arrivée par alliance. Mais il ajoute que M. de Cazenave, descendant par les femmes de Bertrand, lui a dit que Mattecoulom a toujours passé pour un démembrement de Montaigne.

Bertrand, né en 1560, ne pouvait signer au partage de 1568, ni avoir reçu Mattecoulon auparavant; il n'avait que huit ans. Il ne reçut pas Mattecoulom par alliance, mais de Michel, son frère aîné, détenteur de l'entière hérédité de Pierre Eyquem, qui dut lui donner cette terre pour sa légitime à sa majorité de 25 ans, soit en 1585. Mattecoulon appartenait à Joachim Dumas en 1530; donc ce domaine avait été acquis, après 1530, par Pierre Eyquem, qui l'avait laissé dans sa succession. Le titre d'acquisition a dû être remis à Bertrand lorsqu'il reçut la terre pour sa part légitimaire.

venant de Bertrand par les femmes. Elle est représentée de nos jours par M. de Cazenave, qui habite le château de Mattecoulom, commune de Montpeyroux, plus connu sous le nom de château de Montpeyroux.

V.

JEANNE DE MONTAIGNE, FEMME DE RICHARD DE LESTONNA.

Dans son testament du 19 avril 1597, damoiselle Antoinette de Louppes, veuve de Pierre Eyquem, seigneur de Montaigne, disait : « Je déclare que cy-devant » feu monsieur de Montaigne, mon mary et moy, » avons marié Jehanne de Montaigne, ma fille, avesque » feu monsieur maistre Richard de Lestonnac, conseiller » en la Court; à laquelle Jehanne avons, mon mary et » moy, donné et constitué en dot la somme de quatre » mille livres tournoises, oultre les habillements nup- » tiaux. Moyennant ce la dicte Jehanne renonce par son » contraict de mariaige à tous biens paternels, maternels » et collatéraux (1). »

Le mariage est à la date du 5 mai 1555.

Richard de Lestonnac, seigneur d'Espaigne ou du Parc à Mérignac, et Jeanne de Montaigne eurent plusieurs enfants : Guy de Lestonnac, fils aîné, seigneur du Parc, Pierre de Lestonna, seigneur de Pipeleu, et des filles, Françoise, Jaquette et Jeanne.

1° *Guy de Lestonnac* fut nommé conseiller au Parle-

---

(1) Michel a écrit dans les *Éphémérides* que sa sœur Jeanne était née le 17 octobre 1536.

Les titres que nous avons sous les yeux écrivent : Lestonnar, Lestonnac et Lestonna.

ment en 1586 sur la résignation de son père. Il épousa damoiselle Marie de Brian, dont il n'eut pas d'enfants. Il fit son testament le 16 octobre 1612. Il voulut être enterré dans la chapelle de sa famille au couvent des Carmes. Il prie ses héritiers naturels de ne pas trouver mauvais ni étrange qu'il tienne à continuer la maison commencée par son aïeul, continuée par son père, « laquelle, dit-il, n'a pas été dissipée ni diminuée par » moi. » Il laissa son hérédité, son office de conseiller, sa maison noble du Parc à sa sœur Françoise en jouissance. Il institua pour son héritier son neveu Jean d'Aulède, seigneur du Cros, fils de sa sœur Françoise de Lestonna, veuve de Jehan d'Aulède, écuyer, seigneur du Cros, à la condition que son neveu porterait le nom et les armes de Lestonna. Il lui substitua son autre neveu Guy de Montferrand, fils de sa sœur Jeanne de Lestonna, veuve de Gaston de Montferrand, seigneur de Landiras.

Sa veuve, damoiselle Marie de Brian, fit un premier testament le 6 décembre 1637 et un codicille le 9 août 1644. Elle institua pour ses héritiers les descendants de la branche cadette de Montaigne, venant du conseiller Raymond Eyquem de Montaigne, seigneur de Bussaguet, de Gajac et de Saint-Genès, grand-père de ceux qu'elle instituait : elle faisait des legs particuliers à Henry et Anthoine de Montaigne, tous deux conseillers au Parlement, à Marie de Montaigne, leur sœur, et instituait pour héritier François de Montaigne, son neveu et filleul, à la condition que l'un de ses fils porterait son nom et ses armes; elle lui substituait, aux mêmes conditions, « Guillaume de Montaigne, son frère, qui, disait » la testattrice, est la deuxième personne que j'ayme le » plus. » Tous ces légataires et héritiers sont qualifiés de « ses neveux et nièces ».

2° *Jeanne de Lestonnac.* Elle était l'aînée des enfants du conseiller Richard de Lestonnac et de Jeanne de Montaigne. Elle était née en 1556 et non en 1550, comme l'ont dit quelques-uns de ses historiens. Le mariage de ses père et mère avait eu lieu le 5 mai 1555.

Sa mère, qui était protestante, soit par l'exemple d'Antoinette de Louppes, sa mère, soit parce qu'elle avait embrassé d'elle-même la religion réformée, l'éleva dans ses principes religieux.

Elle épousa en 1573 haut et puissant seigneur Gaston de Montferrand, chevalier, baron de Landiras, dont elle eut sept enfants : trois moururent en bas âge ; deux de ses filles se firent religieuses ; une autre se maria, et un seul de ses fils continua le nom de Montferrand.

Veuve en 1597, après vingt-quatre ans de mariage, elle reprit, suivant l'usage, son nom de famille ; elle était revenue à la religion catholique ; elle essaya de la vie religieuse en 1603 et entra quelque temps dans un couvent de Toulouse. Elle reprit, peu après être sortie de cette maison, sa vocation monastique, et fonda en 1608 le couvent de Notre-Dame, qui reçut de nombreuses libéralités, notamment, le 1er janvier 1616, du conseiller Pierre de Lancre et de Jeanne Demons, son épouse, fille de Jeanne de Montaigne de Bussaguet. Celle-ci était cousine germaine de la mère de mademoiselle de Lestonna.

3° *Pierre de Lestonna,* seigneur de Pipeleu, était le second fils de Richard.

4° *Jaquette de Lestonna,* épousa en 1585 Geoffroy d'Aulède, seigneur de Pelet.

Un fils de celle-ci, *Richard d'Aulèdes,* seigneur de Pardailhan, du consentement de Jeanne de Montaigne, damoiselle, veuve de M. Richard de Lestonna, sa grand'mère, et de Jeanne de Lestonna, dame de Landiras, sa tante, veuve de Gaston de Montferrand, seigneur baron de Landiras, épousa en 1608 damoiselle Bonaventure de Chanteloube.

5° *Françoise de Lestonna* avait épousé Jean d'Aulède, seigneur du Cros; elle en eut, entre autres enfants, Jean d'Aulède, que son oncle Guy de Lestonna instituait, en 1612, son héritier général, à condition de porter le nom et les armes de Lestonna. Elle eut encore pour fille *Marguerite d'Aulède,* qui épousait, le 10 mai 1620, M. Jacques de Poncastel, écuyer, avocat au Parlement, avec l'assistance de Jeanne de Montaigne, sa grand'mère, veuve de M. Richard de Lestonna, et de Jeanne de Lestonna, sa mère; de Pierre de Lestonna, seigneur de Pipeleu, et de Guy de Lestonna, seigneur du Parc, conseiller au Parlement, ses oncles.

La descendance de Jeanne de Montaigne se continua ainsi par les familles Lestonna, de Montferrand, d'Aulède, de Poncastel. Nous ne pouvons suivre ces diverses ramifications; il suffit de les indiquer.

VI

Léonor de Montaigne, femme de M. Thibaud de Camain.

D'après le manuscrit des *Éphémérides*, écrit de la main de Michel, sa sœur Léonore naquit le 30 août 1552. Elle eut Michel pour parrain et damoiselle Léonore de Melet pour marraine.

Le testament de damoiselle Anthoinette de Louppes porte : « Je déclare que depuis le décès de mondict feu » sieur et mary, j'ay marié Léonor de Montaigne, ma

» fiile, avecques Monsieur de Camain, conseiller du Roy
» en la Court, à laquelle Léonor, outre et pardessus son
» dot, je luy ai donné de mes biens la somme de deux
» mil livres tournoises..... et la somme de huit cents
» livres escheues à ma part du prix d'un chay aux
» Chartreux obvenu de la succession de feu Pierre de
» Montaigne, mon fils. »

Le contrat de mariage d'entre Léonor de Montaigne et M. Thibaud de Camain est à la date du 2 septembre 1581 (Guay, notaire, f° 1815).

Thibaud de Camain, seigneur de La Tour de Carnet en Médoc et de Courtezelles, d'abord lieutenant criminel au siége de Brives, puis conseiller à la Cour de Bordeaux, eut plusieurs enfants, dont *Jean-Pierre de Camain*, seigneur de Carnet, qui mourut sans enfants; *Antoinette*, qui épousa messire Bernard de Lavie, conseiller d'État, président au Parlement de Navarre; *Françoise*, qui épousa M. de Vassal de La Tourette; et enfin le second fils, *François de Camain*, qui a continué la descendance.

Cette famille est aujourd'hui représentée par MM. de Camain de Saint-Sulpice et madame de Mèredieu.

VII

Marie de Montaigne, femme de M. Bernard de Cazalis.

Marie de Montaigne naquit à Bordeaux le 19 février 1554, suivant la note de son frère Michel au manuscrit des *Éphémérides*.

Elle épousa, le 28 septembre 1579, Bernard de Cazalis, écuyer, seigneur de Freyche, à Pujols en Bazadais. Ellé mourut sans enfants, et Bernard de Cazalis épousa en secondes-noces damoiselle Marguerite Le Blanc, dont la fille Marguerite de Cazalis fut mariée, le 8 juillet 1600, à un petit-fils de Jeanne de Montaigne et de Richard de Lestonna, à haut et puissant seigneur François de Montferrand, premier baron de Bordelais, seigneur et baron de Landiras et de La Motte d'Arriet, assisté de Jehanne de Lestonnac, dame de Landiras, sa mère; de M. Me Guy de Lestonna, son oncle ; de Bertrand-Charles de Montaigne, seigneur de Mattecoulom, son parent, et d'autres parents et amis.

Le contrat eut lieu à Barsac, en présence de haut et puissant seigneur messire Jehan de Lur, chevalier, vicomte d'Uza, gentilhomme ordinaire de la chambre du Roi, dont les deux fils, Louis et Honoré, devaient épouser les deux petites-filles de Michel de Montaigne; de haut et puissant seigneur Pierre de Lansac, chevalier de l'ordre du Roy, premier baron du Bazadais, seigneur de Roquetaillade, et de plusieurs autres hauts personnages.

XIV

MICHEL DE MONTAIGNE.

Sa naissance. — Il est l'aîné de ses frères. — Son éducation à Bordeaux. — Il étudie le droit à Toulouse. — Il est conseiller à la cour des Aydes de Périgueux. — Suppression de cette cour et son transfert à Bordeaux en la Cour de Parlement. — Mariage de Michel de Montaigne. — Le contrat. — Ses parents. — Mademoiselle de La Chassaigne. — Les La Chassaigne. — Partage de la succession de Pierre Eyquem de Montaigne. — Michel transige avec sa mère. — Démission de Montaigne de ses fonctions de conseiller au Parlement. — Son successeur M. Florimond de Raymond. — Renvoi aux auteurs qui ont traité de la vie publique et privée de Michel de Montaigne. — Mort de Michel de Montaigne. — Il est enterré en l'église des Feuillants. — Le Lycée de Bordeaux. — Tombeau de Michel. — Épitaphes. — Traduction de M. Reinhold Dezeimeris. — Honneurs rendus aux cendres de Michel de Montaigne en 1800 : Elles sont transférées au Musée de la Ville. — Erreur commise. — Incendie du Lycée de Bordeaux.

Nous avons déjà établi que Michel était l'aîné des enfants vivants de Pierre Eyquem, et que si sa naissance avait été précédée de celle de deux autres enfants, ceux-ci n'avaient pas vécu.

Il ne peut y avoir aucun doute sur ce point depuis la découverte du manuscrit des *Éphémérides,* où la date de la naissance de tous les enfants est authentiquement consignée, à l'exception de celle d'Arnaud. Mais celle-ci est constatée par un autre document authentique, l'acte notarié du 22 août 1568, par lequel Arnaud et les autres fils de Pierre Eyquem quittent, cèdent, remettent... tous leurs droits « audict sieur Michel de Montaigne, *leur frère*

» *aisné*, héritier universel..... », et qui donne la date exacte de la naissance d'Arnaud.

Michel, tenu sur les fonts par des gens de la plus abjecte condition, dit-il, a raconté lui-même l'éducation qu'il reçut dans la maison de son père et au Collége de Guienne.

Michel sortit du Collége de Guienne en 1546. Il entra alors à l'Université et étudia le droit. Il est probable que ce fut à Toulouse. C'est l'opinion généralement adoptée, notamment par M. Grün (1); il l'appuie soit sur la renommée du jeune professeur Cujas qui venait d'y débuter avec éclat, soit sur ce que plusieurs des contemporains de Montaigne qui ont été ses amis, ont fait leur droit à Toulouse, et que c'est dans la camaraderie de l'école qu'ont dû se former les nœuds de cette amitié. Il cite notamment Pibrac (2), Paul de Foix (3), Henri de Mesmes (4), Pasquier (5), Turnèbe (6).

(1) Page 64.
(2) Guy Dufaure, seigneur de Pibrac, né en 1528 à Toulouse; député aux États d'Orléans en 1560; ambassadeur du roi Charles IX au concile de Trente; avocat général au Parlement de Paris; ministre du duc d'Anjou, quand celui-ci devint roi de Pologne; auteur du fameux quatrain.
(3) Paul de Foix, né en 1528; de la famille de Lautrec, archevêque de Toulouse, homme d'État, qui se distingua comme ambassadeur en Écosse, à Venise, en Angleterre, et surtout à Rome auprès du pape Grégoire XIII.
(4) Henry de Mesmes, seigneur de Boissy et de Malassise, d'une grande maison de Béarn, dont le père, premier président du Parlement de Normandie et conseiller des rois François Ier et Henri II, avait négocié le mariage de Jeanne d'Albret, fille unique du roi de Navarre, avec Antoine de Bourbon; fut conseiller d'État, ambassadeur, homme de guerre, en même temps que jurisconsulte et homme de lettres. C'est lui qui négocia avec les protestants, en 1570, la paix passagère qui fut appelée boiteuse et mal assise, parce que Biron était boiteux et que de Mesmes portait le nom de la terre de Malassise.
(5) Le célèbre avocat Étienne Pasquier, l'adversaire des Jésuites.
(6) Adrien Turnèbe, né à Andeli, professeur de grec à Paris, direc-

Nous ne pouvons résister au plaisir d'emprunter à l'un de ces étudiants, qui devinrent des hommes célèbres, le récit de leur vie d'écolier :

« L'an 1545, dit Henri de Mesmes, je fus envoyé à
» Toulouse pour étudier en droit avec mon professeur
» et mon frère, sous la conduite d'un vieil gentilhomme
» tout blanc, qui avait longtemps voyagé par le monde.
» Nous fûmes trois ans auditeurs, en plus étroite vie et
» pénibles études que ceux que maintenant je voudrais
» supporter. Nous étions debout à quatre heures, et,
» ayant prié Dieu, allions à cinq heures aux études, nos
» gros livres sous le bras, nos écritoires et nos chande-
» liers à la main. Nous oyions toutes les lectures jusqu'à
» dix heures sonnées, sans intermission ; puis venions
» diner après avoir en hâte conféré demi-heure sur ce
» qu'on avait écrit de lecture. Après disner nous lisions
» par forme de jeu Sophocle ou Aristophanes, ou Euri-
» pides, et quelquefois Démosthènes, Cicero, Virgilius,
» Horatius. A une heure aux études, à cinq heures au
» logis, à répéter et voir dans nos livres ; puis nous sou-
» pions et lisions en grec ou en latin. Les fêtes à la
» grand'messe et vêpres. Au reste du jour un peu de
» musique et de pourmenoir. Quelquefois nous allions
» dîner chez nos amis, qui nous invitaient plus souvent
» qu'on ne nous y voulait mener ; le reste du jour aux
» livres ; et avions ordinaires avec nous Hadrianus Tur-
» nebus et Dyonisius Lambinus ([1]) et autres savants du
» temps. »

teur de l'imprimerie royale, professa à Toulouse ; mort en 1585. Parmi ses ouvrages, il fit un traité « de vino » (Paris, 1600, in-8°), dans lequel il soutient que l'usage du vin a raccourci la taille et abrégé la vie des hommes.

([1]) Denis Lambin, célèbre comme commentateur (1516-1572), pro-

M. Payen dit que M. Grün prétend établir par des inductions que Montaigne a étudié le droit à Toulouse. « Je n'ai, ajoute-t-il, nulle objection à faire à cette opinion qui, il faut le reconnaître, *ne repose sur aucune preuve* (¹). »

Nous ajouterons aux inductions de M. Grün celles tirées de la parenté de Michel de Montaigne, par sa mère, avec la famille Lopès ou de Louppes, de Toulouse. Peut-être l'oncle de Michel, Pierre de Louppes, l'ancien associé d'Anthoine de Louppes de Villeneufve, de Bordeaux, était-il encore vivant et reçut-il son petit-fils, le fils d'Anthoinette de Louppes, sa fille. Peut-être Pierre de Louppes était-il ce *riche vieillard* chez qui Montaigne rencontra un jour, à Toulouse, Simon Thomas, le médecin.

« Simon Thomas estoit un grand médecin de son
» temp. Il me souvient que *me rencontrant un jour à Thou-*
» *louze,* chez un riche vieillard pulmonique et traittant
» avec luy des moyens de sa guérison, il luy dist que
» c'en estoit l'un de me donner occasion de me plaire en
» sa compagnie ; et que, fichant ses yeux sur la frescheur
» de mon visage, et sa pensée sur cette allegresse et
» vigueur qui regorgeoit de mon adolescence, et rem-
» plissant tous ses sens de cet estat florissant en quoy
» j'estoy lors, son habitude s'en pourroit amender (²). »

Les *Essais* fournissent encore ailleurs la preuve du séjour de Montaigne à Toulouse par ses relations avec le

---

fesseur de grec à Paris. Sa mort fut occasionnée par l'annonce de celle de Ramus, son ami, massacré pendant la Saint-Barthélemy. Il avait été très lié avec Muret. C'est de la lenteur qui lui était habituelle que vinrent les expressions *lambin* et *lambiner*, qui sont restées dans la langue.

(¹) Payen, *Rech. sur Montaigne,* p. 12.
(²) *Essais,* liv. I, ch. xx.

professeur Turnèbe : « *J'ay veu* Adrienus Turnebus.....
» C'estoit, à mon opinion, le plus grand homme qui feut
» il y a mille ans..... *Je l'ay souvent* à mon escient iecté
» en propoz esloingnez de mon usage; il y veoyait si
» clair, d'une appréhension si prompte, d'un jugement
» si sain, qu'il sembloit qu'il n'eust iamais faict aultre
» mestier que la guerre et affaire d'Estat. Ce sont
» natures belles et fortes (¹). »

On voit que, dès l'école, Michel annonçait un goût plus vif pour les questions de *guerre et affaires d'Estat*, que pour l'étude de la jurisprudence.

Il était cependant destiné à entrer dans la magistrature.

La ville de Périgueux avait traité avec le Roi en juillet 1554 pour obtenir la création d'une Cour des Aydes, s'engageant à payer la finance des offices et à fournir des personnages suffisants pour les remplir.

Tous les généraux de finances de cette cour, acceptés et nommés par le Roi, étaient périgourdins par leur naissance ou par leurs domaines.

Pierre Eyquem, seigneur de Montaigne, fit partie de cette création. Il avait alors cinquante-neuf ans, et il est probable qu'il ne se mit sur les rangs que pour faire passer son office sur la tête de son fils, encore trop jeune pour se présenter. Quoi qu'il en soit, Pierre de Montaigne, élu maire de Bordeaux le 1ᵉʳ août 1554, tandis que la Cour ne fut installée que le 16 décembre 1554, ne paraît pas avoir jamais rempli son office de général des finances; il doit l'avoir transmis à son fils presque immédiatement après l'avoir reçu lui-même. A cette

(¹) *Essais*, liv. I, ch. XXIV. Voir aussi liv. III, ch. XI. Corras.

époque Michel avait vingt-un ans; mais il était possible d'obtenir des lettres de dispense d'âge, qui s'accordaient très facilement. Le Roi venait d'en accorder, le 3 octobre 1553, à Estienne de La Boëtie, nommé conseiller au Parlement de Bordeaux en remplacement de Guillaume de Lur, et qui n'était âgé que de vingt-un ans.

La Cour des Aydes de Périgueux n'eut pas une longue existence, elle fut supprimée par édit de mai 1557, qui ordonnait que les offices attachés à cette Cour fussent dorénavant attachés à la Cour de Parlement de Bordeaux. En conséquence, un édit rendu à Paris en septembre 1557 érigea au palais de Bordeaux une chambre des Requêtes et la composa des officiers généraux qui étaient à Périgueux. Enfin des lettres-patentes données à Saint-Germain-en-Laye au mois d'octobre 1557 portent :
« ..... disons et déclarons que nous avons entendu et
» entendons, voulons et nous plaist que lesdits officiers
» de notre Cour des Aydes, scavoir est : Me Fronton
» Bérauld, premier président; Anthoyne Poynet, deuxième
» pcésident; Bertrand de Makanan, *Michel Eyquem*
» *de Montaigne*, Bertrand de Lambert, Jehan de Saint-
» Angel, Ramon de Bouchier, Estienne Daringes, François
» Tassard, Jacques de Bruzac, Johan de Barbarin, Pierre
» de Blanchier, François de Male, Jehan de Faure, géné-
» raulx conseillers, soient Conseillers en nostre Cours de
» Parlement, et du corps d'icelle. »

Michel de Montaigne passa ainsi d'une Cour de finances à une Cour de justice ordinaire. Ce ne fut cependant qu'en 1561 que les nouveaux magistrats entrèrent réellement en fonctions.

Peu d'années après, M. Me Michel de Montaigne, escuyer, conseiller du Roi en sa Cour de Parlement de

Bordeaux, épousa damoiselle Françoise de La Chassaigne, fille du Conseiller au Parlement Joseph de La Chassaigne.

Le contrat passé le 22 septembre 1565 devant le notaire Destivals, existe encore dans les minutes de ce notaire aux archives de la Gironde, revêtu des signatures des époux, de leurs parents et des témoins. Il a été publié plusieurs fois. Mais il existe aussi un autre contrat de mariage, qui a été revêtu de nombreuses signatures, notamment de celle d'Anthoyne de Louppes, écuyer, avocat au Parlement, très proche parent d'Anthoinette de Louppes, signature qui ne se retrouve pas dans le contrat définitif, le premier ayant été rayé, et, comme on disait alors : cancellé. A la suite du contrat définitif se trouve un acte intervenu entre le père de l'épouse, M. Joseph de La Chassaigne, et Mᵉ Anthoyne de Louppes, relatif au paiement de la dot de sept mille livres constituée à la future et pour laquelle dot Anthoine de Louppes s'était porté caution.

Nous n'avons pas à entrer ici dans de longs détails à propos de la famille de La Chassaigne ; bornons-nous à constater qu'elle était déjà alliée à la famille de Montaigne par le mariage de damoiselle Adrienne de La Chassaigne avec Raymond Eyquem, seigneur de Bussaguet, conseiller au Parlement, oncle de Michel, tous deux décédés en 1565 au moment du mariage de ce dernier.

Environ deux ans après, Pierre Eyquem mourut, laissant un testament à la date du 22 septembre 1567 qui est relaté dans la liquidation de sa succession, et par lequel il avait institué son fils aîné, Michel, héritier général et universel. Dans ce dernier acte de liquidation portant partage, en date du 22 août 1568, devant

Castaigne, notaire, ne figurent ni la veuve de Pierre de Montaigne, damoiselle Anthoinette de Louppes, ni le mineur Bertrand ou son tuteur, ni aucune des trois filles. Les quatre enfants mâles majeurs comparaissent seuls. Ils viennent approuver le testament de leur père, et faire cession à l'aîné de toute l'hérédité. Moyennant ce, Michel, l'aîné, abandonne à ses frères diverses propriétés : à Thomas, la seigneurie de Beauregard à Mérignac, et d'autres immeubles aux environs d'Eyzines et du Taillan; à Pierre, le fief de La Brousse en la paroisse Dertervigne, juridiction de Monravel; à Arnaud, des possessions en l'île de Macau en Médoc; plus tard, Bertrand recevra la maison noble des Marrons, paroisse de Montpeyroux, juridiction de Montravel, qui reçut de la famille Montaigne le nom de Mattecolom, en souvenir d'une ancienne possession située à Boliac près Bordeaux.

La tutelle des enfants mineurs de Pierre Eyquem avait été laissée par lui à son fils et à sa veuve, auxquels il avait adjoint son frère, le seigneur de Gaujac. Il avait également fait divers avantages à sa veuve. Quelques jours après avoir réglé avec ses frères la succession paternelle, Michel de Montaigne s'occupa de régler sa situation avec sa mère. Ce fut fait par un acte du 31 août 1568.

Ce document nous apprend que le contrat de mariage de damoiselle Antoinette de Louppes est à la date du 15 janvier 1528, mais il ne nous indique ni le nom du notaire ni le lieu; il nous dit aussi que le testament de Pierre Eyquem est à la date du 22 septembre 1567, mais il est également muet sur le nom du notaire. Il est même présumable que ce testament était olographe, car lorsque les enfants de la branche cadette invoquèrent ce testament comme contenant une substitution en leur faveur pour la terre de Montaigne, ils demandèrent à la veuve et à la fille de Michel la représentation de ce testament ; ce dont ils auraient pu se passer si l'acte avait été fait en minute ou déposé chez un notaire.

La transaction relate quelques articles du testament : l'art. 4 par lequel les reprises de la veuve sont fixées à six mille livres tournois pour la dot et trois cents livres advenues depuis le mariage ; et par lequel il était attribué à la veuve le logement pour elle et ses serviteurs, l'autorité de maîtresse de maison, la nourriture, etc. ; l'art. 16 relatif à la tutelle des jeunes filles. Les précautions les plus minutieuses sont prises pour régler les droits de chacun.

« Parce qu'il était dit au testament que la damoiselle de Louppes sera nourrie et entretenue sur les biens du testateur avec même autorité et tout ainsi qu'elle avait été pendant sa vie, il fut réglé que cela ne pourrait s'entendre à autre surintandance et maîtrise que honoraire et maternelle ; qu'elle serait nourrie à Montaigne avec tout honneur, respect et service filial avec deux chambrières et un serviteur ; que le droit d'habitation ne s'étendrait pas au commandement du château et de son enceinte, et que madame de Montaigne, ses chambrières et son serviteur pourraient entrer et sortir, se servir des puits et jardin ; qu'en cas de désaccord il lui serait alloué cent livres par an pour l'habitation et trois cents pour entretien. Il est dit que, conformément au testament, mesdemoiselles Léonor et Marie de Montaigne resteraient placées sous la tutelle collective de leur mère, de Michel et de M. de Gaujac, et que si des difficultés s'élevaient à ce sujet les parties seraient tenues de s'en rapporter à la décision arbitrale de MM. le président de Belcier de

Sainte-Croix et de Villeneufve, conseiller au grand conseil. »

Le président de Belcier Sainte-Croix et le conseiller au grand conseil, Jehan de Villeneufve, étaient tous deux, comme nous le savons, parents de la famille. M. de Belcier était fils de Blanquine Eyquem, fille de Grimond Ayquem, mariée à Martial de Belcier. C'était par conséquent un neveu de Pierre Eyquem de Montaigne et un cousin de Michel. M. de Villeneufve était M. Me Jehan Loppes de Villeneufve, fils d'Anthoine Loppes de Villeneufve, frère de Bertrand Loppes de Villeneufve, qui l'instituait, en 1554, son héritier comme étant son frère unique, de Catherine Loppes de Villeneufve contre laquelle il plaidait pour la succession paternelle, et de Béatrix de Villeneufve, femme de M. Estienne Deymar et mère de Joseph d'Eymar, alors conseiller, plus tard président, et de Léonard d'Eymar, seigneur de La Guasquerie.

L'événement qui mit fin à la situation parlementaire de Montaigne, dit M. Grün, fut non pas la mort de son père en 1569, mais la mort de son frère aîné. « Fratre » natu majore post aliquot annos vitâ functo, magis-» tratu se spontanè abdicavit, » dit Scévola de Sainte-Marthe, son contemporain. Le même fait est mentionné par un auteur du temps, Lacroix Du Maine, qui écrivait en 1584 dans la *Bibliothèque française* : « Après la mort » de son frère aîné, il se défit de cet état (de conseiller) » pour suivre les armes. »

Nous savons que le 22 août 1568 les quatre frères de Michel, recevant de lui leur part légitimaire dans la succession paternelle, le reconnaissaient comme *leur frère aîné*, et nous avons d'ailleurs établi la priorité de naissance.

Ce ne pouvait donc être la mort d'un frère aîné qui le décida à céder sa charge au Parlement en 1570.

Cette date est-elle exacte?

Le Dr Payen écrit *(Rech. sur Montaigne) :* « Quand » Montaigne a-t-il quitté le Parlement? » Il trouve une contradiction entre une énonciation du registre du Parlement qui porte la date de 1570 et un acte de 1572, où Montaigne porte encore le titre de conseiller; il ajoute : « Il faut donc faire quelques réserves pour l'époque à » laquelle Montaigne a quitté le Parlement. »

Cette époque est parfaitement précisée par les documents suivants : le 10 avril 1570, devant Sixte Guay, notaire à Bordeaux, M. Florent de Nort, docteur en théologie et chanoine de Saint-Seurin, au nom de M. Florimond Raymond, avocat, et de M. Me Robert Raymond, conseiller au présidial d'Agen, traita avec M. Me Eyquem, écuyer, seigneur de Montaigne, de la charge de conseiller au Parlement de ce dernier.

Le 23 juillet 1570 le roi Charles IX, à Saint-Germain-en-Laye, accorda des lettres de provision de conseiller au Parlement de Bordeaux à M. Florimond de Raymond, office vacant par la résignation que M. Michel de Montaigne avait faite ce jour par procureur, entre les mains du Roi.

Nous n'écrivons pas une vie de Montaigne, pas plus que nous ne jugeons ses écrits. Aussi renvoyons-nous pour les détails de sa biographie aux auteurs qui se sont occupés de ces études.

Nous avons cru toutefois devoir insérer dans les pièces justificatives quelques documents qui offrent de l'intérêt.

Un mot sur la situation de Michel de Montaigne au moment où il quitta le Parlement.

A propos de la lettre de Charles IX à Michel de Montaigne, datée de Blois du 18 octobre 1571, et annonçant à son féal sujet qu'il lui a donné le collier de Saint-Michel, Brantôme, Périgourdin tant soit peu jaloux, a prétendu que cet ordre ne fut donné à Michel que par raillerie et qu'il fut demandé au Roi pour le seigneur de Montaigne par Gaston de Foix, marquis de Trans, qui le demandait et l'obtenait en même temps pour son sommelier.

Mais comment croire Brantôme ? Et quel est le nom de ce sommelier si bien recommandé ?

Montaigne avait très certainement, en 1571, une assez haute situation par sa famille et par lui-même pour que le collier de Saint-Michel lui fût donné à juste titre.

M. de Gourgues a fait remarquer l'importance qu'avait Montaigne dès cette époque auprès des plus puissants seigneurs de la Cour, et il cite ce que rapporte de Thou, parlant de son étroite liaison avec lui : « Il m'avait,
» dit-il, entretenu de ses anciens efforts, avant la guerre
» civile et pendant le séjour de Blois, pour amener
» réconciliation et amitié entre le jeune roi de Navarre
» et le jeune duc de Guise. »

Michel de Montaigne mourut en 1592. Le manuscrit des *Éphémérides,* que nous avons déjà cité, porte cette mention : « 13 septembre. Cette année 1592 mourut
» Michel, seigneur de Montaigne, âgé de 59 ans et
» demy. »

Son corps fut enseveli dans l'église des Feuillants ; mais son cœur fut déposé en l'église de Saint-Michel de Montaigne.

Les religieux nommés les Feuillants, de l'ordre de

Saint-Bernard, avaient été appelés de Bordeaux en vertu d'une lettre de cachet du roi Henri III, adressée à monseigneur l'archevêque de Bordeaux, au Parlement et au Corps de ville, en l'année 1588. Ils étaient arrivés en cette ville en 1589 et avaient été établis le 24 juillet 1591 dans le local de l'ancienne commanderie de Saint-Antoine par une ordonnance de monseigneur de Sansac, archevêque de Bordeaux, confirmée le 1er juin 1594 par une bulle du pape Clément VIII.

Le 27 janvier 1593, devant Bernage, notaire, Pierre de Montaigne, écuyer, sieur de La Brousse, frère de Michel, faisant pour dame Françoise de La Chassaigne, veuve de feu messire Michel de Montaigne, seigneur dudit lieu, chevalier de l'ordre du Roy, traita avec les religieux Feuillants pour faire faire au devant du grand autel de l'église de leur monastère un caveau pour y mettre le corps dudit seigneur de Montaigne et de ladite dame et de leur postérité, et pour élever un sépulcre et monument avec enceinte, où seraient mises les armes du défunt. Cet acte fut ratifié par la veuve de Montaigne, Françoise de La Chassaigne, et par sa fille Éléonore de Montaigne, épouse de messire de La Tour.

Il résulte, d'un acte retenu par Dufault, notaire royal, le 9 avril 1614 (620, H, Feuillants), que le caveau ayant été fait et le sépulcre dressé, le corps de messire Michel de Montaigne fut mis dans le caveau le 1er mai 1593, la ceinture (enceinte) mise au dedans de l'église et sur icelle les armes dudit feu sieur de Montaigne.

Plus tard, les religieux de Saint-Bernard des Feuillants ayant jugé à propos d'agrandir et de reconstruire leur église sur un nouveau plan, le tombeau allait se trouver non plus près du grand autel dans la nouvelle église, mais sur la porte même de cette église. Un procès s'engagea alors à la requête de madame veuve de Montaigne et de sa fille, qui demandèrent que le tombeau de Michel de Montaigne fût placé, dans la nouvelle église, à la même place que dans l'ancienne.

La famille de Montaigne, représentée par sa veuve, sa fille, le sieur de La Brousse, son frère ; M. Geoffroy de Montaigne, son cousin, et M. Thibaud de Camain, son beau-frère, avait acheté de M. Gabriel de Mérignac, seigneur de Salles, et de Catherine de Vaquey, sa femme, tous les droits seigneuriaux fonciers et directs que ces derniers possédaient sur l'église, maison, jardin, hôpital et enclos qui formaient autrefois la commanderie de Saint-Anthoine de Bordeaux, devenue le monastère et l'église des religieux Feuillants. Une transaction intervint, par laquelle les religieux reconnurent à la veuve de Michel de Montaigne tous les droits de donatrice et bienfaitrice du monastère, et lui donnèrent la chapelle la plus prochaine du grand-autel de l'église nouvellement construite, du côté du midi, dédiée à saint Bernard, pour y mettre *litre et ceinture et armoiries*, et, dans la cave, le corps dudit feu sieur de Montaigne, de sa veuve, de sa fille et de leurs successeurs en droite ligne, sans qu'aucune autre personne y pût prétendre droit de sépulture sans la permission de ladite dame.

Le corps de Montaigne fut mis dans la caveau de la nouvelle église, le 1er mai 1614.

L'église des Feuillants est aujourd'hui celle du Lycée de Bordeaux, et le tombeau de Michel de Montaigne s'y trouve encore à la même place. Ce tombeau, en pierre de Taillebourg, se compose d'un socle surmonté d'un sarcophage de forme rectangulaire. La statue de Montaigne le représente couché et revêtu d'une armure de chevalier. Le casque est déposé derrière la tête ; les mains sont jointes pour la prière ; les gantelets sont à côté du corps. Aux pieds un lion couché. Les armoiries, entourées du cordon de Saint-Michel, sont celles qu'il a décrites lui-même : « Je porte d'azur, semé de trèfles » d'or, à une patte de lyon de même, mise en fasce. » Deux épitaphes, l'une grecque, l'autre latine, se lisent à côté et au-dessus des armoiries. M. Reinhold Dezeimeris, dans ses *Recherches sur l'auteur des épitaphes de Montaigne,* en a donné une traduction.

Bornons-nous à remarquer que le commencement de l'épitaphe latine rappelle la filiation de Michel :

« Michaëli Montano Petrocorensi, Petri F., Grimundi N.,
» Remundi pron. equiti torquato, civi Romano, civitatis
» Biturigum viviscorum ex-majori, viro ad naturæ glo-
» riam nato..... »

« A Michel de Montaigne, Périgourdin, fils de Pierre,
» petit-fils de Grimond, arrière petit-fils de Rémond,
» chevalier du collier, citoyen romain, ex-maire de la
» cité des Bituriges vivisques, homme né pour la gloire
» de la nature..... »

Le corps de Montaigne reposait depuis plus de deux cents ans dans la chapelle des Feuillants, lorsque, après les révolutions de 1789 et de 1793, en l'année 1800, voulant célébrer avec pompe la proclamation de la première République française, le préfet de la Gironde, Thibaudeau, imagina d'associer Montaigne à cette fête, et ordonna que le 23 septembre, jour anniversaire de la naissance de la nouvelle forme politique, les cendres de Michel de Montaigne seraient solennellement transférées au Musée de la ville.

La cérémonie eut lieu avec grand éclat.

Mais le 23 mai 1803, il fut présenté au préfet, alors Ch. Delacroix, une pétition ainsi conçue : « Joseph Mon-
» taigne, seul et unique rejeton de la famille de l'auteur
» des *Essais*, vient d'apprendre que, dans une des séances
» de la Société des Belles-Lettres, Sciences et Arts de
» cette ville, du 26 floréal dernier (10 mai 1803), il a
» été authentiquement reconnu, d'après des actes et
» des faits rapportés par un de ses membres, qu'au lieu
» d'avoir transféré, le 1er vendémiaire an IX, les cendres
» de Michel de Montaigne de l'église des Feuillants dans
» la salle d'assemblée de cette Société, on y avait trans-
» porté le cercueil de la dame de Lestonnat, sur lequel
» on avait placé le mausolée de ce philosophe, dont les
» cendres reposent encore dans le caveau où Françoise
» de La Chassaigne, son épouse, les avait déposées le
» 1er mai 1614. » M. Joseph de Montaigne demandait à remettre les choses dans leur état primitif et à ses frais. Le 2 messidor an XI, le préfet Lacroix autorisa le citoyen Joseph Montaigne « à faire replacer le cercueil de la
» dame Brian, veuve Lestonnat ([1]), dans le tombeau
» qu'il occupait avant le 1er vendémiaire an IX, et à faire
» élever sur celui de Michel de Montaigne, auteur des
» *Essais*, le mausolée qu'on y avait primitivement
» établi. »

Le tombeau de Michel de Montaigne revint ainsi prendre sa place dans la chapelle du Lycée.

([1]) 6 décembre 1637, testament de dame Marie de Brian, veuve de M. *Guy de Lestonna*, par lequel elle institue héritier son neveu François, et par substitution Guillaume de Montaigne, son frère, à condition qu'un de leurs enfants portera le nom et les armes de ladite dame.

Le 30 mai 1871, un violent incendie se déclara dans la partie des bâtiments du Lycée de Bordeaux donnant sur la rue Montaigne. Les constructions furent entièrement détruites. La magnifique chapelle des Feuillants n'offrait plus le lendemain qu'un monceau de ruines.

Mais le tombeau de Montaigne a été respecté par les flammes.

XV

LES DESCENDANTS DE MICHEL DE MONTAIGNE.

I. Michel a eu six filles, dont une seule a survécu :
   Éléonor de Montaigne, fille de Michel. — Épouse M. de Latour. — Leur fille Françoise.
   Mariage de Françoise de Latour avec Honoré de Lur-Saluces. — Assistance au mariage d'Anthoinette de Louppes.
   Charles de Lur, fils d'Honoré et de Françoise de Latour. Il meurt sans enfants.

II. Deuxième mariage de *Léonor de Montaigne* avec le seigneur de *Gamaches.* Leur fille, *Marie de Gamaches,* épouse *Louis de Lur-Saluces.*
   Leurs cinq enfants :
   1º *Philibert.*
   2º *Charles-François de Lur* : Il est condamné à payer le prix de sa charge de cornette des chevau-légers. — Il est assassiné près de La Réole.
   3º *Marguerite de Lur-Saluces* : Elle épouse le marquis de Lanau. — Elle revendique, au nom de son fils, le château de Montaigne. — Mort de son fils Louis de Lanau et de ses filles, sans postérité.
   4º *Jeanne-Honorée de Lur* : Épouse de M. de Saint-Jean. — Ses représentants, le comte O'Kelly-Farrell et le marquis de Puy-Ségur.
   5º *Claude-Madeleine de Lur* : Épouse de M. de Ségur-Montazeau. — Transaction sur le procès avec les de Lanau pour la terre de Montaigne.
   Jean de Montaigne de Ségur. — Alexandre de Ségur. — Ses enfants. — Représentants actuels de Claude-Madeleine de Lur : MM. de Ségur-Montaigne et MM. de Pontac.

> « Mon père aimoit à bastir Montaigne où il étoit nay.,... Je suis en grands termes d'en être le dernier possesseur de ma race. »
> (*Essais,* liv. I.)

I

Dans sa lettre à sa femme sur les règles de Plutarque, Michel nous apprend qu'il avait eu une première fille qui mourut en bas âge.

Il a écrit lui-même dans le manuscrit de Beuther la date de la naissance de six filles, et de la mort prématurée de cinq d'entre elles.

1° *Toinette*, née le 28 juin 1570, morte deux mois après;

2° *Léonor*, née le 9 septembre 1571, qui eut pour parrain Pierre Eyquem de Montaigne, seigneur de Gaujac et pour marraine Léonor de Montaigne, femme du conseiller au Parlement Thibaud de Camain;

3° *Anne*, née le 5 juillet 1573, ne vécut que sept semaines;

4° N... une fille, née le 27 décembre 1574, morte trois mois après, pas de nom;

5° N... une fille, née le 16 mai 1577, morte un mois après, pas de nom;

6° *Léonor*, née le 21 février 1583, morte peu de jours après.

Une seule fille survivait, Éléonor, la seconde en rang de naissance. Aussi Michel disait-il avec raison, en parlant du château de Montaigne : « Je suis en grands » termes d'en être le dernier possesseur de ma race. » Il fut, en effet, le dernier représentant mâle de la branche aînée de sa famille.

Il parle dans ses *Essais* des filles qu'il a vu mourir après leur naissance; et il affecte de se consoler de ses malheurs. Il parle aussi de sa fille Léonor, de sa délicatesse, du gendre qu'il rêve. « L'un de mes souhaits, » pour cette heure, se seroit de trouver un gendre qui » sceut appaster commodément mes vieux ans et les » endormir. »

Éléonor épousa, le dimanche 27 mai 1590, messire François de La Tour, chevalier, né le 15 janvier 1559. Il avait été tenu sur les fonds par M. d'Ambleville et madame de Chalais. Il avait trente-un ans et la jeune épouse dix-neuf. Le contrat de mariage avait eu lieu la veille. Nous ne l'avons pas retrouvé ; mais nous donnons aux pièces justificatives copie de la procuration donnée le 22 septembre 1590 pour le faire insinuer.

Trois semaines après, le 23 juin 1590, un samedi, à la pointe du jour, « les chaux (chaleurs) étant extrêmes, » nous dit Michel, madame de Latour quitta sa famille paternelle et le château de Montaigne pour se rendre dans son nouveau ménage, en Saintonge.

Le 31 mars 1591, elle eut une fille qui reçut le nom de *Françoise,* et qui eut pour parrain M. de Saint-Michel, oncle de M. de Latour, son père, et pour marraine sa grand'mère Françoise de La Chassaigne, femme de Michel de Montaigne.

Éléonor n'eut pas d'autre enfant de François de Latour. Elle recueillit la succession de son père, Michel de Montaigne, mort en septembre 1592, et resta veuve en 1594.

Françoise de Latour, sa fille, fut mariée à l'âge de neuf ans à messire Honoré de Lur, né le 13 février 1594 et qui n'avait lui-même que six ans au moment de son mariage. Le contrat de ces jeunes époux est à la date du 10 décembre 1600. Ce jour-là, qui était un dimanche, furent présents : Honoré de Lur, écuyer, faisant sous l'autorité, congé et licence de sa grand'mère dame Marie de Montferrand, veuve de feu messire Louis de Lur, chevalier de l'ordre du Roy, chambellan de S. M., vice-amiral de Guienne, et de ses père et mère, haut et puissant messire Jehan de Lur, chevalier de l'ordre du Roy, capitaine de cinquante hommes d'armes de son ordonnance, et dame Catherine Charlotte de Saluces, son épouse, d'une part ; et damoyselle Françoise de

Latour, faisant sous l'autorité, congé et licence de dame Anthoinette de Louppes, veuve de feu messire Pierre de Montaigne, quand vivait seigneur dudit lieu, sa bisaïeule; de dame Françoise de La Chassaigne, veuve de feu messire Michel, seigneur de Montaigne, quand vivait chevalier de l'ordre du Roy, son aïeule; de dame Léonor de Montaigne, veuve de feu messire François de Latour en son vivant chevalier, seigneur de Latour d'Yviers et du Coyron, sa mère; et de l'avis et consentement de haut et puissant seigneur François de Jussac, chevalier, seigneur d'Ambleville, et de Saint-Marsault, chevalier de l'ordre du Roy, capitaine de cinquante hommes d'armes de ses ordonnances, gouverneur pour S. M. à Cognac; de messire François de Latour, seigneur de Fongières, de messire François Joumard, seigneur de Souffertes et de damoiselle Isabeau de Latour, sa femme; et de MM. messires Geoffroy de Montaigne, Thibault de Camain, Guillaume de Mons, François de La Chassaigne, Pierre de Rostéguy de Lancre et Joseph de Montaigne, conseillers du Roy en la Cour de Parlement de Bordeaux, et encore de MM. Bertrand-Charles de Montaigne, écuyer, seigneur de Mattecoulom, La Guasquerie et Taussan, gentilhomme ordinaire de la chambre du Roy, et de Pierre-Mathias de Montaigne, écuyer, seigneur d'Arsac, tous ses parents. Le contrat eut lieu à Bordeaux en la maison de M. Me Geoffroy de Montaigne.

Léonor de Montaigne et sa fille Françoise de Latour, étaient *très riches* et *opulentes,* comme le témoigne le testament d'Anthoinette de Louppes, veuve de Pierre Eyquem, et c'est ce qui explique pourquoi les parents du jeune Honoré de Lur-Saluces et ceux de François de Latour désiraient assurer une union qui se présentait dans de si belles conditions de noblesse, d'honneur et de fortune. Cependant dès après le mariage, les deux enfants rentrèrent chacun dans leur famille.

Ce ne fut que onze ans après que les jeunes époux furent réunis; Françoise de Latour mourut en couches de son premier enfant à l'âge de vingt-un ans. *Charles de Lur*, vicomte d'Aureilhan, né en 1612, fut tué à vingt-sept ans au siége de Salces en Roussillon, en 1639. Il avait fait son testament à Toulouse, en se rendant à l'armée, et ne laissa pas d'enfants de damoiselle Ysabeau de Lalanne, sa femme, qu'il institua son héritière (¹).

Ainsi s'éteignit la postérité de Françoise de Latour, première fille d'Éléonor de Montaigne.

II

Léonor de Montaigne, veuve depuis 1594 de messire François de Latour, se maria en secondes noces, au château de Montaigne, le 20 octobre 1608, à messire Charles de Gamache (²). Charles de Gamaches, vicomte de Château-Meillant, seigneur de La Fougerolle, était fils de Georges de Gamaches, seigneur de Jussy, Quincampoix, comte de Rémont, baron de Château-Meillant, gentilhomme ordinaire du roi Henri III et chevalier de son ordre. Il appartenait à une ancienne famille du Vexin français, illustre dans l'histoire de Normandie. Un de ses ancêtres, Thomas de Gamaches, combattait avec ses

---

(¹) Celle-ci se remaria, le 20 avril 1647, avec messire Henri-François de Salomon, conseiller du Roi au grand conseil et son avocat général, directeur des finances.

(²) Le contrat a été insinué en 1612. Il est inscrit au répertoire comme inscrit au registre folio 203; mais le registre manque.

compatriotes les renommés chevaliers Guillaume des Barrès et Pierre Malvoisin aux côtés du roi Philippe-Auguste à la bataille de Bouvines.

De ce mariage naquit, le 30 avril 1610, Marie de Gamaches, qui épousa, à l'âge de dix-sept ans, le frère du mari de Françoise de Latour, sa sœur utérine. Messire Louis de Lur, frère puîné d'Honoré de Lur.

Le contrat de mariage est du 13 mars 1627. Il fut passé au château de Montaigne en Périgord, et dans la tour neuve. A cette époque, madame Éléonor de Montaigne, mère de l'épouse, était décédée depuis le 23 janvier 1616, et messire de Gamaches s'était remarié à Anne de Gresly, dont il avait plusieurs enfants. L'aïeule de l'épouse, Françoise de La Chassaigne, veuve de Michel de Montaigne, était aussi décédée ; mais c'était elle qui avait réglé et arrêté les conditions du mariage de sa petite-fille et les avait signées avec messire François de Lur de Salusses, vicomte d'Uza ; en conséquence, les conventions par elle établies furent maintenues entre messire Louis de Lur, chevalier, baron de Fargues, et damoiselle Marye de Gamaches. A cet acte comparut Honoré de Lur, frère du futur époux et veuf de Françoise de Latour, qui fit abandon aux futurs époux de tous les droits que lui et Charles de Lur, son fils, avaient sur la maison noble de Montaigne. En revanche le futur épounx abandonnait à Charles de Lur, son neveu, tous ses droits dans la succession de Jehan de Lur et de Catherine de Saluces, ses père et mère, grand'père et grand'mère de Charles de Lur. De son côté, messire Charles de Gamache constitua en dot 30,000 livres, dont 20,000 devaient être payées après sa mort par Frédéric de Gamaches, son fils d'avec Anne de Gresly. A ce contrat assistaient, avec une foule de noblesse, l'illustrissime et révérendissime cardinal de Sourdis, et parmi les parents de l'épouse, MM. de Camain, de Mons et de Montaigne, conseillers en la Cour; MM. de Mattecoulon et Belcier, écuyers.

« Ainsi, dit M. le comte Henri de Lur-Saluces, dans sa
» *Notice sur la Maison de Lur*, Honoré de Lur et son
» frère avaient épousé les deux petites-filles de Michel de
» Montaigne.

» Le fils d'Honoré étant mort sans postérité, le baron
» de Fargues et Marie de Gamaches ont seuls perpétué
» la descendance de Montaigne. »

Ils eurent cinq enfants : deux fils, Charles-François et Philibert ; trois filles, Marguerite, Jeanne-Honorée, Claude-Madeleine.

1° Philibert.

Philibert mourut jeune et sans postérité.

2° Charles-François.

Charles-François de Lur, décidé à prendre le parti des armes, fit son testament le 30 mars 1656, avec la permission de son père et de sa mère, en faveur de celle-ci, à laquelle il substitua son frère Philibert, alors encore vivant, et ses trois sœurs.

Il se rendit ensuite à Paris chercher une charge militaire. Il ne tarda pas à trouver à acheter un brevet d'officier. Le 6 juillet 1656, messire Charles-François de Lur de Saluces, chevalier, seigneur de Montaigne, Lamothe et autres lieux, demeurant ordinairement à Montaigne, et son oncle messire Claude de Gamaches, chevalier, seigneur de Jussy en Berry, alors logés à Paris, rue de Tournon, « aux Trois-Roses, » achetèrent à messire Charles de La Ramière, chevalier, seigneur de Picharnaud, sa charge de cornette des chevau-légers de la garde de la Reine, mère du Roi. Cet achat fut ratifié par le père du jeune officier, qui s'engagea solidairement avec M. de Gamaches.

Mais il paraît que le prix stipulé ne fut pas exactement payé. Des poursuites furent exercées contre le cornette des chevau-légers, contre M. de Lur-Saluces, son père, et contre M. de Gamaches, par M. de La Ramière, le créancier (1659). Les poursuites n'amenant pas le paiement, une sentence du Chatelet de Paris, du 24 novembre 1659, condamna messire Charles-François de Lur, Claude de Gamaches et Louis de Lur à payer à Jacques de La Ramière la somme de 22,000 livres d'une part, celle de 1,222 livres de l'autre pour le prix de la charge de cornette des chevau-légers de la Reine; un arrêt de la Cour des requêtes du Palais à Paris ordonne que si le paiement n'avait pas lieu dans six semaines, les trois débiteurs seraient contraints par emprisonnement de leurs personnes à la date du 2 décembre 1661.

Et comme le créancier craignait que MM. de Saluces ne parvinssent à obtenir des lettres du Roi qui empêcheraient la mise à exécution des décisions judiciaires, il sollicita un *pareatis* qui lui fut accordé par le Roi le 21 décembre 1661, et qui ordonne de mettre à exécution les décisions ci-dessus, nonobstant clameur de haro, charte-normande, prise à partie et lettres à ce contraire.

Cependant les désagréments financiers du descendant de Michel de Montaigne paraissaient devoir être compensés par l'héritage qui lui advenait de Jean de Bousignac, chevalier, seigneur de La Mothe-Mongauzy, lorsqu'il fut empêché de se mettre en possession paisible de cette succession, et que naquirent des procès et des violences qui allèrent jusqu'à l'assassinat de Charles-François de Lur.

Ce drame est raconté dans les pièces de la longue procédure qu'amenèrent les pénibles incidents de ce procès. A peine Jean de Bousignac était-il mort, que la demoiselle Françoise de Gasq, appartenant à la famille de Gasq, puissante à Bordeaux, et qui comptait parmi ses membres plusieurs conseillers au Parlement, soutint qu'elle était femme du défunt; et que l'héritage devait revenir à leur fils Jean de Bousignac, déjà parvenu à l'âge d'homme; elle présenta des pièces établissant son mariage et le baptême de son enfant; elle présentait aussi un testament en sa faveur.

Charles-François de Lur-Saluces, plaidant contre ces prétentions (16 janvier 1669), prétendit que le certificat d'épousailles était faux, que le contrat de mariage était faux, que le certificat de baptême était faux, que le testament était faux; il alla même jusqu'à nommer celui qui avait fabriqué ces pièces, « le nommé Simon dit de » Fouragnes, un des insignes falsaires de Guienne. »

La mère de Charles-François de Lur, Marie de Gamaches, raconte ainsi ce qui se passa :

Le décès du baron de Fargues étant survenu peu d'années après le commencement du procès, l'instance fut reprise par son fils, le *marquis de Leur*. Le prétendu testament fut déclaré faux; le contrat de mariage suspect dut être apporté au greffe, et la dame de Gasq mise en prison. La dame de Gasq et son fils résolurent d'exécuter le cruel dessein d'assassiner le marquis de Lur.

A cet effet, le prétendu Bouzignac, après avoir attroupé trente-cinq à quarante hommes armés d'épées, fusils et pistolets, se rendirent à La Réole et de là au château de La Mothe, et commirent plusieurs violences dans le village. M. de Lur avec M. de Ségur de Francs et de Graves étant sortis pour aller chercher du secours, furent rencontrés sur le pont de guerre, près La Réole, et reçurent plusieurs décharges d'armes à feu, dont ils moururent tous les trois. Parmi les assassins se trouvait le fils d'un conseiller au Parlement et un cousin de M. de Gasq, conseiller.

Nous donnons ces documents à la date du 7 août 1671. Ils sont extraits des registres du conseil privé du Roy.

La suite du procès fut d'ailleurs fatal à la dame de Gasq. Un arrêt du Parlement de Rennes, rendu le 14 novembre 1672, déclara fausses les pièces produites; déclara la dame de Gasq atteinte et convaincue du crime de faux et de supposition de personnes, et la condamna à avoir la tête tranchée.

Charles-François de Lur, seigneur de Montaigne et de Lamothe-Landeron, étant mort assassiné le 22 décembre 1669, la dame Marie de Gamaches, sa mère, n'avait plus que les trois filles que nous avons déjà nommées.

3° MARGUERITE DE LUR-SALUCES.

Marguerite épousa, le 5 octobre 1654, le marquis de Lanau, dont elle eut trois enfants : Louis, Marie et Madeleine de Lanau.

Son fils *Louis* était né un peu tardivement; mais sa naissance fit concevoir à sa famille l'espérance de lui faire obtenir le château et domaine de Montaigne qui, suivant elle, lui aurait été substitué par testament, probablement par testament du frère de Marguerite, le marquis de Lur, ou de son père, le baron de Fargues.

Quoi qu'il en soit, la seigneurie de Montaigne était détenue par Claude-Madeleine de Lur-Saluces, lorsque celle-ci fut traduite par sa sœur la marquise de Lanau, agissant comme tutrice de son fils mineur, devant le présidial de Libourne, pour avoir à lui délaisser cette maison noble et ses dépendances. Le 21 juillet 1684, dame Claude-Madeleine de Lur-Saluces, veuve de messire Hélie-Ysaac de Ségur, baron de Montazeau, prétendant avoir droit à être jugée, en sa qualité, aux requêtes du Palais à Paris, obtint un arrêt du conseil privé du Roy, qui fit défense d'exécuter la sentence de dépossession rendue contre elle par le présidial de Libourne.

Il semblerait cependant que le procès fut terminé au profit de Louis-François de Lanau, car nous le trouvons plus tard en possession de la seigneurie de Montaigne. Le 10 avril 1692, sa mère, haute et puissante dame Marguerite-Marie de Lur-Salusses, baronne de Cubzaguès, veuve de messire Jacques-Louis de Lanau, seigneur de Sainte-Aulaye, Taris, La Beslie, etc., demeurant au château de Montaigne, juridiction de Monravel, fit donation de la baronnie de Cubzaguès à messire Louis-François de Montaigne de Lanau, chevalier, seigneur dudit Montaigne, Sainte-Aulaye, Taris et La Beslie.

Cependant, nous verrons plus tard que le procès ne fut terminé qu'en 1696, et par transaction.

Le marquis de Lanau fut tué à l'armée en 1695, ne laissant pas d'enfants.

Marie de Lanau avait épousé Charles de Calvimont, seigneur de Néac; elle mourut sans postérité.

Madeleine de Lanau ne se maria pas.

Ainsi finit la descendance de Marguerite de Lur-Saluces

4º Jeanne-Honorée de Lur-Saluces.

Jeanne-Honorée de Lur-Saluces épousa le marquis de Saint-Jean, dont elle eut une fille qui épousa le comte de la Brangelie. La seule enfant issue de cette union épousa le comte de Béarn. La comtesse de Béarn eut de longs procès avec la famille de Saluces.

D'elle sont issus, comme le constate le comte de Lur-Saluces, le comte O'Kelly-Farrell et le marquis de Puy-ségur, représentant du Tarn à l'Assemblée de 1848.

5º Claude-Madeleine de Lur-Saluces.

Claude-Madeleine épousa, le 1er mai 1675, Me Hélies-Yzaac de Ségur, seigneur de Montazeau.

Hélies-Ysaac de Ségur servait dans la maison du roi en qualité de capitaine exempt des gardes-du-corps dans la compagnie de Noailles; il fut tué, en 1677, au combat de Coquesvert, laissant deux enfants en bas âge : une fille, Marie-Anne, qui épousa plus tard M. de Pontac, et un fils, Jean de Ségur-Montaigne.

Nous avons déjà dit que la tante maternelle de ces enfants, Marguerite de Lur de Salusses, veuve de Louis de Lanau, seigneur de Sainte-Aulaye, prétendant exercer les droits de Louis-François de Lanau, son fils mineur, dont elle était tutrice, réclama devant le présidial de Libourne la seigneurie de Montaigne, en se fondant sur une substitution, et que la dame Claude-Madeleine de Lur-Saluces, veuve de Ségur, au nom de son fils mineur, avait présenté en 1684 requête au conseil du Roy pour obtenir l'évocation. Ce procès dura plus de douze ans, avec ses chances diverses. Enfin, en 1696, après la mort de Louis de Lanau, les deux sœurs eurent le bon esprit d'accepter un arbitrage ; elles présentèrent en commun une requête au conseil d'État, en suite de laquelle MM. de Senault, du Val et Tortaty, conseillers en la grand'chambre du Parlement de Bordeaux, furent commis pour juger comme arbitres les procès pendants aux Parlements de Paris et de Bordeaux entre les dames de Lur-Saluces. La décision laissa la terre de Montaigne aux enfants de Ségur-Montazeau.

Cependant la situation de fortune de ceux-ci était embarrassée. Les religieuses de Sainte-Claire de Périgueux, créancières, avaient fait saisir la terre de Montazeau ; la dame Claude-Madeleine de Lur-Saluces, dame de Montaigne, avait dû présenter requête au Parlement de Bordeaux, siégeant alors à La Réole, au nom et comme tutrice de Jehan de Ségur de Montaigne, son fils mineur, seigneur de Montazeau, pour obtenir l'autorisation de vendre une partie des biens, afin de payer ses dettes. Le Parlement ordonna, le 14 mai 1687, la convocation d'un conseil de famille pour donner son avis.

En 1694, *Jean de Montaigne de Ségur* reçut la commission de capitaine dans le régiment de Picardie, dont était colonel le prince d'Epinoy. Il avait environ dix-sept ans. Il était seigneur de Montaigne et sa mère avait rendu hommage en son lieu, le 4 avril 1684, à monseigneur Louis d'Anglure de Bourlemont, archevêque de Bordeaux. Il prenait le nom de messire Jehan de Montaigne de Ségur, chevalier, seigneur de Montaigne et autres places. Il plaidait, en 1703, contre son voisin et parent messire Honoré de Calvimont, seigneur de Saint-Avid, pour un moulin à eau sur la Lidoyre. Il empruntait en 1704 une somme de 1,914 livres à messire Nicolas de Brezets, juge civil et lieutenant criminel des juridictions de Sainte-Bazeille et de Lamothe-Landeron. Il épousa le 29 décembre 1705 damoiselle Marguerite-Rose de Gaufreteau, fille de messire Jean-Jacques de Gaufreteau, chevalier, seigneur de Blézignac, et de damoiselle Olive de Bergeron. Le contrat, fait au château de Blézignac, porte les signatures de nombreux parents et amis, parmi lesquelles nous remarquons celles de Joseph de Pontac, beau-frère de l'époux, et de plusieurs Pontac, de Marie de Foix-Candale et de plusieurs Grailly ou Grély, des Lanau, des de Lur, des Ségur et les suivantes, Ségur-Montaigne, Viaut de Montaigne, de Montaigne, qui représentaient les Montaigne du Médoc, et celles des Porte-Pain de la Salle du Ciron, alliés des Montaigne du Médoc.

Jean de Montaigne de Ségur paraît avoir quitté son régiment au moment de son mariage. Il fut nommé en 1719 et en 1727 successivement major, puis capitaine garde-côte de la capitainerie d'Entre-deux-Mers. Vers cette époque, il devint, du chef de sa femme, seigneur de Blézignac et en prenait le titre dans des actes de 1730.

Il mourut quelques années après, laissant le château de Montaigne à son fils messire Alexandre de Ségur, qui plaidait en 1749 contre Nicolas de Villars.

Messire Alexandre de Ségur de Montaigne, chevalier, seigneur de Montaigne, de Blézignac et autres places, se maria en 1752 avec mademoiselle Anne Borie, fille de Me Pierre Borie, conseiller en la Cour des Aydes de Guienne et de Renée Aubry, et petite-fille de Jean Boyrie, docteur-médecin. Le contrat est du 11 août, reçu par Treyssac, notaire.

Alexandre de Ségur-Montaigne mourut jeune, laissant

trois enfants mineurs et une veuve, qui se remaria le 14 janvier 1764 avec M. de Ségur de Roquete, cousin de son premier mari.

Cependant ses trois fils prirent le parti des armes, et avant leur majorité demandèrent l'autorisation de pouvoir jouir de leurs biens. Le 30 octobre 1773, le Roi accorda les lettres à ce nécessaires à ses bien-amés *Jean-François de Ségur*, chevalier, officier de marine, *Jean-Paul de Ségur*, chevalier, lieutenant au régiment d'Eu, *Jean-Alexandre de Ségur*, chevalier, lieutenant au régiment de Piémont.

Une partie de leurs biens dut être vendue, et le 29 janvier 1777, leur mère, dame Anne Borie, veuve d'Alexandre de Ségur-Montaigne, mariée en deuxièmes noces avec Charles-Joseph de Ségur, chevalier, seigneur de Roquete, demanda au Parlement de l'habiliter relativement à l'acquisition qu'elle avait faite de la terre de Blésignac appartenant à ses enfants.

Que devinrent ces trois enfants d'Alexandre de Ségur ?
Il serait trop long de suivre leur descendance jusqu'à nos jours. Disons cependant que ce sont leurs héritiers qui ont vendu la terre de Montaigne, et que parmi ces héritiers se trouvait madame la marquise de Saint-Marc.

Elle reçut en cette qualité plusieurs caisses contenant des livres qui venaient de Montaigne. Parmi ces livres, partagés après sa mort entre ses héritiers, se trouvait un volume fort usé, relié en parchemin, qui n'était autre que le volume des *Éphémérides* de Beuther. Il échut à M. Sébastien de La Rose. Un des fils de M. le comte de Kercado, descendant de Raymond Eyquem de Montaigne, vit ce volume chez M. de La Rose, et y reconnut l'écriture de Michel de Montaigne, son illustre parent. C'est ainsi que communication de cet intéressant document a pu être donnée à M. le vicomte de Gourgues et à M. le docteur Payen, qui l'a publié.

La sœur de Jean de Ségur-Montaigne avait épousé (avant 1750) messire Joseph de Pontac, chevalier, seigneur d'Anglade, de Laprade, de Fourens, vicomte des Jauberthes et de Saint-Pardon, fils de messire François de Pontac, chevalier, seigneur de La Prade, de Sales, de Belin, de Podensac et d'Anglade, conseiller au grand conseil, maître des requêtes de l'hôtel du Roi.

Les descendants directs de Joseph de Pontac sont : le comte Agénor de Pontac, qui a épousé en 1838 mademoiselle de Larochejacquelein, fille du marquis et de madame de Donissan, dont il a plusieurs enfants ; et son frère, le vicomte Gabriel de Pontac, qui n'a pas d'enfants de madame Marguerite-Alexandrine Leblanc de Mauvezin.

Ainsi, les seuls descendants directs par le sang, sinon par le nom, de Michel de Montaigne, sont les descendants de Jeanne-Honorée de Lur-Saluces, mariée à M. de Saint-Jean, et ceux de Claude-Madeleine de Lur-Saluces, mariée à M. de Ségur-Montazeau.

Les ouvrages spéciaux donnent la filiation exacte et détaillée jusqu'à nos jours des descendants de ces deux sœurs.

XVI

RÉSUMÉ.

Constatation du lieu d'origine de la famille Eyquem de Montaigne à Blanquefort. — Possessions de cette famille dans l'ancienne baronnie de Blanquefort. — Ses possessions et son transfert à Bordeaux.
Influence qui a pu être exercée sur Michel de Montaigne par le milieu où il a pris naissance.

Pendant quatre siècles et demi, depuis 1402 jusqu'à nos jours, nous avons suivi la famille Eyquem, devenue Montaigne, et dont le nom a disparu, quoiqu'il existe encore des descendants par les femmes de diverses branches de la famille.

Nous avons retrouvé les vestiges de son berceau autour de Blanquefort. C'est dans ce coin de terre qu'ont obscurément vécu ces Arnaud et ces Eyquem dont les titres de propriété et les actes de famille figurent encore dans les registres qui contiennent les titres de la famille de Montaigne, comme leurs terres ont passé dans les mains de leurs successeurs, en nous laissant la probabilité d'une filiation que semble démontrer l'héritage.

C'est de Gaujac qu'est originaire ce Ramon de Gaujac, le riche marchand de la rue de la Rousselle à Bordeaux, qui adopte le fils de sa sœur mariée à Eysines, son neveu Ramon Ayquem, celui qui deviendra l'acquéreur de la maison noble de Montaigne en 1477. C'est près de Blanquefort qu'ont vécu le père et la mère de Ramon Eyquem ; c'est dans l'église de Saint-Martin de Blanquefort qu'ils sont ensevelis et que leurs pieux descendants font dire des messes pour le repos de leur âme. C'est là, près de la Jalle, sur le bord du fleuve, dans le lieu qui s'est appelé Bouglon, puis la Grange de Montaigne, et qui porte encore le nom de Montaigne, que se trouvait une maison d'habitation de Ramon Ayquem, celle dans laquelle il mariait sa fille, en 1477, au seigneur de Lansac et de Maurian. Et cette habitation appartenait aux Eyquem dès avant 1380 : ils la possédèrent jusqu'en 1598.

C'est dans ce cercle assez restreint, dans ce triangle entre le Taillan, Eysines et Blanquefort, qu'obéissant à une loi naturelle et générale, à une sorte d'esprit de retour qui a été souvent observé et qui ramène au berceau dont ils sont sortis pauvres et obscurs, ceux qui ont acquis richesses et renommée, la famille Eyquem s'est complu à étendre ses possessions et ses domaines seigneuriaux quand la fortune a eu souri aux spéculations des marchands de Bordeaux en la rue de la Rousselle, et leur a fourni les *guiennés d'or* au moyen desquelles on achetait des terres nobles quand on était citoyen de Bordeaux.

Les descendants de Ramon Eyquem ont surtout étendu leurs possessions en Médoc, autour de Blanquefort et aux environs de Bordeaux. Ils ont acquis la seigneurie de Bussaguet, de Saint-Genès ou La Gorce, de Gajac, de Breilhan, de Maurian, de Saint-Médard, de Beauregard, de Saint-Martin, de Corbiac. Ils ont acquis en 1606 les droits de haute, moyenne et basse justice sur la paroisse du Taillan, ce qui leur a permis de se dire barons du Taillan, de Saint-Médard et de Corbiac.

A leurs possessions à Macau, au Taillan, à Eyzines, à Blanquefort, ils ont joint les Eyquem et Beauregard à Mérignac; des prairies dans la palu de Bordeaux; des vignes à Talence, à La Tresne, à Bouillac, à Floyrac, à Quinsac, à Cambes.

A Bordeaux ils possèdent trois maisons dans la rue de la Rousselle et ont donné leur nom à la rue où deux d'entre elles ont un débouché : la rue de Sarlac est devenue la rue Montaigne; ils possèdent une maison rue du Pont-Saint-Jean, une « en la garlande du Marché », une rue Gensan, une aux Chartrons, une à Campaure, près de Puy-Paulin. Ils ont sur la muraille de la ville l'ancienne tour de Brisson, à laquelle ils donnèrent le nom de tour de Montaigne. Ils ont des maisons et des jardins sur le Peugue et rue du Hâ.

C'est en Médoc que la famille Eyquem contracte plusieurs de ses grandes alliances : Jean Andron de Lansac, chevalier, qui épouse en 1477 Pérégrine Ayquem, était seigneur de Maurian à Blanquefort; Bernard de Vertheuil était originaire de la paroisse de ce nom; Guillaume et Geoffroy de La Chassaigne étaient abbés de Vertheuil. Thomas de Montaigne épousa une héritière du Médoc, Jaquette d'Arsac, qui lui apporta les seigneuries d'Arsac, du Castéra, de Lilhan et de Loyrac.

C'est à Bordeaux que sont bourgeois Ramon de Gaujac, Ramon Ayquem, son fils Grimon et les quatre enfants de celui-ci. C'est à Bordeaux que Grimon est jurat et prévôt de la ville; qu'après lui son fils de Gaujac est procureur de la ville; que ses autres fils sont conseillers au Parlement et chanoines de Saint-André et de Saint-Seurin. Pierre Ayquem, le père de Michel, est bourgeois de Bordeaux; il en est longtemps jurat, il en devient maire. C'est là qu'il a son domicile; et il en est ainsi de

Michel de Montaigne lui-même, depuis que la Cour des Aydes de Périgueux a été transportée à Bordeaux et est devenue une des Chambres du Parlement, et jusqu'à ce qu'il se retire en Périgord.

La maison noble de Montaigne, acquise en 1477 par le vieux marchand Ramon Ayquem, a été l'une des possessions et la première seigneurie acquise par la famille bordelaise qui enfanta le célèbre penseur; c'est assez pour l'immortaliser à jamais qu'elle ait eu l'honneur de donner son nom à un des esprits les plus remarquables de ce seizième siècle, si fertile en hommes. Michel a pu y naître, y résider souvent et y mourir, mais il n'en est pas moins Bordelais par son origine, par sa famille, par ses alliances, par ses affaires, par le droit de bourgeoisie qu'il avait à Bordeaux comme né de parents bourgeois, jurats et citoyens de Bordeaux, par les fonctions de maire, les plus éminentes de la cité, qu'il a remplies dans cette ville.

Et si la famille Ayquem a prospéré et grandi à Bordeaux, il ne faut pas oublier que c'est du Médoc qu'elle est sortie; que c'est de Blanquefort que partent ses premiers rameaux.

Il serait intéressant de rechercher dans la vie et dans les œuvres de Michel de Montaigne l'influence qui a pu être exercée sur ses opinions et sur sa conduite par le milieu qui l'entourait, par l'origine de sa famille, par la situation à laquelle il était arrivé, par ses alliances, par le caractère national lui-même.

Michel Eyquem descendait de ces anciens bourgeois de Bordeaux, continuateurs du municipe romain, qui vivaient dans une véritable république, ne reconnaissant aucun seigneur au-dessus d'elle, si ce n'est le duc de

Guienne, qui avait été longtemps le roi d'Angleterre et qui était depuis moins d'un siècle le roi de France; république souvent agitée dans ses profondeurs et en proie à des discordes intestines, souvent en lutte avec la royauté envers laquelle elle était primitivement à peu près libre de tout lien autre que l'hommage de souveraineté et l'octroi volontairement consenti de subsides et d'impôts.

Lorsque les légistes royaux, toujours occupés à chercher de l'argent pour les rois d'Angleterre comme pour ceux de France, les légistes qui conquirent plus de richesses et de puissance à la royauté que les lances des hommes d'armes, avaient voulu à diverses reprises faire peser plus lourdement le joug fiscal sur les bourgeois de Bordeaux, sur leur commerce ou sur leurs terres, ceux-ci avaient répondu au duc de Guienne, roi de France, comme autrefois au duc de Guienne, roi d'Angleterre, qu'eux et leurs terres étaient libres et francs en leur qualité de citoyens de Bordeaux : « Ut » civis Burdigalensis. » Ils avaient réédité le titre de noblesse du monde antique : « Civis Romanus sum. »

Et, au moment où écrivait Montaigne, ces fiers marchands qui, dans leurs actes, prenaient le titre de sires, n'avaient pas encore perdu l'habitude de se gouverner eux-mêmes, de voter eux-mêmes leurs taxes, de lever eux-mêmes leurs corps d'armée et de les commander. Ils possédaient des maisons nobles, des juridictions, des seigneuries, des baronnies aux mêmes titres que les gentilshommes et s'anoblissaient eux-mêmes comme citoyens de Bordeaux, sans souci du pouvoir royal, lui rendant le service militaire du ban et de l'arrière-ban pour leurs terres nobles.

Quant aux gentilshommes, ils n'avaient pas encore

oublié de penser et de s'exprimer librement depuis le fameux Bertrand de Born, le châtelain d'Hautefort, qui défendit de ses sirventes comme de son épée l'indépendance de l'Aquitaine. Plusieurs mêmes semblaient s'inspirer de ce comte de Foix qui avait répondu au pape Innocent III, le rude promoteur de la croisade contre les Albigeois, que son père lui avait enseigné à être libre, même en matière de religion, afin de pouvoir paraître sans crainte devant Dieu.

Au seizième siècle, la royauté n'avait encore que peu de puissance sur les seigneurs. « Le poids de la souve-
» raineté, disait Montaigne, ne touche un gentilhomme
» français à peine deux fois dans sa vie. » Et cependant ce poids était encore trouvé trop lourd, et les souvenirs de la nationalité perdue n'étaient pas éteints : ils allaient se confondre avec les idées de réforme religieuse et amener les guerres civiles qui désolèrent si longtemps la France.

A l'indépendance de ces bourgeois dont il était issu, de ces gentilshommes parmi lesquels il comptait, Montaigne joignait celle de l'érudit qui s'était fait un idéal du citoyen des cités grecques et romaines; c'est ce sentiment de libre fierté qui l'entraîna si vivement vers La Boétie lorsqu'il eut lu le *Traité sur la Servitude volontaire, écrit en l'honneur de la liberté contre les tyrans*, traité qui « servit de moyen à leur première accointance et les
» amena à cette amitié parfaite qui *charrioit leurs âmes
» si vivement ensemble*. » C'est ce sentiment qui lui fait dire de La Boëtie : « Il eust mieux aimé être né à Venise
» qu'à Sarlat, » et qui lui fait ajouter : *et avec raison*.

C'est obéissant à ce courant d'idées que Montaigne a

porté la lumière du bon sens sur les abus les plus criants de son époque; et que, avec la tournure propre à son génie puissant et l'énergie de son style si clair et si incisif, il a attaqué les superstitions et les erreurs à mesure qu'il les rencontrait. Les questions politiques, sociales et religieuses ne faisaient pas défaut à son époque plus qu'à la nôtre; il signale les inconvénients de la vente des offices de judicature, du mode d'éducation adopté; il demande énergiquement l'abolition de la torture, celle des peines édictées contre les sorciers.

Et cela alors que tous les offices se vendaient, ceux de l'armée comme ceux de la magistrature; lorsque la torture et l'instruction secrète des procès étaient des modes de rendre la justice que la magistrature ne voulait pas abandonner; lorsque, quelques années après, le Parlement de Bordeaux devait envoyer le conseiller Pierre de Lancre, allié de Michel, pendre et brûler les sorciers de la terre de Labour, et que le crédule et cruel magistrat devait se glorifier de la mission qu'il avait remplie en bourreau imbécile.

Mais si Montaigne voulait remédier aux abus, il ne reconnaissait pas moins combien il est dangereux pour le bonheur public de vouloir renverser tout ce qui existe, au lieu de procéder sagement et avec l'aide du temps. Il vivait à une époque où catholiques et huguenots rivalisaient de haines sauvages et de fureurs sanglantes. Dans la Guienne même les cruautés du catholique Montluc n'étaient égalées que par celles du protestant baron des Adrets; dans toute la France se répétaient officiellement les massacres de la Saint-Barthélemy, et le Parlement de Bordeaux tançait M. de Montferrand, lieutenant du Roi, pour n'avoir pas égorgé assez de victimes. Lorsque les Guise assassinaient Coligny, lorsque le Roi assassinait les Guise; lorsque Jacques Clément assassinait le Roi; lorsqu'à la campagne chaque gentilhomme faisait la guerre de partisan pour le Roi ou pour la Ligue, pour les catholiques ou pour les huguenots; lorsque dans les villes les émeutes et les massacres populaires étaient suivis des pendaisons et des massacres royaux, Montaigne était, selon son expression, « assis au moïeu de » tout le trouble des guerres civiles de France. »

Il pouvait méditer et juger en homme mêlé de haut aux affaires publiques, et il est regrettable qu'il n'ait pas cédé aux sollicitations de ceux qui le conviaient « d'écrire les affaires de son temps, estimant qu'il » les voyait d'une vue moins blessée de passion qu'un » autre, et de plus près pour l'accès que fortune lui » avait donné aux chefs de divers partis. » Et c'est à raison de cette situation exceptionnelle et de la douloureuse expérience que faisait son pays des révolutions, que Michel indiquait le danger des *nouvelletés*. « Ceulx qui » donnent le branle à un estat, disait-il, sont volontiers » les premiers absorbés en sa ruyne : le fruict du trouble » ne demeure guères à celuy qui l'a esmeu; il bat et » brouille l'eau pour d'aultres pescheurs. »

Il enseignait l'obéissance à la loi, et il louait surtout La Boëtie de son respect pour la loi. Aussi peu soucieux de plaire à un roi qu'à un parti, aux catholiques qu'aux protestants, il faisait appel à la modération et à la tolérance. Véritable précurseur des temps modernes, il nous montre l'idéal que nous n'avons pas encore atteint : la liberté sans la licence, l'ordre sans le despotisme.

PIÈCES JUSTIFICATIVES

PIÈCES JUSTIFICATIVES

EXTRAITS ET ANALYSES

1306, 25 Février.
(*Arch. de la Gironde*: Archevêché : *Terrier*, G, 289.)

Hommage à l'archevêque de Bordeaux par les gentils-hommes de la baronnie de Montravel.

« Instrumentum recognitionis homagiorum factorum domino archiepo Burd. per gentes de Monteravello et totius honoris de Monteravello.

In nomine Domini, amen! In præsentiâ mei notarii et testium suscriptorum, *P. Gaucelini* de Castellione et alii infrà scripti personaliter constituti, fecerint homagium ligium reverendo patri in Deo Dno *Arndo* permissione divinâ *Burd. archiepo.* ibidem p.nti flexis genibus, manibusque complosis existeñ sine zona, gladio, cucufa et capito prout intalib. moris existit pro terris suis quas habent in districtu Montis-ravelli quas terras recognoverint, se tenere ab ipso Dno archiepo et ecclesia Burd. ad pr-em homagium quarundam cairothecarum albanûm solvend. ut moris est de acaptamento seu sporle in mutatione Domini, quod solvet ibidem eidem Dno archiepo. Item Dominus P. *Rampnol*, miles, fecit simile homagium eodem Dno archiepo, tamen nihil solvit de acaptamento. Item Dnus *Arnaldus Gaillardi*, miles, fecit simile homagium eodem Dno archiepo ut dominus P. Rampnol;

Wᵐ Reygalla, donzellus..... *Item P. de Montanea, donzellus, fecit simile homagium, eidem Dno archiepo.* ut dominus P. Rampnol..,...

..... Actum apud Montisravelli ante ecclesiam castri de Montisravelli *subtus ulmum* die jovis ante festum bti Mathiæ âpli anno Dni M CCC sexto, regnante Dno Philippo rege Francorum et Audyno Epo Petragoricᵃ. Testes sunt Bernardus de Garrigâ, Eymericus Delmas, notarius, Johannes de Besse, clericus jure peritus, Magr. Joh. de Veilinis, Dnus Ramondus de S. Eumachio, miles, Helias Segui, Helias de Excidolio Burg. Montisravelli, fratri Amalvinus de Tayac, præceptor domus militiæ templi Bonefare, Guillermo de acu ger. podii Burg. Montisravelli et ego Petrus de Martis, publicus notarius in toto regno Franciæ auctᵗᵉ regia deputatus qui hoc præsent. instrum. recepi et signo meo solito consignavi.

..... Vidimé et collationné sur l'original par arrêt du Parlement de Bordeaux, le 15 novembre 1575. Signé : De Pontac. Collationné par Jean Navarre, greffier.

1327. (Dupuy, not.)

(*Bibl. de Bordeaux* : Manus. : *Titres de la maison noble de Montaigne.*)

Testament d'*Angevine de Montaigne, donzelle, femme de Guido de Balbeyo, donzel,* de la paroisse Saint-Michel.

1329, 4 Octobre.

(*Livre des Bouillons,* p. 471.)

Place et maison de *Guilhem Ayquelin*.

Fuerint constructi versùs mare, à latere, versus esterium pontis, et in parte prope plateam *Guilhelmi Ayquelini,* heredis Guilhelmi Artus (¹).

---

(1) Guilhem-Artus, conmissaire dans l'enquête des padouens de la ville. (Id., id.)

1338.

(*Arch. de la Gironde*: Chap. Saint-André, G, 390, p. 400.)

« Une liasse par laquelle appert que les *hommes de Blan-*
» *quefort estoient questaux* et taillables annuellement, à la
» volonté du chapitre, et parce qu'ils n'avoient voulu obéir,
» leurs églises et leurs chapelles furent interdites en l'année
» 1338. »

1347, 23 Août.

(*Livre des Bouillons*, p. 356.)

Transaction entre la ville de Bordeaux et le chapitre
Saint-Seurin, réglant la juridiction du chapitre au Bouscat,
à Caudéran et à Villenave de Bruges (aujourd'hui La Vache).

La ville s'engage à ne pas soutenir de serfs questaux de
ces lieux dans leurs procès contre le chapitre.

Témoins : Ramundo Ayquelini et autres paroissiens de
Bruges.

1349, 14 Octobre.

(*Arch. de la Gironde*: Chap. Saint-André, G, 390, p. 380.)

« Recognaissance faicte au chapitre par laquelle Forthon
de Colorato, Guilhem de Brugario, Johan de Caletano,
Arnaud deu Fontane, *Ramon* deu Bosco, Helies de Fontane,
Pierre de Fontane, Guilhem de Brilhano, Pierre de Brilhano,
Jehan de Brilhano le vieux, Jehan de Brilhano le jeune,
Arnaud de Brilhano, Guilhaume de Brilhano le jeune, Guillaume de Ruppe, Girone de Faubet, les tous du lieu de
Blanquefort... de leur bon gré ont recognu et confessé que
eux et leurs pères prédécesseurs quand ils vivoient estoient
et avoient esté de tous temps, et que leurs hers et successeurs devoient estre *questaux* du vénérable chappitre de
Bourdeaulx, pour faire la queste et taille à la volonté dudit
chappitre et en outre lesdits hommes questaux ont promis et
promettent expressément au chappitre de faire doresnavant
à perpétuité par chescun an trois manœuvres avec bœufs,

bians et leurs propres corps... de payer les questes et tailles qui leur seront ordonnés. Ainsi que debvoirs et servitudes sans aucune contradiction... et d'estre humbles obéissants et fidèles, et rendre honneur, amour et révérance honeste et agréable au chappitre. Et ont promis lesdits hommes questaux de demeurer perpétuellement audit lieu de questalité, et de n'en partir point sans la volonté du chappitre, et que s'ils en partoient ont voulu estre tirés par ledit chapitre de quelque lieu où ils se transporteront pour y demeurer. Faict le 14 octobre 1349. »

1343, 7 Avril. (Vidal BALHE, not. à Gensac.)
(*Bibl. de Bordeaux* : Manus. : *Titres de la maison noble de Montaigne*, 1er vol.)

Mariage de *Ramon de Montpezat,* donzel, de la paroisse de de Belver, juridiction de Castillon, avec Assaride Dupin, damoiselle, de la paroisse de Juillac, juridiction de Gensac.

1362, 5 Janvier. (Guilhem ONBOY, not.)
(*Bibl. de Bordeaux* : Manus. : *Titres de la maison noble de Montaigne*, 1er vol.)

Vente judiciaire d'une maison que possédait feu Philip Agelo, mercater et borguès de Bordeu au temps que bibé, *en la rua de la Rocera,* en la paropia de Sent-Miqueu de Bordeu. « Entro lo chay et hostau qui fo de Ramon Monedey de la Rocera, borguès de Bordeu, abe en temps que bibe en la Rocera en la paropia de Sent-Miqueu de Bordeu de l'un costat; entro au chay et hostau de Peyre Faure, mercadey et borguès de Bordeu, de l'autre part; et dure et ten en long de la carreyra de la Rocera de part d'avant de l'un cap, entro à la yma de la mar de la part detras de l'aute cap e meu de Arnaud de Camprian qui fo... »

Criée par les trompettes de la ville « au nom de lo excellent prinpce Edward per la gracia de Diu prinpce de Gualles et de Guyana ».

Divers actes y relatifs.

1363, 20 Novembre. (Jehan DE DUBIAS, not.)

(*Bibl. de Bordeaux* ; Manus. : *Titres de la maison noble de Montaigne,* 1er vol.)

Mariage de *Bernard de Balbeyo,* donzet, fils de *Guilhem de Balbeyo* et Contor de Savinhac, damoiselle.

1365, 5 Février.

(*Arch. de la Gironde :* Chap. Saint-André, G, 390, p. 40.)

« Vidimus d'un certain accord entre *MM. de Saint-André,* d'une part, et *Arnaud de Brilhan, Pierre de Brilhan, Jehan de Brilhan* le vieux, *Jehan de Brilhan* le jeune, *Arnaud de Brilhan* père et *Arnaud de Brilhan* fils, et *Pierre de Brilhan,* habitans du lieu de Brilhan en la paroisse de Blanquefort... touchant certaine questalité et certains autres droits auxquels le susdit chapitre prétendait les susdits être tenus, et au contraire lesdits hommes les nyaient. Finablement par arbitres lesdits hommes furent condampnés et de leur bon gré s'obligèrent envers ledit chapitre à payer et rendre à perpétuité audit chapitre les exporles et cens qui s'ensuyvent : à savoir lesdits hommes de Brilhan 5 sols d'exporle à muance de doyen dudit chapitre de ladite église et 33 livres bourdelois de rentes à la feste de Saint-André par chescun an...

1366, 23 Mars.

(*Arch. de la Gironde :* Invent. de Saint-Pierre, p. 153.)

Plus un contrat d'achapt de 6 deniers bourdelois d'exporle et 40 sols bourdelois de cens et rente foncière annuelle et perpétuelle sur une maison scituée en la paroisse de Saint-Pierre de Bourdeaulx, en la rue apelée de Langon, pour MM. les prestres et chappellains depputez et stabliz pour dire et célébrer les messes ordonnées en l'église de Saint-Pierre, par Guirault Cambon contre *Guilhem Ayquem* de ladite paroisse de Saint-Pierre, et Peyronne Doment, sa femme, datté du 23e jour de mars 1366. Reçu et passé par Me Ayquem de Puyali, notaire public en Guienne.

1367, 3 Mars.

(*Arch. de la Gironde* : Chap. Saint-André, G, 390.)

Transaction faite entre le *chapitre Saint-André de Bordeaux* et Mᵉ *Arnaud Ayquem* par laquelle ledit Ayquem a promis assigner audit chapitre 5 sols bordelais de rente et 2 sols d'exporle, en récompense de certains cens qu'avait ledit chapitre en la paroisse du Taillan. (Terres au Corneau de Fontaine.)

1376, 24 Mai.

(*Arch. de la Gironde* : Abbaye Sainte-Croix, H, 874.)

« Testes sunt : *Ramon Ayquem*, Guiraud de Roqueys,
» donzet, et Pey Bidau, et jo Guilhem de Labau, notari
» poblic. »

1376, 22 Août.

(*Arch. de la Gironde* : Obituaire de Saint-André, G, f° xii, n° 40.)

Anniversarium domini *Garcie Ayquelini* canonici hujus ecclesiæ...... posteà obiit xxii die augusti anno Domini m. ccc. lxxvi et sepultus antè magnum altare in ecclesia Burdegalensi juxtà portam chori.

Sequitur de ordinatione misse domini Garcie Ayquelini licentiati in legibus oriundi de Sancto-Machario hujus Burdegalensis ecclesiæ canonici.

Sciendum est quod dominus Garcias Ayquelini ordinavit quemdam missam in dicta Burdegalensi ecclesia alta voce solempn... ed dedit ad emendum redditus mille scudatos auri aigm. antiqui Regis Philippi Francie seu valorem.

1376, 28 Janvier. (Jehan Arros, not.)

(*Arch. de la Gironde* : Notaires.)

Bail à fief consenti par Comptor Furt, damoiselle « filha
» deu noble home Guitard Furt et molher deu senhor en
» Johan de la Mothe, donzet,.... » de terres et vignes à

Quinsac, en faveur de M° *Guilhem Ayquem*, clerc et notary public.

1378, 15 Septembre.
(*Arch. de la Gironde*: Invent. de Saint-Pierre, p. 103.)

Plus un contract d'achapt de 2 deniers d'exporle et 22 sols bordelais de cens et rente foncière payable par chescun an au jour et feste de Saint-Michel sur une maison, eyriau, jardin, terre et vigne, située en la paroisse de Beaurech, au lieu appelé au Puyau de la Caussade, appartenant à Pierre Gombaud, de ladite paroisse de Beaurech, pour Thomas Augier, orfèvre de la paroisse de St-Pierre, bourgeois de Bourdeaux, contre *Ramond Ayquem de la Ferryère*, de la paroisse de Saint-Aulays et bourgeois dudit Bourdeaux, dans lequel est contenu l'exposé desdites maison, jardin, terre et vigne faict par lesdits Gombaud et Augier, le tout datté du 15e septembre mil trois cent septante-huit, reçu par Me Ayquem de Poyali, notaire public en Guienne, escript en gascon, contenant une peau de parchemyn cotée au dos par ledit.

1380, 20 Juin.
(*Arch. nationales*: Paris: *Puypaulin*, carton 1152.)

Reconnaissance par *Johan Ayquem*, fils d'*Arnaud Ayquem*, de la paroisse Saint-Mexent et bourgeois de Bordeaux, et Ramon de la Lande, d'une maison sise rue de Londres, en faveur de « ma dona na Tomasa de Pons, dona de Casteilhon, » tutrice de en Pons de Castelhon, son fils... Richardo Dei gratia Rex Angliæ et Franciæ et Duce Aquitaniæ.

1380.
(*Arch. nationales*: Paris: *Puypaulin*, carton 1153.)

Reconnaissance par Guilhem du Puyau de Tiran, et *Pey Ayquem* aperat de la Lobeyra, nebot de *Arnaud* de la Lobeyra, per *Arnaud* de la Lobeyra, son frayre, et Guilhem de la

Guna de Bisaneva, filh de Guilhem... Forthon de Byra de Corbiac et Arnaud Forthon de Corbiac, fils de *Ayquem,* frayre qui fo dudit Forthon, de la paroisse de Saint-Médard-en-Jalle... en faveur d'Archambaud de Grély, héritier, de noble et poderos senhor baron en mossen Johan de Greyli, pour tot acquet trens de bos en la paropia de Saint-Médard, entre... de Pey Ramon de Hastunhan d'una part et lo bos qui ffo de mossen Guilhem de Canfforn... d'autre bout au bos de *Ayquem*... lodit Guilhem de Puyau, et Pey Ayquem, aperat de la Lobeyra, et... prirent et receboren vestidon de mestre Johan de Noyers, clerc, procurador de mossen lo captau.

1380, 26 Juin.

(*Arch. de la Gironde :* Frères Prêcheurs, H, 647, f° 113.)

Bouglon, Métairie dite de Montaigne (¹).

Bail à fief fait le 26° juin 1380 par le couvent, en faveur de Guilhem d'Artiguemale dit de la Cape et de *Guillaume Ayquem,* de deux pièces de pré entourées de murailles et fossés, siz en la palu de Bouglon, paroisse de Blanquefort, l'une desquelles pièces confronte d'une part au demy canal de fossé du fief d'Amalvin de Freysse, bourgeois de Bordeaux, d'autre à la maison des héritiers du seigneur de Maurian, d'un bout à la mer et d'autre au pré d'*Ayquem* de Gorbeille de par dessus et des héritiers dudit seigneur de Maurian ; et l'autre pièce joignant la première confronte d'une part au pré des héritiers dudit seigneur de Maurian, d'autre au chemin commun, d'un bout à l'autre pré ci-dessus et au pré dudit *Ayquem* de Gorbeille et d'autre bout au chemin commun qui conduit à la mer de par dessus ; ledit bail à fief, sous le devoir de 2 deniers bordelais d'exporle et de dix livres dix sols bordelais de rente annuelle foncière et diverse, payable et portable audit couvent aux fêtes de Noël et autres droits et devoirs seigneuriaux et sous certaines

(¹) Le lieu dit à Bouglon, proche l'estey de la jalle.

réserves faites entre les parties et spécifiées dans ledit instrument retenu par Raymond de Martres, notaire du duché de Guienne.

1389, 20 Novembre.
(Bibl. de Bordeaux : Titres de la maison noble de Montaigne.)

Mariage (contrat de) de Ramonda de Brelhan, fille de Arnaud de Brelhan qui ffo de la paropia de Blancafort avec Peyre Reynaud, marcant, de la paropia Sent-Miqueu de Bordeu.

1395, 21 Mars.
(Bibl. de Bordeaux : Titres de la maison noble de Montaigne.)

En Guilhem de Lartiga, donzet, senhor de Saint-Genes de Meyre en Médouc, bailhe en feu féaument segond los fors et costumas de Bordeu et pays Bordalès à Martin et Pey deu Bosc de Saint-Mambert — des terres et vignes au loc de Saint-Mambert.

1403, 7 Juillet.
(Bibl. de Bordeaux : Titres de la maison noble de Montaigne.)

Reconnaissance par Guilhem de Breilhan et Pey de Brelhan, de la paroisse de Blanquefort, en faveur de en Johan Colomb, de la paroisse de Saint-Ahon, pour des prés en la palud de Bordeaux, au loc aperat à la Tastasse.

1407.
(Livre de la Jurade, p. 101.)

Liste des moines, chapelains et prébendiers de Sainte-Croix.
Parmi les chapelains :
Petrus Ayquelini, prebendarius, Burdegalensis diocesis, de Medulco.

Séance du 30 Juillet 1407.

Nomination des Trente et des Trois-Cents.

Richard Makanan, un des 30.

Et plus ordeneren et eslegiren los senhors III^c accosselhados, los qui nome per nome, l'un empres l'autre, et jurada per jurada s'enseguen.

La jurada de la Rocela :
Richard Makanan.
Arnaud Makanan.
Monot Carle.
Hélias de Montz.
Johan de Feulias.
Pey de Ferranhas.
Galhot Ayquey (Ayquem).

Séance du.....

Pey de Brelhan.

... Et plus ordonaren en commissaris per parlar am la molher de Pey de Brelhan qui ffo : Amaniu de Montlavin.

1419, 4 Septembre.

(*Bibl. de Bordeaux* : Titres de la maison noble de Montaigne.)

Testament de *Guilhem de Montpezat,* donzel, de Julhac, époux d'*Armande de Balbeyon.* Legs de 200 fr. pour se marier, à sa fille Marquèse de Monpezat ; héritier universel *Armand de Monpezat,* son fils.

1420, 13 Janvier. (Surnhéti, not.)

(*Bibl. de Bordeaux* : Titres de la maison noble de Montaigne.)

Contrat de mariage entre *Trenqua Farguettas,* fille de Guilhem Farguettas, marchand et bourgeois de Bordeaux, et *Ramon de Gaujac,* marchand, de la paroisse Saint-Miqueu. Dot 250 livres. Témoins : Richard Makanan, *Gailhard Ayquelin,* Aymeric Bargès, Gérald Gaucem... bourgeois de Bordeaux.

1424. (Johan DE SALCES, not.)

(*Arch. de la Gironde*: Terrier de Sainte-Croix, H, 875.)

Conoguda causa sia que Arnaud de Sédat, philadey, demorant a rua bordalesa en la paropia S. Miqueu de Bordeu... reconogo et confesset que ed... ten en feu feuaument second los fors et las costumas de Bordales deus honorables et religios senhors abat, segrestan, hobrey, et coubent deu monastey de Sancta-Crotz de Bordeu...

So es assaber tot aquet meth son de terra ab lo loc... qui es en la paropia Sent-Miqueu en la deyta rua bordalesa, ayssi cum es entra lostau de Pey de Crouhon, donzet, d'una part et lostau de Guiraud deu Brostera, d'autra part. Et dura et ten en long de lostau e causa de Bertrand d'Orgador, demorant a rua Peytavina en la paropia de Sancta-Coloma e borgues de Bordeu lo quau *ffo deus hereteys de Pey Ayquem de la Rossella* qui ffo deffunt de l'un cap, entro au son de l'auandeit Arnaud de Sédat, loquau meu de la dona na Maria de Sent-Simphorin dona de Landiras, de l'autre cap...

1433, 31 Juillet. (AUFREDY, not.)

(*Arch. de la Gironde*: Terrier de Saint-Michel.)

Universis et singulis litteras inspecturis... personaliter constitutus magister Johanes de Perrons, notarius publicus... procurator... vicarii et capellanorum beneficiatorum ecclesie Sancti-Michaelis... coram nobis quandam cartam publicam... continentem qualiter nobilis vir Geraldus de la Mota, senior domicellus, dominus de la Mota de Cambas Inter-duo-Maria, vendidit... *Gailhardo Ayquelini*, mercatore, parrochiano Sancti-Michaelis et burgen. Burdeg.... cujusdem carte tenor de verbo ad verbum sequitur sub hac verbor. forma : Conoguda causu sia que lo noble home en Guiraud de la Mota, lo belh, donzet senhor de la Mota de Cambas Entre-dos-Mars... a bendut, librat, quittat,... à *Galhard Ayquem*, marchand, parropiant de Saint-Miqueu et borguès de Bordeu...

Acta et concessa fuerunt hæc ultima die mensis julii anno Domini millesimo quadringentesimo trecesimo tertio...

1435, 3 Janvier. (Johan MOLINERI, not.)
(*Arch. de la Gironde* : Terrier de Saint-Michel.)

Bail à fief par *Galhard Ayquem,* marchand, paroissien de Saint-Michel, bourgeois de Bordeaux, d'un moulin à Cambes, à Montet, confrontant au fief de mossen Johan de Lestonnar, prêtre.

1438. (Bosco, not.)
(*Arch. de la Gironde.*)

Mariage entre *Guilhelmina Ayquem,* de la paropia de Saint-Genès, et Gailhard Forthon.

1448.
(*Arch. de la Gironde.*)

Conoguda causa sia que *Ayquem deu Brugar* et Pey deu Brugar, paroissiens d'Anteilhan (du Taillan) en Médoc, ont confessé devoir à Rollin Bargot, de la paroisse Saint-Miqueu de Bordeaux, la somme de 57 livres.

1439, 16 Janvier.
(*Bibl. de Bordeaux* : Titres de la maison noble de Montaigne.)

Reconnaissance par *Ramon de Gaujac,* en faveur de la chapellenie de Ramon Roger, en l'église Saint-Michel, d'une pièce de vigne à Saint-Genès en grave de Bordeaux.

1439, 24 Mars.
(*Bibl. de Bordeaux* : Titres de la maison noble de Montaigne.)

Reconnaissance par *Guilhem Arnaud,* fils de Pey Arnaud, d'une maison, rue des Menuds, à Bordeaux.

1439, 20 Juin.

(*Bibl. de Bordeaux* : Titres de la maison noble de Montaigne.)

Reconnaissance par *Ramon de Gaujac,* en faveur des RR. PP. Jésuites, d'une pièce de vignes à Saint-Genès aux graves de Bordeaux, sur le chemin de Saint-Genès.

1445, 21 Octobre.

(*Bibl. de Bordeaux* : Titres de la maison noble de Montaigne.)

Reconnaissance par Johan de Creyssac, marchand ......, d'une maison située en *la rue de la Rousselle, entre la rue de Sarlac* et *l'hostau de Ramon de Gaujac,* et dura le long de la rua de la Rossella, par devant; et tout le terrain qui donne sur la rue de Sarlac, en faveur de Johan de Junqueyras, comme administrateur des biens de Galhard, David et Margareda de Junqueyras, enfants de lui et de Jehanne du Freysse, sa femme.

1452, 8 Mai.

(*Bibl. de Bordeaux* : Titres de la maison noble de Montaigne.)

Achat par *Ramon Ayquem* de prés, en la palu de la Tastasse, à B. Rampnol, fils de Ramon Rampnol de Blanquefort.

1454, 8 Avril.

(*Bibl. de Bordeaux* : Titres de la maison noble de Montaigne.)

Reconnaissance par *Ramon Aiquem,* marchant, paroissien de Saint-Miqueu, et bourguès de Bordeu, pour des près à la Tastasse, en faveur de l'abbaye Sainte-Croix.

1455.

(*Bibl. de Bordeaux* : Titres de la maison noble de Montaigne.)

Diverses reconnaissances pour le *Corneau de Hastignan,* paroisse de Saint-Médard-en-Jalles.

22 mars 1445. — Reconnaissance par *Arnaud* et *Arnaud,*

fils d'Arnaud, et par *Pey Forthon*, en faveur de noble homme *Ramon Andron*, cavaley, senhor de Lansac, de terres au Cornau de Hastignan.

Id., id. Par *Martin Vaquey*, fils de *Ramon Vaquey*, paroissien de Saint-Jean-d'Illac, en faveur de noble homme *Ramon Andron*, chevalier, seigneur de Lansac, de Tastas et de l'hostau et taule de Béguey ; au même lieu.

Id., id. Conoguda causa sia que lo noble senhor *mossen Ramon Andron*, cavaley, senhor de Lansac, de Tastas et de l'hostau et taule de Béguey, baille en feu noed à *Johan de Casaubon*, paropian de Saint Médard-en-Jalles, un hostau et mayne an lo *Cornau de Hastignan*.

Id., id. Reconnaissances de fief par *Pey Arnaud*, fils de *Johan Arnaud* lo joen, de Saint-Médard-en-Jalles ; par *Pey Arnaud* lo belh ; par *Martin Arnaud*, tous frères ;

Id., id. Exporle dont les trois premières lignes sont grattées au vif sur le parchemin : le nom du tenancier n'existe plus. Il s'agit d'un mayne et vigne entre celui de *Maria Arnaud* et celui de *Johan de Casaubon*.

Id., id. Reconnaissances par Pey Ramon le jeune, par Guilhelmine Arramon, fille de Pey Ramon aperat Buchard.

29 août 1458. — Que le mayne de *Johan de Casaubon*, paroissien de Saint-Médard-en-Jalles, confronte à la vigne de *Martin Ayquem*.

1456, 3 Février.

(*Bibl. de Bordeaux* : Titres de la maison noble de Montaigne.)

Procuration de Gailhard de Lagna, paroissien de Blanquefort, à *Ramon de Gaujac*, pour acheter un pré qui confronte à celui dudit Ramon de Gaujac.

1456, 18 Juin.

(*Bibl. de Bordeaux* : Titres de la maison noble de Montaigne.)

Reconnaissance par honorable homme *Ramon Ayquem*, marchand, paropian de Saint-Miqueu, à honorable homme

Arnaud de Garos, marchand, paropian de Sent-Miqueu, de terre au loc aperat au Planchet, paroisse de Beaurech.

1456, 19 Février.
(Bibl. de Bordeaux : Titres de la maison noble de Montaigne.)

Reconnaissance par honorable homme *Ramon Aiquem* à Johanna Monadey, molher deu noble Gailhard d'Arsac, au loc aperat à Gasquet en la palu de Bordeu.

1457, 2 Avril.
(Bibl. de Bordeaux : Titres de la maison noble de Montaigne.)

Reconnaissance par *Ramon de Gaujac*, marchand, paropian de Saint-Miqueu, à l'ospitau de Notre-Dame de Bardenac, de la moitié d'une vigne aux graves de Bordeaux, sur le grand chemin de Saint-Genès.

1457, 23 Décembre.
(Bibl. de Bordeaux : Titres de la maison noble de Montaigne.)

Achat par honorable homme *Ramon Aiquem*, marchand, à Ayquard Negron, paropian de la gleiza de Sent-Martin d'Eyzines, d'une pièce de pré à la palu de la Tastasse.

1459, Février.
(Bibl. de Bordeaux : Titres de la maison noble de Montaigne.)

Mossen Amaniu de Bocaus, prêtre, reconnaît devoir à *Ramonot Ayquem* le somme de 250 francs.

1451, 18 Novembre.
(Bibl. de Bordeaux : Titres de la maison noble de Montaigne.)

Que Guilhem Demons, paroissien de Sent-Miqueu et bourgeois de Bordeaux, vend à *Ramonot Ayquem*, marchand et bourgeois de Bordeaux, et à *Ramon de Gaujac alias Bradot*, une maison en la paroisse Sent-Miqueu, darrey lostau deudit Guilhem Demons, devers lo mur de la ciutat de Bordeu, la carreyra publica de l'un cap entro a yma mar. Témoins : Martin Destuora, paroissien de Saint-Martin de Blanquefort, et Arnauld de Perrot, paroissien de Saint-Nicolas-lès-Bourdeaulx.

Notaire : Bernardo de Podio.

1462, 4 Août. (Miqueu DE LORY, not.)
Bibl. de Bordeaux : Titres de la maison noble de Montaigne.)

En la presentia de moy, Miqueu de Lory, clerc, notari reyau an lo dugat de Guiana, personaument constituda Valonssa de Segonas, vepda, paropianta de Sent-Martin de Blanquaffort en Médoc, per sa bona et agradable voluntat a conogut aver aque pres recebut deus exequtors et ordeneys deu testament et derneyra voluntat de *Ramon de Gauyac*, deffunct, marchant et borguès qui fo de Bordeu per las mans deu honorable home *Ramon Ayquem* assimedis marchant et borguès deudit loc de Bordeu, la soma de seixanta sods bordales per rason de certanas leyssas faytas par lo deffunct en sondict testament, faict à Blanquefort.

1462, 26 Août. (Miqueu DE LORY, not.)
(*Bibl. de Bordeaux :* Titres de la maison noble de Montaigne.)

Pareille quittance par Guilloma Moliney, femme d'Arnaud de Romafort, paroissien de Saint-Martin de Blanquefort. Témoins : Pey de Sault et Arnaud de Lallemagna, de ladite paroisse de Blanquefort.

1463, 8 Avril.
(*Bibl. de Bordeaux :* Titres de la maison noble de Montaigne.)

Conoguda causa sia que aujorndhuy plus bas escript en la presencia de moy, notari public et deus tesmoins dessous escriuts et nompmats, personnement constituits lo honorable home *Ramonot Ayquem*, marchant parropiant de Sent-Miqueu et borguès de Bordeu, d'una part; et *Johanna Meynard*, molher de Arnaud Guiraud de la parropia d'Eysines, en Médoc, d'autra part. Ladeita Johanna Meynard per sa bona et gradita voluntat et de sa certa sciensa et ab voluntat licensa et auctoritat deudit Arnaud Guiraud, sondeit marit...

... Recognogo et confesset per la tenor daquesta present carta, que era a recebut bien et loyaument ses droicts, part, partida et porcion hereditaria de tots et simples lots, lentz et causilhs mobles et no mobles, et quaus que sian ou que seran maternaux, que à ladeita Johanna Meynard son abenguts et suceditz per la mort et décès de *Johanna de Gaujac, sa mayre et mayre deudit Ramon Ayquem,* que fo defuncta... et que lodeyt Ramon Ayquem cum heretey en sa part partida de ladeita Johanna deu Gaujac...

Et me Petr.. de Landi.. clerc, notaire public.

1465, 25 Mars.

(*Bibl. de Bordeaux* : Titres de la maison noble de Montaigne)

Obligation de Bartholomé de Transiet en faveur de *Raymundo Ayquelin,* mercatori de Sancti-Michaelis.

1465, 3 Mai. (Johannis, not.)

(*Arch. de la Gironde* : Notaires.)

Que pleyt... entre lo noble homme David de Junqueyras, donzet, filh de noble homme Johan de Junqueyras, donzet et Margarida de Junqueyras, sa sœur, femme de noble homme Arnaud Miqueu, d'une part, et Gailharda Aygat, femme de Johan de Bolhon, de la paroisse Sent-Miqueu et borguès de Bordeu, à raison d'un « hostau qui es en la rua aperada de la Rossella entre l'hostau de *Ramonot Ayquem,* d'una part et lostau et chays deus hereteys de Richard deu Feulias, d'autra part, et dura le long de la deyta carreyra de la Rossella de part davan de l'un cap entro à la yma de la mar de part detras.

1465, 11 Juin. (JOHANNIS, not.)

(*Arch. de la Gironde* : Notaires.)

Que *Ramon deu Porge*, paropiant de Blanquafort, en Medoc, reconnaît devoir à Amania de Gardera, vepda, sept francs per venda d'un arrossin.

1465, 25 Octobre. (JOHANNIS, not.)

(*Arch. de la Gironde* : Notaires.)

Que *Johan Ayquem* lo belh, parropian de Sent-Medard en Jalles deu (doit) à Bertrand deu Tilhet, marchand de la paroisse Santa-Coloma, de Bordeu.

1467, 2 Septembre. (Johan DEUS CHADAFFAUDS, not.)

(*Arch. de la Gironde* : Séminaire de Saint-Raphaël, G, 588, p. 135.)

Bail à fief nouveau consenti par le prieur du collége Saint-Raphaël de Bordeaux en faveur *d'honorable homme Ramon Ayquem, marchand,* « de tot aquet hostau et yssida qui es de part detras en la paropia de Sent-Miqueu, de Bordeu, en la rua de la Rossella, devers la part de Sorelh Coquant (soleil couchant), loquau hostau, chay et issida foren de Bernard (de Bertulh), *entre lostau de Ramond Ayquem, marchand,.... heretey de Ramon de Gaujac,* d'una part, et... de Boysset, donzet, d'autra part; dura en long de ladeyta rua de la Rossella... au devoir de 2 sols bordelais d'exporle et 40 sols bordelais de cens et rentes, payables à la Toussaint.

1472, 7 Août.

(*Arch. de la Gironde* : Frères Prêcheurs, H, 647, f° 121.)

Reconnaissance faite le 7 août 1492 en faveur du couvent par Eyquart Negron vieux, de la paroisse d'Eysines, d'une pièce de pré au lieu dit au Bouglonat, confrontant d'une part au pré de Raymond de Gorbeille, d'autre au pré de

Raymond Ayquem, marchand de Bordeaux... Pierre de Heno, notaire de Bordeaux.

1472 ou 1469, 26 Mai. (Miqueu de Lory, not.)
(*Bibl. de Bordeaux* : Titres de la maison noble de Montaigne.)

Quittance par Johanna de la Forcada, veuve, de la paroisse Saint-Martin de Blanquefort, à *Ramon Ayquem* de la somme de 60 l. à elle léguée par le testament de Ramon de Gaujac.

1473, 22 Avril.
(*Bibl. de Bordeaux* : Titres de la maison noble de Montaigne.)

Gailhard deu Bosc, prêtre, reconnaît avoir reçu des exécuteurs du testament de *Ramon de Gaujac,* par les mains de honorable homme Grimont de Bordeu, sotsmage de ladite ville, la somme de trente et trez francs 8 sols 4 deniers pour 52 messes qui ont été dites et célébrées en l'église Saint-Martin de Blanquefort par ordre dudit testament.

Témoins : Rierre Robin, clerc et Jehan Dugravey, demeurant à Blanquefort.

1473, 5 Juillet.
(*Bibl. de Bordeaux* : Titres de la maison noble de Montaigne)

Testament de Raymond Ayquem.

Au jorn d'uy bingoren et se presentaren per dauant nos, Johan Gimel, jurat et preuost de la present ciutat de Bordeu, la honorable dona Ysaue de Feranhas, molher qui ffo de lo honorable home Grimon Ayquem, filh deudeit Ramon Ayquem, parropiant de Sent-Miqueu et borgues de Bordeu, en lo temps que biue, en disent que, au jorn d'uy dejus scriut, lodeit Ramon Ayquem fossa anat de bita à trespassament, et per auant son trespas ed agos feit son testament solempnau, en la forma et maneyra que era contingud en quatre fulhs de papey, que ladeyta tine en sa man........
..... que en bolussen far far hubertura et aquet legir et publicar per dauant nos ; et aquet legit et publiquat que lo

far reddigir et mectre en forma publiqua deguda et interpausar nostre auctoritat ordinari et decret judicari.

Et nos Johan Gimel, jurat et preuost susdeit, audida et diligentement entenduda la requesta deusdeits Ysabe de Ferranhas et Grimon Ayquem, et a lor postulation et requesta, interroguerem.......

Et feyta por losdeitz testimonis ladeita requisision tant de lurs signetz manuaus, cum deit es, feren aqui medis far huber'ura per lo clerc de nostra cort deudeit testament; et aquera feyta, lo firen legir publicament per dauant nos....
..... deuquau testament la tenor s'en secg de mot a mot en aquesta maneyra :

In nomine Patris et Filii et Spiritus Sancti, amen.

Io, Ramon Ayquem, marchant, parropiant de la gleysa de Sent-Miqueu et borgues de Bordeu, san de mon cors et de ma pensa, et estant en bon sen et en ma bona memoria et en mon bon remembrament et prepausament, et bolen me absentar deu present pays et anar, moyenssan la gracia de Diu, romyu a mossenhor Sent-Jagme deu Galicia....... ey feyt, etc., et ordenat solempne en ma darreyra voluntat, en la forma et maneyra que s'en secg :

Et tot prumeyrament hey dat et recomandat, et doni et recomandi la mya arma et lo men cort a nostre senhor Diu Jhesu Christ.....

Bulh estre sebelit, quauque hora que Dius fassa son comandament de min per mort, dintz la gleyza Sent-Miqueu de Bordeu, en la cappera de mossenhor sent Clou, en la sebelienda de Ramon de Gauyac, mon oncle.......

Item, plus bulh et ordeny que en la gleysa Sent-Martin de Blanqueffort, sian deytas, cantadas et celebradas cent messas bassas per las armas de mon pay et de ma may, et bulh que a cascun capperan qui cantera et celebrera lasdeytas messas sia donat et pagat detz arditz, per cascuna messa......

Item, plus bulh et ordeny que per l'arma de Ramon de Gauyac, mon oncle, et per l'arma de Trenqua Farguetas, ma tanta, molher qui ffo deudeit Ramon de Gauyac, sian deytas et celebradas v⁰ messas bassas en ladeyta gleysa Sent-Miqueu de Bordeu........

Item, plus bulh et ordeny que per l'arma de Galhot Eyquem, mon oncle et mon mestre, que Dius perdon, sian deytas, cantadas et celebradas cent messas bassas en ladeyta gleysa Sent-Miqueu.

(Divers legs pieux à la fabrique de l'église de Saint-Michel, aux quatre ordres mendiats de Bordeaux, Frères mineurs, Augustins, Carmes et Prêcheurs; aux Sœurs-Menudes et Augustines; aux hôpitaux de Bordeaux, de Saint-Julien et de Saint-Pierre et Saint-Sernin; aux couvents des Chartrons, de Notre-Dame de Belle-Clare et de la Merci; aux fabriques des églises de Sainte-Colombe, Sainte-Croix, Saint-Éloi, Sainte-Eulalie, Saint-Projet, Saint-Siméon, Saint-Remy, Saint-Maxent, Notre-Dame de Puy-Paulin, Saint-Christoly, Saint-Paul et du Temple; aux prisonniers du château de l'Ombrière et de Saint-Éloi; à diverses confréries, notamment à celle de Notre-Dame, instituée en l'église Saint-Martin de Blanquefort en Médoc; à quinze pauvres filles à marier, etc.)

Item plus, doni et leyssi et dedusissi à Ramon deu Porge, mon filhon, parropiant de la gleysa de Sent-Martin de Blanquaffort en Medoc, de la soma que ed me deue, cum par au men papey, la soma de vint franxs de ladeita moneda, per tant que lodeit mon filhon sia tingud de pregar Diu per la mya arma, etc.

Item plus, bulh et ordeni que ma molher Ysaue de Ferranhas, sia et remanga empres ma mort dona et dama dintz mon hostau et deffora, et tutayritz et leyau administrayritz de las personas, bens et causas de Grimon Ayquem et de Perrin Ayquem, mous filhs, et de Pelegrina et Audeta Ayquem, mas filhas.

Item plus, doni et leyssi à ladeyta ma molher la bita en mon hostau ben et honorablement et seruida, sana et malauda, et bestida et caussada, tant cum era biura et estara bepda, et tindra esta biduau et sens marit prendre.

Item plus, la soma de dos milh liuras bordalesas, comptat et includit en ladeyta soma lo maridatge et dot que ladeyta ma molhor a en.....

Item plus, totz los juyeus et aur et argent et deutes et mercanderia que era la meytat de totas mas ordilhas, so es assauer : exceptat aur et argent monedat et a monedar.....

Item plus, dotze marcs d'argent en tassas.....

Item, lo causit de dos hostaus, so es assauer : l'ung deus dos hostaus aquet que io hey feyt far, qui es cituat dauant l'ostau et chay de mon compay Martin Baquey, deuert dauant, ou l'ostau et chay qui es en la rua de la Rocella, ayssi cum es entre l'ostau de Maria Faure, d'una part, et l'ostau de Galharda Aygat, molher de Johan Bolhan, d'autra part, loquau que meys lo playra deusdeytz dos hostaus.

Item plus, huyt crambas appentis, qui sont cituadas eu loc apperat au Mirailh, lasquaus foran de Trenqua de Farguetas, ayssi cum son entre l'hostau deu Pilhart, d'una part, et l'hostau de las hereteyras de David de Junqueyras, d'autra part.

Item plus, tot so que io hey en la parropia de Blanquaffort en Medoc, cum son ; hostaus, terras, binhas, pratz, aubaredas, boscxz, bimeneys, pastenxz, paduens, landas.....

Item plus, donni et leyssi, empres ma mort, à *Pelegrina* Ayquem et *Audeta* Ayquem, mas filhes, per la part et portion a cascuna d'eras, milh liuras de ladeyta moneda, so es assauer : à cascuna sincq centz et maridatge et autras cincq centz per mectre et emplegar à crompar terra o cens o renda, etc., et en aqueras milh liuras de ladeyta moneda a cascuna d'eras per myn dadas et leyssadas, las faue mas hereteyras particulars, etc.

Item plus, ordeni et bulh que lasdeytas mas filhas sian bestidas et causadas ben et honorablement.

Et quar institution de heretey ou hereteys es cap et fundament de tot bon testament, ey feytz, instituitz et ordenatz mous universaris hereteys, so es assauer : *Grimon Ayquem* et *Perrin Ayquem*, mous filhs leyaus et naturaus, ey feytz, constituitz et ordenatz mous verays ordeneys et excqutors, sens lur dampnatge et de lurs bens et causas, so es assauer : los honorables Johan Gimel, Martin Baquey, marchantz de ladeyta parropia Sent-Miqueu et borgues de Bordeu, mossen Peys deu Grauar, prestre benefficiat et resident en la gleysa Sent-Miqueu de Bordeu, et ladeyta Ysaue de Ferranhas, ma molher.

Escriut per autruy man de ma boluntat, a Bordeu, lo sincquen jorn deu mes de julh l'an mil iiii^e. lxxiii.

Et feyta ladeyta publication deudeit testament, cum deyt es a la postulation et requesta de ladeyta dona Ysaue de Ferranhas et Grimon Ayquem, molher et filh deudeyt Ramon Ayquem, testayre.

Acta et concessa fuerunt hec Burdegale, in domo habitationis dicti testaris duodecima die mensis junii, anno Domini millesimo quadringentesimo septuagesimo octavo.

1474, 16 Mars. (De Artigamala, not.)

(*Arch. de la Gironde:* Notaires.)

Conoguda causa sia que Pey de la Porta, pelhey, de la paropia de Sent-Miqueu, a bendut et librat à *honorable dona Ysabe de Ferranhas, molher de honorable Ramon Eyquem,* de la paropia de Sent-Miqueu, tot aquet hostau am (avec) la terra qui es en ladeyta paropia de Sent-Miqueu au loc aperat sus lo fossat entro l'hostau de Ramon deu Luc, mercant, et l'hostau de Bernarda Moncucq, d'autra part... plus tot aquet trens de vinha en las gravas de Bordeu, am la terra, au loc aperat de Serpora, entro la vinha de Johan de Linyac d'una part et la vinha de Alfunse Ferrandès, d'autra part.

Dicta die. Vente par le même à la *même* de vignes en graves de Bordeaux à la Barreyra, au plantier de Pey Pinet, à la vigne de Johan Joffre.

1474. (De Artigamala, not.)
(*Arch. de la Gironde* : Notaires.)

Pey Ayquem et Arnaud Ayquem, frays, de Mérignac en Médoc, doivent 27 livres tournois à un marchand de Bordeaux pour prêt.

1475, 14 Juillet. (De Artigamala, not.)
(*Arch. de la Gironde* : Notaires.)

Honorable homme *Bernard de Bertulh,* marchand et bourgeois de Bordeaux, vend à *Ramon Ayquem,* marchand, 2 deniers d'exporle et 1 barrique de vin de rente « vin clar, fust et bin » que Pey Furt, de Maurian de Blanquefort, en Médoc, et les siens doivent, et en outre généralement tous ses droits sur l'hostau, vignes, casaux, etc., au loc aperat à Maurian, etc..., peur le prix de 24 francs bordelais.

1475, 9 Août.
(*Bibl. de Bordeaux* : Titres de la maison noble de Montaigne.)

Reconnaissance de hostau et terres, paroisse Saint-Pey de Bassens, en faveur de honorable homme *Raymond Ayquem,* marchand et paroissien de Saint-Michel et bourgeois de Bordeaux.

1476, 12 Février.. (De Artigamala, not.)
(*Arch. de la Gironde* : Notaires.)

Lebin Gibaut emprunte 400 francs bordelais à honorable dona *Ysabe de Ferraignes, molher de Ramon Ayquem.*

1477, Avril. (De Artigamala, not.)
(*Arch. de la Gironde* : Notaires.)

Vente par J. Bertrand et sa femme à honorable homme *Ramon Ayquem,* d'un bourdieu et hostau en la paropia Santa-Auladia, en graves de Bordeaux, au lieu dit à Trespiac, relevant du seigneur de fief Nicolas de Landa.

1477, 31 Juillet.

(*Arch. de la Gironde:* Chap. Saint-André, G, 390, fº 40.)

Contrat d'échange et permutation entre le chapitre et *Arnaud Bertrand* et *Martin Vaquey;* c'est à savoir que ledit chapitre bailla auxdits Bertrand et Baquey tout le droit de seigneurie qu'il avait au territoire et *cornau de Brilhan,* en la paroisse de Blanquefort; et pour récompense lesdits Martin Vaquey et Bertrand laissèrent au chapitre 25 livres de cens avec leurs exporles que promirent assigner en bon lieu, du dernier de juillet de 1477.

1477, 9 Août. (DE ARTIGAMALA, not.)

(*Arch. de la Gironde,* p. 36.)

Contrat de mariage de *Peregrina Ayquem, fille de honorable homme Ramon Ayquem,* avec Johan *Andron de Lansac,* senhor de Maurian.

Dot 400 livres, 30 livres de rentes, 3 pipes de vin de rente sur le loc de Maurian, etc., droit de retour en faveur de *Ramon Ayquem* et de ses successeurs « per assi que si Diu fasse son commandement de ladita Peregrina Ayquem... lesdits bien et causas retornaran audit Ramon Ayquem, à sous hers et orden. »

Datum *in parropia Blancaforti* in Medulco, *in domo habitationis honorabili Raymondi Ayquem,* Burdigal. burgens., die nona mensis augusti.

Teste nobiles viri Mondot de Sent-Avit, Burdigal. burgens., Jehan de Casterar, dominus ut dixit de Gayac et de Mota in Medulco, Menaud de Carlac, mercator Sancti-Michaëlis Burdigalæ, et Petro de Saltu, notar. public, paropiano de Blancaforti in Medulco.

1477, 10 Octobre. (De Artigamala, not.)

(*Arch. de la Gironde*, p. 36.)

ACHAT DE LA MAISON NOBLE DE MONTAIGNE.

I.

Burdegale decima octobris.

Conoguda, etc., que cum honeste home Guilheumus Duboys, paropiant de Julhiac en la castelania de Gensac, de la diocesa de Bazatz, agossa bendut et liurat, etc., à noble home Thomas Pontz, senhor de Clarmont, en la senescaucia et diocetz de Peyregues, aladonce présent, etc., totz aquets hostaus et maysons nobles apperats de Montaigne, en la paropia de Sent-Miqueu et de Balbeyo, en lo loc de Montravel et ensems am una binha, casau et prat, et aissi medis trentas liuras sous..... d'arenda..... et soma de trez cents reyaux daur,... cum plus clarament appar en la carta publica audida, si cum fo deyt, per mestres Gentilot et Thomas de Molis, notaris public..... so es assaver lo terme de tres ans primairament benentz, etc. Seguens amprès lo compliment de tota ladeita soma de tres centz reyaus daur, pendent lo quau terme lodeit senhor de Clarmont no agossa poscut rendre et bailhar audeit Guilhelmes Duboys tota ladeita soma...., et à causa deudit defalhiment lodeit Guilheumes Duboys agossa agud necessitad et indigentia d'argent per certans negociis à luy sobrebenguds, et agossa deyt audeyt senhor de Clarmont, que ed luy bole retornar tots losdeits reyaux d'aur   De Artigamala.

(Guilhaume Duboys avait vendu à Thomas Pons, seigneur de Clarmont, les maisons nobles de Montaigne et de Balbeyo, moyennant 300 royaux d'or. Mais celui-ci n'ayant payé que 120 royaux et l'échéance étant arrivée, Guilhaume Duboys ayant besoin d'argent pour ses affaires, rend au seigneur de Clermont les sommes qu'il a reçues, et celui-ci charge le notaire Thomas de Molis de rendre les maisons nobles achetées à Guilhaume Duboys.)

II.

(Eadem die. Ayquem. Ordinatum est alibi ad longum.)

Conoguda, etc., que lodeit Guilheume Duboys per sa bona voluntat a bendut et librat, etc., ben et liura, per tots temps, à honorable homme *Ramon Ayquem*, de la parropia de Sent-Miqueu, etc., de Bordeu, aqui medis pnt., etc., tots aquets deits *dos hostaus et maysons nobles apperats de Montaigne* et *de Balbeyo*, am tots lasdeitas bignes, terras, prats et molin, et am totas lurs autres deppendences et appartenences, existent en ladeita castellania de Montrebel, sian : rendas, sporlas, acaptes, agreiras et autres quausque sian, e etre puscan et deyan.....

..... Per la soma de nau cents francs bordales.... et lodeit Guilheume Duboys bailhet audeit Ramon Ayquem una pluma en senha de lo auer mes en possecion de las causas sobredeitas.....

..... Presentibus ibidem Andrea Beraud, Petro de More, Bernardo de Massayeriis, Sancti-Michaelis burdegalensis et Ugone de Leyraco, Sancti-Pessauxii in dominio Montisravelli, Petragoricensis diocesis, testibus, etc.

De Artigamala.

III.

1477, 30 Novembre.

Le discret homme Guilhaume Duboys, pour mettre *Ramon Ayquem* en possession réelle des immeubles qu'il lui a vendus, entre avec lui dans la maison de Montaigne et en sort. Ramon Ayquem y reste, ferme la porte aux verroux, il y boit et mange tant que cela lui plaît.

IV.

1477, 1er Décembre.

Même cérémonie dans la maison de Belbeyo; en outre, les tenanciers présents reconnaissent *Raymond Ayquem* pour leur seigneur :

Et feytas et autreyadas lasdeytas reconoyssensas et infeudacions en la forma et en la maneyra que deytes, tots los avendeits apperats dessus nompnats, aquimedis juraran l'un après l'autre, sobre los Sanctz Evangelis de Diu, corporaumentz toquatz de lurs mans dextras, en presencia deudeit Guilheume Duboys et de son exprès mandament et consentiment, rendre et pagar ladeita renda audeit senhor Ramon Ayquem, cum bray senhor de feu, car aissy lodeit Guilheume Duboys bolo et commandet estre feit, en présencia de min, notari public, et deusdeits testimonis, en acceptants lodeit *senhor Ramon Ayquem*, lurdits senhor, reculhen lo reverentement et honorablement, dizents una voce : Bos ceds nostre senhor de ffeu et per aquet nos confessam, dont bos seratz très ben bengut, et plusors autres parlauments et contenenzas a prepaus de las causas sobredeitas d'una part et d'autra.

1477, 18 Décembre.

(*Bibl. de Bordeaux* : Titres de la maison noble de Montaigne.)

Conoguda causa sia que Ramon deu Claus, paropian de la gleisa de Sent-Martin de Blanquaffort... a bendut... a honorable homme *Ramon Ayquem*, marchand, paropian de la gleiza de Sent-Miqueu de Bordeu... tot aquet trens de prat en la palu de Bordeu... au loc aperat à Gasquet... partibus ibidem Arnaldo Moncuq alias Dillac et Ranuddo Moncuq senior, paropian de Santi-Martini de Blanquaforti in Medulco.   Bartholemio Boron, notaire.

1478.

(*Arch. de la Gironde* : Saint-Michel, 449, f° 131.)

S'ensuyvent les anniversaires fondés par feu *Raymond Ayquem,* en son vivant seigneur de Montaigne, qui se doibvent lire, chanter et célébrer solempnelement a diacre et soubz-diacre perpétuellement par les vicaires et bénéficiés en l'esglise Sainct-Michel de Bourdeaux, avec visitance sur sa sépulture quest *en la chapelle de Sainct Clou* en ladite esglise, esquels susdeits anniverseres doibvent faire sonner et faire assavoir aux héritiers dudit feu Eyquem côme le tout appert par deux cartes sur ce faictes, l'une datée du xxviii jour d'apvril mil quatre cent soixante et troys receu par Hélias de Jadanot et l'autre datée du vii⁰ jour de fébvrier mil quatre cent septante et huict recueue par M. Droynelli, notaire.

Et premièrement :

Le sixiesme jour de janvier ;
Le douziesme jour de febvrier de l'office des appostres ;
Le sixiesme jour de mars ;
Le douziesme jour d'apvril de l'office des quatre évangélistes ;
Le sixiesme jour de may ;
Le douziesme jour de juing de l'office des mortz ;
Le sixiesme jour de juillet ;
Le douziesme jour d'aoust de l'office de Nostre-Dame ;
Le sixiesme jour de septembre ;
Le douziesme jour d'octobre de l'office des angelz ;
Le sixiesme jour de novembre ;
Le douziesme jour de décembre de l'office des vierges.

1480. (DE ARTIGAMALA, not.)
(*Arch. de la Gironde.*)

Baudinot Melon et sa femme vendent à Bernard de Sauros, marchand, une maison rue de la Rossella entre l'hostau de noble homme Estève Macanan d'una part et l'hostau de *Ramon Ayquem, deffunct,* d'autra part ; et dura en long de ladeita rua de part davant de l'un cap, intro à la yma de la mar de part detràs. Témoins : Pierre de Bosco, notaire, et Jehan Reybo.

1485, 12 Janvier et 7 Avril.
(*Bibl. de Bordeaux :* Titres de la maison noble de Montaigne.)

Conoguda causa sia que... lo noble home Amaniu d'Arsac, ciutadan et borguès de Bordeu....a vendut et livrat.... à honorable homme Jaubert de Chicque, ciutadan de la paropia de Sent-Pey de Bordeu...tot aquet hostau et casau... aperat de la Saubageta aliàs de Monadey..qui es en la grand rue de Sent-Symeon... per lo pris et per la soma de dotze cents francs bordalès..... Johanne Ramundi, notaire public.

Dabant nos Nicolas Raffanam et Jehan Bossay, conseillers du Roy nostre seigneur en sa Court de Parlement à Bordeaux et commis de par icelle depputés en ceste partie *Ysabeau de Ferraignes dame Danglade,* demanderesse sur l'entérinement de certaine requeste par mestre Pierre Baulon, son procureur d'une part, et mestre Jehan Raymond, notaire, deffendeur opposant personnellement, assistant auec luy mestre Clement le Cauchoys, son procureur... lodit Baulon a requis que le defendeur fut par nous contrainct à laisser lo doble de la carte come feu Amaniu d'Arsac, senhor de Monadey, a vendut à Jaubert de Chicques certaines agryères et autres choses déclairées en icelle pour s'en ayder au procès qu'elle a en ladite Court avec ledit de Chicques..... (Il est ordonné que le double sera fait.) Datum pro copia. Signé : Ramundi.

Lo 7° jorn d'abril 1485.

1486, Avril. (DE Bosco, not.)
(*Arch. de la Gironde*, p. 107.)

Conoguda causa sia que Rohart d'Arrodau, paropian de Meyrinhac en Médouc, per sa bona voluntat, a bendut à *honorable home Grimon Ayquem, marchant,* tot aquet trens de terra... en la paropia de Meyrinhac au loc aperat Arnaud Dassa, entre la terra deudeit comprador, d'una part, et d'autra o fossat d'Arnaud de Lescalc et à... la terra de *Martin Ayquem,* d'autra part.

1486. (De Bosco, not.)

(*Arch. de la Gironde*, p. 118.)

Achat par *Grimon Ayquem* de terres en la paroisse de Saint-Laurent en Médoc, au loc aperat au Bernet, près la terre de Nolot et Pey de Gibran.

Achat par *le même* de terres à Mérignac.

Achat par *le même* d'une maison à Bordeaux, rue du Caffernan.

1486, ultima May. (De Bosco, not.)

(*Arch. de la Gironde*, p. 118.)

Transaction entre M.-Me *Henry de Ferraignes*, conseiller du Roi en la Cour de Parlement, et noble Jehan de La Motte de Cambes, seigneur dudit lieu, à raison de la succession de noble damoiselle Magdalena de La Motte, sœur de Jean de La Mothe et femme, quand vivait, dudit Henri de Ferraignes.

1486. (De Bosco, not.)

(*Arch. de la Gironde*, p. 158.)

Nobla damisella Magdalena de La Motha, molher qui ffo de mons. mestre *Hanry de Ferraignes*, licencié en lois et conseiller du Roy nostre seigneur en sa Court de Parlement de Bourdeaulx.

1486. (De Bosco, not.)

(*Arch. de la Gironde*, p. 199)

Que Peyrot de Brusselay, fils de Gassiard de Brusselay, de la ville d'Ortès en Béarn, de l'âge de seize ans o environ per sa bona voluntat ses mes por demorar apprentis de *honorables hommes Grimon et Pey Agquem, frays,* merchands de Sent-Miqueu de Bordeu... loquau lesdits Grimon et Pey

Ayquem deuuent prendre... san et malaud, et ensegnar lo de marchandise a leur bon esleu et poder....

1487, 26 Mai. (De Bosco, not.)
(*Arch. de la Gironde*, p. 20.)

Conoguda causa sia que Martin d'Ortebac, paropian de Floyrac Entro-dos-Mars, deu à honorabla *dona Audeta Ayquem, molher de honorable homme Bernard de Bertulh,* la soma de 6 francs bordelais a resta de maior some à causa de la benda de una pipa de bin clar bon et marchand.

1487. (De Bosco, not.)
(*Arch. de la Gironde*, p. 29.)

Honorable homme *Grimon Ayquem*, marchand, donne en fief des vignes à Mérignac. 9 exporles.

1487. (De Bosco, not.)
(*Arch. de la Gironde*, p. 48.)

Noble homme *Grimon Ayquem,* seigneur de la maison de Montaigne et de Belbeys en la juridiction de Montravel, achète à Johan Garreau, de la paroisse de Saint-Peyssous en la seigneurie de Montravel, « tota aquera venta d'aïgue apera à la Graula. »

1487, 22 Octobre. (De Bosco, not.)
(*Arch. de la Gironde*, p. 52.)

Grimon et *Pey Ayquem, frays,* prêtent à Pey Bonnin, de la paroisse de Blanquefort en Médoc; ils prennent hypothèque sur sa terre, qui confronte à celles de Johan deu Porge, de Arnaud de Tastet, etc.

1487, 26 Octobre. (De Bosco, not.)
(*Arch. de la Gironde*, p. 52.)

Noble homme Grimon Ayquem, seigneur de la maison

noble de Montaigne en la seigneurie de Montravel, paropian de Sent-Miqueu et ciutadan de Bordeu (fief à Montaigne).

1487, Décembre. (De Bosco, not.)
(*Arch. de la Gironde*, p. 80.)

Contrat de mariage de noble demoiselle *Catherine de Ferraignes*, fille de feu M. M⁰ *Henry de Ferraignes*, en son vivant conseiller du Roi en sa Cour de Parlement de Bordeaux. *Grimon Ayquem* et Pierre de Lestonna, tuteurs des enfants de feu M⁰ Henry de Ferraignes.

1487. (De Bosco, not.)
(*Arch. de la Gironde*, p. 96.)

Grimon Ayquem donne en fief des vignes à Floirac.

1488, 21 Août.
(*Bibl. de Bordeaux*: Titres de la maison noble de Montaigne.)

Par dabant nos Novolot Revesque, jurat de la présente ville et ciutat de Bordeaus, ses comparit et presentat judiciaument en sa persone honorable home *Grimon Ayquem*, borguès de ladite ville, loquau nos a deyt et expausat que de ..... jorns eussent, Diu abe feyt son comandament per mort de feu *Pierre Ayquem*, son feu fray, et que ed deyt Grimon expausant et lodeit Pierre comme frays, generaus hereteys et universaux... deus bens demorats deu decès de feu Ramon Ayquem, leur pay, qui fo, eren demoran communs.

(Ysabe de Ferraignes, mère commune prétendant avoir en mains un testament de Pierre Eyquem, Grimond demande qu'il soit nommé un notaire pour partager la succession, et pour pouvoir accepter ou combattre le testament, s'il y en a un. Le jurat nomme M⁰ Galisson, notaire.)

1488, 28 Août

(*Bibl. de Bordeaux*: Titres de la maison noble de Montaigne.)

... Que por dabant nos Nolot Revesque, jurat de la presente ville et ciutat de Bordeaus judiciairement... personnes mestre Estienne Galisson, notaire... au greffe de nostre cort, et Johan de Sent-Miqueu, sergent... en aqueste partide per nos et nostre cort depputaty à la requeste de dame *Ysane de Ferranhes,* et de honorable homme *Grimon Ayquem,* son filh, an bailhat per devert nos et nostredicte cort, present ledit Ayquem certan... de papey contenant trente et dos fulhets de papey signats de cascune part subsignats de la man deudeit Galisson, disents que era l'inbentaire que eds aben feyt deus bens et causas mobles et no mobles que ledit Grimon et feu Pierres Ayquem, son fray, qui fo, aben et tenen en commun... affermant ledit commissaris per lur segrand que present am lodeit Grimon Ayquem, lo discret homme mossen Pey deu Granar, prestre, honorable homme Martin Vaquey, marchand, et mestre Peys deu Boscq, notaire, borguès de Bordeu, eds aben ben et degudament... et scriut mes per inbentare et eran compres et declarats dins ladite cadery de papey tot et cascuns los bens et causas mobles et no mobles que leur eran esté mostratz et que eds aven poscut trovar appartenents audit Grimon Ayquem et feu Pierres Ayquem quand bibe.....

(Demande de nommer des experts pour estimer lesdits biens.)

Sur ce... ladite requesta... nos volent a daguerra obtemperar come a dreyt et rason consonnante aben autrayat et autrayan commissaris per estimar et appreciar losd.... tant mobles que no mobles. So es assaver honorables hommes Johan Gimel lo plus belh, jurat, Bernard de Bertulh... et Thibaud Bec, marchands et borguès de Bordeu.

1488/9, 11 Mars. (Galisson, not.)

(*Bibl. de Bordeaux* : Titres de la maison noble de Montaigne.)

'A esté présente et personnellement... *femme* de noble homme *Johan d'Anglade,* chevalier, seigneur dudit lieu d'Anglade, laquelle... son procureur général et messager spécial mestre Pierre Du Boys, notaire... donne plein pouvoir, autorité et mandement spécial pour comparoir... de Sainct-Eliège pour avoir à approuver et ratifier toutes et chacunes les requêtes et supplications... *Grimon Eyquem,* son filh, touchant l'inventorisation des biens meubles et immeubles estant en commun entre ledit Grimon Eyquem et Pierre *Eyquem* frères, au temps qu'il vivait...

Témoins : Pierre Du Grana et Helies Bouc, prestres, résidants et beneficiers de l'église Saint-Michel de Bordeaux.

1490, 12 Avril. (Tortaty, not.)

(*Arch. de la Gironde* : Notaires.)

Testament de « lo discret homme mossen *Peyre Ayquem,* caperan de la nobla et puissante barona donna Catharina de La Landa, volant, affectant et desirant far lo bon proffyct et salvation de la sua arma en anant romiu à mossen senhor Jacmes en Galice, a feyct son darrey orden et sa darneyra boluntat et testament, so es assaver... » Il institue pour héritier général et universel « *Guilhem Ayquem,* son fray ».

1491. (De Bosco, not., p. 60.)

Noble dame *Ysabeau de Ferraignes,* veuve, femme qui fut de feu Johan d'Anglades, cavaley, senhor deudit loc et de Baleyron, donne à fief des aubarèdes à Quinsac.

1491. (De Bosco, not., p. 108.)

Estiban Sobnuch, fils de Jacmes Sobnuch, marchand, de la ville de Stocnerland, en la contat de Seussex, au royaulme d'Engleter, doit à Johan de Labat, factor de honorable homme *Grimon Ayquem,* borguès de Bordeu, et à Peyrot de Brasselay, son sendor (?), la somme de 487 livres bourdelois et 10 ardits, reste de plus forte somme, pour la vente de 26 pipes de pastel qui avaient été chargées sur le navire *le Nicholas* de Saint-Oze, capitaine Robert Harris.

1492-93.
(*Arch. de la Gironde* : Notaires.)

Guilhem Ayquem, du Taillan.
Arnaud Ayquem, de Mérignac.
Héliot Ayquem, de Quinsac.
Aubert Ayquem, de Labarde en Médoc, vend une maison paroisse Saint-Michel de Bordeaux, rue Transversane.

1494, 17 Mai.
(*Bibl. de Bordeaux* : Titres de la maison noble de Montaigne.)

Huguet Baudusseau et Guiraude de Sainctorens, sa femme, reconnaissent devoir à honeste homme Johan de Labat, marchand, facteur, et comme *facteur de noble homme Grimon Ayquem,* bourgeois de Bordeaux, de la paroisse de Saint-Michel, la somme de 40 fr. bordelois pour prêt. Donnent hypothèque.

1495, 22 Juin.
(O'Gilvy, p. 25, 3ᵉ vol.)

Le lundi 22 juin 1495, au château de Vic, diocèse de Lectoure, sénéchaussée d'Armagnac, devant Michel Cabannes, clerc, notaire public, contrat de mariage de noble Johannès de Gièras avec damoiselle Catherine de Béarn, fille de Jehan de Béarn, seigneur de Bonnegarde. Parmi les témoins : *Paul de Lopes,* médecin du comte d'Armagnac.

1496, 4 Mars. (Pierre Daney, not., fº 13 vº.)
(*Arch. de la Gironde*: Chapelle du Gravilh, à Bègles.)

Pey Andraud et Johan Eyquem tiennent en fief :

... Tot aquet trens de prat qui es en la palu de Bordeu au loc aperat à las Madères,... entre lo prat de Guiraud Vert d'una part, et lo prat de Pey de Colinhan, d'autra part; et dura e ten en long des marex de la palu de l'un cap, entro à la rolha devers la jala de l'autre cap.

1496, 24 Octobre.
(*Bibl. de Bordeaux*: Titres de la maison noble de Montaigne.)

Vente par honorable homme Micheau Lande, à dame *Ysabe de Ferranhes,* sa dona, d'une maison en la rue de la Rousselle, vers le port du pont Saint-Johan, donnant sur la rue de la Rousselle, d'une part, et sur la voie publique du port du pont Saint-Johan, d'autre. Prix : 1,200 fr. bordelois.

Témoins : honorable homme Bernard de Bertulh, le seigneur Jehan de Bellegarde et le seigneur Jehan du Pont, prêtres, et Bartholomé de Bon-Nouel. Jehan Pinard, notaire.

1497, 3 Octobre. (De Bosco, not., p. 56.)

Conoguda causa sia que honorables homes *Grimon Ayquem* et *Pierre de Lestonnac, marchands, bourguès* de Bordeu, comme *tuteurs de Johan de Ferraignes,* mineur d'ans, donnent à bail à Johannot de Pont-Castel, aussi marchand, un emplacement sur l'estey du pont Saint-Jean.

1497. (De Bosco, not., p. 56.)

Accensement et afferme d'un moulin à Bègles sur l'eau-bourde par *Johanna deu Forn, damoiselle, femme de Grimon Aiquem,* comprenant le moulin à eau, ses dépendances et trois mules; moyennant un quart de farine tous les vendredis, et le droit pour ladite dame de faire moudre, sans bénéfice pour le meunier, tout le froment qu'elle lui enverra pour le service de sa maison.

1497, 29 Décembre. (DE BOSCO, not., p. 56.)

Conoguda causa sia que... personnellement establits honorable home *Grimon Ayquem*, marchand, de la paroisse de Sent-Miqueu de Bordeu, au nom et come obrej et fabriqueur de l'obre et fabrique de la gleiza de Sent-Miqueu de Bordeu, d'una part; et Estève de Pontac, estanhey, et Marie de Biron, sa molher, de ladite paroisse.

Échange d'une maison appartenant à la fabrique et située paroisse Saint-Michel, rue Neba, pour une maison au « poyadeuy de la Grava. »

1499, 3 Décembre.

(*Bibl. de Bordeaux*: Titres de la maison noble de Montaigne.)

Honorable home *Pey Ap*, deffunt, paroissien de Santa-Coloma de Bordeaux, avait acheté aux religieux du couvent des frays predicadors un bordiu en l'ille de Maquau, pour dotze cents francs bordalès. Sa fille Billone Ap paie le solde du prix d'achat par les mains de mestre Johan Carle, clerc de la présente ville et ciuté de Bordeu, et de Menjon de La Ripau.

1500, 3 Mai.

(*Bibl. de Bordeaux*: Titres de la maison noble de Montaigne.)

Pierre Palloc et Jacques Baussay, conseillers au Parlement, commissaires dans un procès entre *Grimon Ayquem*, seigneur de Montaigne, et Berthomé de Diuzaide, seigneur d'Aguilhe.

1502, 14 Janvier. (MILITIS, not.)

Dame *Yzabeau de Ferraignes* afferme une maison rue Dieu, paroisse Saint-Rémy.

1503, 13 Janvier.

(*Arch. de la Gironde* : Chapelle du Gravilh, à Bègles.)

Johan Martin et *Johanna Eyquem,* marit et molher, de Meyrignac, ont reconnu en faveur de Arnaud de Bedat, clerc, caperan d'una caperania instituida et fondada dans la gleiza de Sent-Pey de Bègle par Johan de Gravilh.

Tot aquet trens de prat et terra... qui es en la pallu de Bordeu au loc aperat à las Maderas, aussi com es et se confronte : entre lo prat de Morin de Bachay, d'una part; lo prat de Meric Vert feu deudit senhor, d'autra part; et dura et ten en long de la raux de ladeita pallu de l'un cap; entro à la rolha au cap dessus dever la jala de l'autre cap.

1504, 17 Janvier. (Sénéchaut, not.)

(*Arch. de la Gironde* : Notaires.)

Contrat de mariage : Billone Aysselin, fille de honorable dona *Auda deu Four,* avec honorable Guilhem de Lestonnac, fils de honorable home Pierre de Lestonna, marchands et bourgeois de Bordeaux.

Témoins : Johan de Carle, in utroque jure doctor, et clerc de ville de la cité de Bordeaux. *Grimond Ayquem,* noble homme Pothon de Ségur, seigneur de Francs, Guilhem de Campaigne et Gaucemot Pilet, marchands.

1505, 22 Septembre.

(*Bibl. de Bordeaux* : Titres de la maison noble de Montaigne.)

Concession par les maire et jurats de Bordeaux à *Grimon Ayquem,* paroissien de Saint-Michel, de deux places de terre de vingt pas de large contre les padouens de la ville.

1507, 20 Mars. (Sénéchaut, not.)

(*Arch. de la Gironde* : Notaires.)

Testament de Bernard de Vertheuil :

Honorable homme Bernard de Bertulh, paropian de Sent-

Miqueu, lègue : à Sérène de Bertulh, sa nébode, 5 livres ; aux héritiers de mestre Pey deu Bosc, notaire ; à Ysabe de Vertheuil, sa fille, mariée à Johan deu Fleix ; à Johanna et autre Johanna, ses filles, pour les marier ; à Blanquine de Bolhon, sa deuxième femme ; à Guilhelmine de Mons, sa may ; à Gailhardine de Vertheuil, sa fille, mariée à Bertrand de Laffargue.

Il veut que sa veuve et ses filles non mariées aillent habiter sa maison de Fulhas.

Héritier universel Johan de Bertulh, son fils.

Exécuteurs testamentaires : honorables homes *Grimon Ayquem*, Guilhem de Salinhac, Bernard deu Fleix, et ladeita sa molher.

1507, Avril.

(*Bibl. de Bordeaux* : Titres de la maison noble de Montaigne.)

Procédure d'un procès au Parlement de Bordeaux entre *Grimon Eyquem*, seigneur de Montaigne, et l'archevêque de Bordeaux.

1507, Avril. (Militis, not., f° 168).

(*Arch. de la Gironde* : Notaires.)

Acte d'achat par le couvent de l'Observance de Bordeaux d'une maison avec jardin « au loc aperat Campeyran », paroisse de Puypaulin, « dins lou foussat de la villa, entro la plasa et l'ostau de *Grimon Ayquem*, d'une part, et lo camyn comunau, d'autra part. »

1508, 4 Novembre.

(*Bibl. de Bordeaux* : Titres de la maison noble de Montaigne.)

A tous ceux qui ces présentes lettres verront, le garde du scel et contre-scel royaux, établis aux contrats en la ville et cité de Bordeaux pour le Roy nostre Sire, salut. Comme par le décès et trépas de feue noble dame *Yzabeau de Ferraignes*, soit advenu et echeu par succession, et par suite de

division entre les héritiers de ladita feue dame sçavoir.....
à *Grimon Ayquem*, fils de ladite dame de Ferraignes, dix livres de rentes sur une maison située rue Puits-des-Cazaulx, etc.

Aux enfants mineurs de feue *Ysabeau de Bertulh*, femme en son vivant de honeste home *Jehan du Fleix*, et fille de feue *Audete Ayquem*, fille de ladite dame Isabeau de Ferraignes, des chays et places aux Chartreux et des biens situés dans la terre et seigneurie de Blanquefort. Echange entre Grimon Ayquem les enfants de Jehan du Fleix représentés par Bernard du Fleix, leur grand-père.

1508, 27 Novembre. (Turpaud, not., p. 497, 3.)
(*Arch. de la Gironde.*)

Règlement de comptes après le décès de noble dame Ysabeau de Ferraignes, entre noble homme *Grimon Ayquem*, citoyen de Bordeaux, fils de celle-ci et les enfants mineurs d'Ysabeau de Vertheuil, fille d'Audeta Ayquem, fille elle-même d'Ysabeau de Ferraignes.

1509, 17 Avril.
(*Arch. de la Gironde* : Notaires.)

Ratification de la vente de la maison noble de Montaigne envers Grimond Eyquem par les héritiers de Guilhem Duboys, moyennant le paiement d'une somme de 120 livres fixée par arbitres.

1510, 4 Avril. (Jacques Devaulx, not.)
(*Arch. de la Gironde* : Notaires.)

Anthoyne Lopes de Villeneuve et Guillaume Perle, facteurs de Guiraud Ebrard, de Toulouse, chargent des vins pour l'Irlande et du pastel pour l'Espagne.

1510, 4 Avril.

(*Arch. de la Gironde* : Notaires.)

Par arrêt du Parlement rendu au rapport de honorable homme M. M⁰ Pilet, conseiller du Roy en sa Court de Parlement de Bordeaux, la Cour avait confié à noble homme Grimon Eyquem, seigneur de Montaigne, la garde en dépôt de 350 livres de poivre appartenant au roi de Portugal. Grimon lui-même en avait chargé honorable et discrète personne M⁰ Dominique Ram, docteur en droit, avocat en la Cour. Noble homme Pierre de Calasso, procureur du roi de Portugal, en prend livraison.

1510, 14 Mai. (Jacques DEVAULX, not.)

(*Arch. de la Gironde* : Notaires.)

Afferme des revenus des maisons nobles de Montaigne et de Belbeys par noble *Grimon Ayquem*, écuyer, seigneur desdites maisons, pour le prix de 300 francs bordelais par an.

1511, 23 Octobre. — Arrêt du Parlem. de Bordeaux.

(*Arch. de la Gironde* : Parlement, B, 9.)

Entre maistre Jehan de Vaignolles, notaire et secrétaire du Roy nostre Sire, et l'un des quatre notaires de la Court de Parlement à Paris, demandeur et requérant l'exécution de certain arrêt rendu par la Court, d'une part ;

Et *Grimon Ayquem* et Symon Bouloys, marchand et bourgeoys de la ville et cité de Bourdeaulx, défendeurs à l'exécution dudit arrêt, d'autre.

Veu ledit arrest prononcé le treiziesme jour d'aoust dernier passé, les cédules, pièces et productions des parties, et oy le rapport du commissaire à ce commis et depputté, il est dit que la Cour a condamné et condamne ledit Bouloys à payer et bailler réellement et de faict audit de Baignolles pour les quatre pipes et demye de pastel, lesquelles il a été condamné pour sa moytié trente six francs bourdelois, pour chacune pipe... qu'il achapta pour semblable pris et some au temps qu'il fut mis par forme de deppos à la maison dudit Ayquem. Et en tant que touche ledit Ayquem, icelle Court a ordonné et ordonne qu'il nompmera de son cousté deux marchands, et aussi ledit de Vaignolles deux autres de son cousté, gens de bien, experts, non suspects ni favorables à l'une ou à l'autre desdites parties, qui estimaront et edvalueront combien valloit la pippe de pastel à douze florins d'assay en l'an mil cinq cents, et ce devant le commissaire nommé par la Court.....

1512, 11 Mars, 4 Juin.

(*Bibl. de Bordeaux* : Titres de la maison noble de Montaigne.)

Pièces relatives au dépôt d'une somme de 10,641 livres, ordonné par le Parlement entre les mains de *noble Grimon Ayquem*, seigneur de Montaigne, dans un procès entre Charles de La Tremouille, prince de Talmont, et dame Louise de Coetivy, dame de Taillebourg, sa femme, contre Anthoine de Montbéron.

1512, 2 Octobre. — Arrêt du Parlement de Bordeaux.

(*Arch. de la Gironde* : Invent. du chap. Saint-André, G, 398 ; — Reg. du Parlem., B, 11.)

Entre messire Jehan de Foix, archevesque de Bourdeaux, demandeur à l'entérinement de certaines requestes, d'une part ; — les doyens chanoynes et chapitre de l'église métropolitaine dudit Saint-André de Bourdeaux ; — et Arnauld de Pontac, *Grimon Eyquem* et Pierre Beloys, fermiers dudit archevesché, défendeurs à ladite requeste, d'aultre ;

Ouys les procureurs desdites parties, la Court a ordonné et ordonne que lesdicts de Pontac, Eyquem, Beloys, fermiers susdicts, seront contraincts bailler et reconnaître debvoir audict demandeur la somme de douze cents livres tournois sur la somme de deux mille livres, ordonnée par cy-devant, chascun an, et les bailler du revenu dudict archevesché audict chapitre pour les reparations de ladicte église et sur ceste année. Faict à Bourdeaulx en Parlement, le second jour d'octobre l'an mil cinq cent et onze. Ainsi signé : de Marcillac.

1512.
(*Arch. de la Gironde :* Reg. du Parlem., B, 11.)

Arrêt interlocutoire relatif à la revendication par Pierre de Lacomme d'une maison occupée par *Grimond Eyquem.*

1513.
(*Arch. de la Gir.nde ;* Reg. du Parlem., B, 12.)

Arrêt interlocutoire au sujet d'arrérages de fermes entre messire Jehan de Foix, archevesque de Bordeaux, et Arnaud de Pontac, *Grimond Eyquem* et Pierre Beloy, fermiers assesseurs de l'archevêché.

1516, 19 Février. (Donzeau, not.)
(*Arch. de la Gironde :* Notaires.)

Anthoyne Loppes de Villeneufve, de la paroisse Saint-Remy de Bordeaux, loue une maison en la grant rue dessus le foussé de Trompette.

1517, 18 Mai. (Bonnet, not.)
(*Arch. de la Gironde :* Notaires, 67, 3.)

Testament de honeste homme Bernard de Hiriard, marchand et bourgeois de Bordeaux. Il désire être enseveli dans l'église Ste-Colombe... Il déclare qu'il a accensé la seigneurie de Veyrines à *M. de Montaigne,* mais que celui-ci ayant été empêché d'en percevoir les rentes, il désire que sa femme ne lui réclame que celles qui auront été payées.

1517, 2 Juin. (Donzeau, not.)

Testament de Valentine Gazelle, veuve. Elle ne nomme ni mari, ni parents, et institue pour héritier général et universel *Bertrand de Loppes,* barbier, demeurant en la paroisse Saint-Remy.

1517, 23 Juin. (Peyron, not.)

Procuration à noble homme *Grimon Ayquem,* seigneur de Montaigne, par maître Jehan de Vivant, prêtre, curé de Blanquefort, protonotaire apostolique et aumônier du Roi, en ce moment à Paris.

1517, 17 Septembre. (Donzeau, not.)

A Bordeaux, le 17e jour du mois de septembre 1517, personnellement estably *Bertrand de Loppes, barbier,* héritier de feu Valentine Gazelle, vefve, vend à Philippe d'Andureau, prêtre, une maison, paroisse Saint-Mexent, rue Notre-Dame, pour 50 francs bordelais.

1517, 4 Novembre. (Brunet, not., 67, 3.)

Exporle pour des vignes à Bouliac (Entre-deux-Mers), au lieu de Mathacolon, appartenant à noble homme *Grimon Ayquem,* seigneur de Montaigne et de Mathacolon.

1517, 12 Décembre. (Donzeau, not.)

Honorable homme *Anthoyne de Louppes* dict *de Villeneufve,* marchand, paroissien de Saint-Remy, afferme des terres.

1518, 10 Juillet. (Nicolas Moreau, not.)

Association pour l'élève du bétail dans la palu de Bordeaux, entre noble homme *Grimon Ayquem,* seigneur de Montaigne, et Gassiot Hosten, de Saint-Martin de Pessac. Ce dernier reconnaît avoir reçu 92 têtes de gros bétail.

1519, 18 Avril.

(*Bibl. de Bordeaux* : Titres de la maison noble de Montaigne.)

Quérimonie adressée par le pape Léon X à l'official de Bordeaux, sur la requête de Pierre l'aîné, Thomas, Pierre plus jeune et Raymond *Ayquem,* fils et héritiers de feu Grimande Ayquem et Johanne Du Fourq, se plaignant de ce que certains de leurs parents leur cachent et dissimulent les biens provenant de l'hérédité de leurs père et mère.

1519, 30 Décembre. (Delas, not.)
(*Arch. de la Gironde* : Arch., G, 304.)

Hommage rendu par noble Pierre Eyquem de Montaigne pour les maisons nobles de Montaigne et de Belbeys à révérend père en Dieu messire Jehan de Foix, archevêque de Bordeaux.

1520, 21 Octobre. (Hilaire Dervault, not., f° 39.)

Règlement de comptes entre Jaquette Constantin, fille de noble homme Baude Constantin et veuve de M. M° Jehan de Carle, quatrième Président en la court de Parlement de Bordeaux.

Témoins : M° Ramon de Grenouilhac, docteur en médecine, et noble homme *Pierre Ayquem,* seigneur de Montaigne.

1520, 20 Novembre. (Donzeau, not.)

Charte-partie. Chargement par *Anthoyne Louppes* de Villeneufve, de pastel à ordre de *Pierre de Loppes* et de Marie Lopes de Vitory.

Id., id. Chargement par le même, de 383 balles de pastel, au nom de *Pierre Loppes de Tholouze.*

1522, 2 Juin. (Cochet, not., 104, 1.)

Honorable homme Louis Vézian, marchand et bourgeois de Bordeaux, agissant comme tuteur de Pierre et de Ramon

Ayquem, enfans de feu *Grimond Ayquem*, écuyer, seigneur de Montaigne, donne à ferme des prairies leur appartenant, dans la paroisse de Tresses (Entre-deux-Mers).

1522, 2 Septembre. (Guill. PAYRON, not., f° 140.)

Sire Louis Bezian, marchand de Bordeaux, tuteur de Pierre le jeune et Raimond Ayquem, fils de feu *Grimond Ayquem,* seigneur de Montaigne, donne à ferme un bourdieu sis à Blanquefort, au lieu de Bouglon.

1523, 5 Février. TORREU, not., f° 3; 4ᵉ terrier.)

Honorable homme Loys Bezien, marchand, comme tuteur de *Pierre* et *Raymond Aiquem,* enfants de Grimond Aiquem, a reconnu tenir en fief du prieur et du collége Saint-Raphaël de Bordeaux : « tot aquet hostau, apentis, chays et yssida, en la rueta aperada de Montaigne, per darrey, qui es en la paropia de Sent-Miqueu, en la rua aperada de la Rossella. Confrontant à la maison de Hieronyme de Labatut et lo chay de Symon Boloys, d'una part, et la maison et estable deusdits minors Aiquem, d'autra part; dura et ten en long de ladeita rua de la Rossella de part davant de l'un cap, entro au chay et graney de Pey Aiquem, senhor de Montaigne, fray deusdits minors, de par darrey de l'autre cap.

Au devoir de 2 sols bordelois d'exporle et de 25 francs bordelois de cens, au terme de Toussaint.

1523, 13 Mars. (LAURENT, not.)

Obligation de 250 livres par Jehan Peyron, marchand de Marmande, à noble homme *Pierre Eyquem,* écuyer et seigneur de Montaigne.

1523, 18 Juin. (DONZEAU, not.)

Guilhem de La Taste, marchand et bourgeois de Bordeaux, vend à noble Jehan Daste, écuyer, une maison et jardin avec puits, située paroisse Saint-Remy, dessus les foussés de Trompette, confrontant d'un côté à la maison de *sire Anthoyne Loppes de Villeneufve*... Fait et passé en la ville et cité de Bourdeaulx, en présence de Martin Bilhonet, marchand, et de *Bertrand de Loppes*, barbier, de la paroisse Saint-Remy, à ce appelés et requis, le 18ᵉ jour du mois de juin 1523.

1524, 26 Mai. (DONZEAU, not.)

Johan d'Arracheste, maître après Dieu de la caravelle *la Sainte-Catherine de Vilvao*, chargé par *Pierre de Villeneufve*, marchand; 80 tonneaux de vin pour Flandres.

Id., id. *La Sainte-Marie de Vilvao*, affrétée par le même.

1525, 31 Juillet. (DONZEAU, not.)

« Instrument entre MMᵉˢ Robert de Las, Estienne Eymar, » Jehan Millanges et *Anthoine Loppes de Villeneufve*. »

M. Mᵉ Robert de Las, avocat du Roi en Guienne, avait cédé son office à Estienne Eymar, pour 3,500 livres. Il reçoit cette somme des mains de Anthoine Loppes de Villeneufve, en une lettre de change sur Bartholomé Pauchati, banquier de Lyon, ledit Anthoine Loppes payant pour ledit Deymar à raison du mariage projeté entre ledit Deymar et la fille d'Antoine de Louppes. Si le mariage n'a pas lieu, ladite somme sera restituée.

Témoins: M. Mᵉ Dominique Ram, docteur en cascun droit, et Raymond de Granoilha, docteur en médecine.

1526, 25 Février. (LACOULX, not. à Cambes.)

Vente par *Pierre Eyquem*, écuyer, seigneur de Montaigne et bourgeois de Bourdeaulx, à messire Anthoine Gobelh, prêtre, de vignes situées en la paroisse de Cambes.

1527, 23 Avril. (Donzeau, not.)

1° Anthoine Loppes de Villeneufve, bourgeois et marchand de Bordeaux, charge 480 balles de pastel pour l'Espagne.

2° Il fait divers autres chargements pour le port et hâvre d'Anvers à l'ordre de Pierre Loppes d'Anvers, marchand.

1527, 5 Septembre. (Donzeau, not.)

Arbitrage entre Anthoine Loppes de Villeneufve, marchand, et Martin de Castille, pour des marchandises que ledit Castille avait en charge pendant qu'il demeurait avec ledit de Villeneufve... Les arbitres ordonnent que Castille rendra compte dans trois mois du sel et autres marchandises qu'il a reçues ou qu'il fournira les comptes de honorable homme Pierre Loppes de Flandres, pour lequel il confesse avoir reçu.

19 octobre. Charte-partie de 764 balles de pastel pour le port d'Anvers, à l'ordre d'honorable Pierre Loppes, marchand, demeurant audit lieu.

Id., id. 1,082 balles pour le même.

Décembre. Martin Allaux, maître après Dieu du navire *la Bonne-Aventure*, et autres, ont reçu de Antoine Loppes de Villeneufve :

480 balles pastel pour délivrer au port et hâvre d'Anvers, à Pierre Loppes, marchand à Anvers ;

900 balles pour Bilbao ;
880	id.	Londres ;
141	id.	Pierre Loppes à Anvers ;
219	id.	Londres ;
670	id.	Bilbao ;
400	id.	Londres ;
1031	id.	id.
840	id.	id.

et délivrer aux cy-dessous nommés en la forme que s'ensuyt, à Jehan Daratia ou à Francisco Lopes d'Arviano, pour en faire la volonté d'honorable Pierre Loppes, marchand dudit lieu.

1527, 6 Septembre. (Donzeau, not.)

Jacques de Chimènes, fils de feu Jacques Chimènes, en son vivant docteur en médecine... après avoir prêté serment d'être majeur de 25 ans, reconnaît avoir reçu de sire Jehan Loppes, demeurant à présent à Saragosse, au royaume d'Aragon, absent et représenté par honorable homme Pierre du Sault, marchand et bourgeois de Bordeaux, les sommes qui lui revenaient pour la tutelle qu'a eue de lui ledit Jehan de Louppes.

1528, 16 Mai. (Donzeau, not.)

Noble *Pierre Ayquem*, écuyer et seigneur de Montaigne vend à Guillaume Berliquet et Arnauld Chenault, une maison à Libourne, en la grant rue, par laquelle on va et vient du port au marché de ladite ville.

1529, 27 Mars. (Guill. Payron, not., f° 4 v°.)

Quittance à noble homme Pierre Ayquem, seigneur de Montaigne, d'une somme reçue par les mains de Thomas Ayquem, son frère, avocat au Parlement.

1529, 27 Mars. (Guill. Payron, not., f° 7.)

Location par Mᵉ Thomas Ayquem, avocat au Parlement, d'une tour appelée la Tour de Brisson, qui est sur la muraille de la ville.

1529, 4 Juillet. (Donzeau, not.)

Sire Anthoyne Loppes de Villeneufve cède à Ysabeau (Béatrix), sa fille, femme de M. Mᵉ Estienne Eymard, avocat du Roi en Guienne, une somme qui lui est due par damoiselle Marguerite de La Rochechaudry, femme de M. de Rostaing.

1530, Novembre. (DONZEAU, not.)

Divers achats par Antoine de Louppes, à Bouliac, à Tresses, au Moulin d'Ars.

Divers chargements dont :

1,000 balles pastel pour Londres à Francisco Loppes d'Arbiano.

1530, 9 Novembre. (CHAUVIN, not.)
(*Arch. de la Gironde* : Archevêché, G, 304.)

Noble Pierre Eyquem, seigneur de la maison noble de Montaigne, en la paroisse de Saint-Michel, juridiction de Monravel, a fait hommage à Mgr l'archevêque (de Grammont) des maisons nobles de Montaigne et Balbeyon.

1533, 30 Décembre. (BRUNET, not., 67 v°.)

Vente par noble homme Bernard de La Taste, escuyer, de la paroisse Saint-Michel et bourgeois de Bordeaux, à honnête homme Sauvat Datyn, marchand de la paroisse Sainte-Colombe, d'une maison, en la garlande du marché, entre la maison des héritiers de feu noble homme Grimond Ayquem, seigneur de Montaigne, et celle de Marye Mont, femme de Pierre Caryneau.

1533, 7 Février. (LORTIC, not.)

Achat par M. Me Pierre Ayquem, licencié en droit, avocat au Parlement de Bordeaux, de dix douzaines de barriques neuves, au prix de 8 fr. la dozêne.

1533, 17 Août.
(*Bibl. de Bordeaux* : Titres de la maison noble de Montaigne.)

Présentation faite par Me Anthoyne Perreault, comme procureur de Me Ramon Eyquem, au seigneur évêque d'Ax de la personne dudit Ramon Eyquem, nommé par Pierre Eyquem et Arnaud de La Forcade, patrons lays de l'église paroissiale de Notre-Dame de La Hontan.

L'évêque ayant répondu qu'il verrait ce qu'il aurait à faire selon le droit et la raison, ce fut pris pour refus, dont acte par ledit Perreault.

1533, 25 Novembre.

(*Bibl. de Bordeaux* : Titres de la maison noble de Montaigne.)

Patronat lay de la cure, ou vicaire perpétuel de Notre-Dame de La Hontan, appartenant à Pierre Eyquem et Arnault de La Forcade.

Provision de ladite cure concédée par le vicaire général du seigneur archevêque d'Auch comme métropolitain de l'évêque d'Ax et à son refus, en faveur de Me Ramond Eyquem, nommé par lesdits patrons et présenté au seigneur évêque d'Ax.

« Dilecto nostro magistro Ramundo Eyquem jure licentiato. »

1533/4, 6 Février. (DONZEAU, not.)

A esté personnellement estably honorable home Anthoyne Louppes, marchand, bourgeoys et citoien de Bourdeaulx, lequel de son franc vouloir a faict, constitué et nomé son procureur général avec puissance de substituer *quem ad lites* assavoir est sire Arnauld Dupuys, son beau-frère expressément pour et au nom dudict constituant demander, prendre, retirer et recevoir des hoirs, lieutenans et ayant cause de feu Me Paul Loupes, en son vivant médecin, demeurant à Cestona, vingt escuz d'or que ledict deffunt a legué audict Anthoyne Louppes par son testament et du repceu bailher bonne et valable quittance. Faict à B..... le 6e jour de février 1533.

1534, 27 Février. (DONZEAU, not.)

Au nom de Dieu soit! amen. Saichent tous que lesdits jour et an soubscripts pardevant moy Jehan Donzeau, notaire et tabellion royal en Guyenne et en la présence des tesmoings soubz nommés, a esté personnellement estably Yvon Castric, mestre amprès Dieu du navire nommé *la Marie de Peymarc* en Bretaigne, lequel a confessé que honorable home Anthoyne Loppes de Villeneufve, Guilhem Peyre, marchands et bourgeoys de Bourdeaulx, et *Pierre Eyquem*, escuyer, seigneur de Montaigne et citoien dudit Bourdeaulx, ont mis et chargé en sondit navire sur la port de ladite ville la marchandise qui s'ensuyt, scavoir est, ledict Loppes de Villeveufve huyt cent balles pastel de quatre cabas chacune balle marquées de telle marque ʄʄʄʄ et huyt tonneaulx de vin quittes de breuvaige et marqués de telle marque ☒ à délivrer à sire Martin Loppes; ledict Peyre au nom de Jehan de Courtade, cent deux balles de pastel à délivrer à Arnaud del Plano; plus, pour Glaude le Lieure de Paris, 163 balles à délivrer à Jehan Dumas; et plus pour et au nom de Martin de Lisery et de Arnauld de Villebourg 135 balles aussi pastel à délivrer audit Arnauld de Villebourg ou, en son absence, à Pierre de Cazenove; et ledit seigneur de Montaigne six tonneaulx pipes de vin aussy quictes de breuvaige, à délivrer à sire Martin Louppes; pour le tout mener jusque sur le port et hâvre d'Anvers.....

..... En présence de Estienne Laret, notaire et de Pierre de Capdeville, barbier, demeurant audict Bourdeaulx, le 30ᵉ jour du moys de décembre de l'an mil v^{cc}xxxiiii.

1534, 27 Février. (Donzeau, not.)

A Bourdeaulx le pénultième jour du mois de febvrier mil v^{cc}xxxiiii.

Personnellement estably Guyon Pulgan, mestre amprès Dieu du navire nommé la ..... de Peymarc en Bretaigne lequel a confessé que honorable home Anthoyne Loupes de Villeneufve, marchant et bourgeoys de Bourdeaulx, au nom de sire Bertrand Loupes, aussi marchand dudict Bourdeaulx son fils a mis et chargé..... balles de pastel pour icelles mener jusques dans le port et hâvre de la ville d'Anvers et icelles délivrer à Martin Loppes, frère dudit Anthoyne pour en faire la volonté dudit Anthoyne Loppes de Villeneufve.

1534, 19 Décembre. (Jehan LAURENS, not.)
(*Arch. de la Gironde* : Saint-Michel, 458.)

Mᵉ Jean Guignier, notaire, et Peyronne Pénigaul, sa femme, reconnaissent tenir en fief de mesire Jehan de Planas, prêtre, chapelain d'une chapellanie fondée en l'église Saint-Michel de Bourdeaulx, par feu honorable H. Grimon Ayquem, en son vivant bourgeoys de Bourdeaulx et en suyvant la volonté de Pierre Ayquem, son frère :

Une maison, jardin et vignes à Floyragues, paroisse de Floyrac.

1535, 7 Décembre. (CASTAIGNE, not.)

Messire Audet Ayquem, prêtre, prieur de Quinsac, reconnaît tenir en fief des chapelains de l'église Saint-Michel, une pièce de vigne au porge de Quinsac.

1536, 19 Février.
(*Arch. de la Gironde* : Reg. du Parlement.)

Françoys, par la grâce de Dieu, roi de France, à tous ceulx qui ces présentes lettres verront, salut ! Comme par nos lettres, édits et ordonnances, avons pour le bien de justice de la chose publicque et aultres bonnes considérations... par l'advis et délibération des gens de nostre conseil avons estably quatre conseillers lays dans nostre Court de Parlement de Bourdeaulx, oultre le nombre ancien .... èsquels offices est nécessaire d'être pourveu de bons, savants et notables personnages pour vacquer et entendre au faict et exercice desdits offices, savoir faisons que nous.. sur le rapport... de la personne de nostre cher et bien aimé maistre Raymond Eyquem, licencié en lois, advocat en notre Court de Parlement à Bourdeaulx, et de ses suffisante littérature, loyauté, preudhomie et bone diligence..... (nomination de conseiller à la Cour de Bordeaux).. Donné à Compiègne le 19 février 1536.

1535, 19 Mars.
(*Arch. de la Gironde* : Reg. du Parlement.)

J'ai receu de maistre Raymond Eyquem, advocat en la Court de Parlement de Bourdeaulx, la somme de six mil livres en cen escus d'or soleil et 45 sols qu'il a prestés au Roy en le pourvoyant de l'un des quatre offices de conseillers nouvellement créés et érigés par ledit seigneur en ladite Court. Faict à Amyens xxe jour de mars mil vcxxxiij. Ceste présente quittance ne sert que pour coppie. Ainsi signé : Bernard.

Henry, par la grâce de Dieu..... à nos amés et féaux trésoriers de France. Faictes payer et déliurer comptant à notre amé et féal conseiller en notre Court de Parlement de Bourdeaulx maistre Raymond de Eyquem, la somme de six mil livres tourn...... Donné à Paris l'an de grâce 1549.

..... Aujourdhui 26 juin 1551, pardevant moi Léonard Destivals, notaire royal en Guyenne, a comparu..... au nom de M. maistre Raymond Eyquem, conseiller du Roi en la Court et Parlement de Bourdeaulx, parlant à maistre Johan de Fleix, recepveur pour le Roy des amendes et exploicts..... (quittances).

1537, 24 Avril. (Castaigne, not.)

A Bordeaux le 24 avril 1537, étant en pleine jurade *Pey Ayquem,* escuyer, seigneur de Montaigne et jurat de la presente ville et cité de Bourdeaulx. Pierre Guilloche, aussi escuyer, prévost, Me Pierre Sernauton, dict la Rivière, Guilhem... Gauffreteau, Girard, Laurens, Lamothe, Forthon, seigneurs de la ville, assemblés au son de la cloche, jour de jurade pour les négoces et affaires communaux en icelle, ont dict par l'organe dudit seigneur soubz-maire parlant au sieur de Govea, principal du collège de Guyenne que pardavant fust faict un contract entre ledit de Govea et la ville, fut dict entre autres choses que la ville seroit tenue obtenir du Roy nostre Sire en faveur dudict de Govea lettres de naturalité, suyvant lequel..... avait icelle ville obtenu les lettres desquelles en pleine jurade a été faict lecture par moy, notaire et présens les tesmoings bas nommés, datées du mois de janvier l'an 1536, signées au dedans Françoys et scellées du grand scel de cire verte pendant à cordons de rouge et vert et au repli de par le Roy, Bochetel; lesquelles lettres ont été bailhées et deslivrées par ledit soubz-maire et jurats et gouverneur de la présente ville audit de Govea qui les a prinses et acceptées et à iceulx et à ladicte ville randu graces et mercys, et oultre plus a consenti et consent par ces présentes que l'instrument entre ladicte ville et lui passé et accordé en ce que touche seulement l'obligation et promesse par ladicte ville faicte d'obtenir lesdictes lettres soyent cancellées et annulées et du contenu auxdicts pactes et promesses en acquitte et quitte ladicte ville à jamays perpétuellement comme comply et parfaict, tellement que de tout il s'est tenu et tient pour bien contant en octroyant et de faict a octroyé à ladicte ville quittance générale. En présence de Loys de Rostaing, écuyer, seigneur de Las Cours et cappitaine de ladicte ville, de noble homme Ramon du Sault, cappitaine du guet, Johan Joly, trésorier d'icelle, et Nycolas Blouyn, tesmoings à ce appelés et requis.

Retenu loco de Castaigne.   Contat, notaire royal.

1537, 5 Juin. (Donzeau, not.)

Honorable home Bertrand Loppes de Villeneufve, bourgeois et marchand, a bailhé à titre de louyer à Jehan Bonet, aussi marchand de Bourdeaulx, la maison que Jehan et Estienne Loppes, ses frères mineurs, possèdent sur le foussé de Trompette, confrontant à la maison des hoyrs de feu

Bernard de La Taste, et d'autres à la rue du Peugue et le devant au foussé de Trompette, pour 2 ans, moyennant 36 fr. par an.

1537, 5 Juin. (DONZEAU, not.)

Mathieu Guilhem confesse devoir à honorable home Bertrand Loppes, marchand et bourgeois de Bourdeaulx, la somme de 19 fr. bordelais, pour raison de la vente d'un bœuf de poil roux que lui avoit vendu auparavant honorable home Anthoyne Loppes de Villeneufve, père dudit Bertrand.

1537, 16 Juin. (DONZEAU, not.)

Sire Bertrand Loppes de Villeneufve, marchand et Bourgeois de Bourdeaulx, lequel tant pour luy que pour Jehan et Estienne Loppes ses frères, reconnaît tenir en fief du prieur du collège de Saint-Raphaël, fondé par feu, de bonne mémoire, Pierre Berlan, en son vivant archevesque de Bourdeaulx, sept journaux de terre et bois en la paroisse de Boliac.

1537, 21 Juillet (CASTAIGNE, not.)

Saichent tous.... que parcydevant sire Arnauld de Lestonnac, marchand et bourgeois de Bourdeaulx, a affermé des jurats de la ville la grant coutûme de ladicte ville pour un an, du 23 août 1536 au 23 août 1537 pour le prix de 32,000 livres bordelaises, payables à mesire Jehan Joly, trésorier de la ville...... qu'il a payé et demande quittance aux maire et jurats, nobles et honorables hommes *Pierre Ayquem,* seigneur de Montaigne, soubz-maire, Pierre de Guilhoche, seigneur de La Loubière, prévost; Mondot de Blaignan, seigneur de Monadey; Sernauton de La Rivière, advocat en la cour, Pierre Forthon, Arnaud Sorbey, M° Loys Girard, advocat en la Cour; Thomas de Donyssan, seigneur de Cytran; Johan de Bourdeaulx, seigneur de Livran; Pierre Roger, seigneur de Larroque; Jehan

Blanc, seigneur de Labattut, et M⁰ Guilhem de Gauffreteau, aussi advocat en la Cour, les tous jurats de ladicte ville, donnent quittance.

Témoins : Ramon du Sault, écuyer, et Guilhaume de Bordes, maître canonier de la ville.

1540, 19 Mai.
(*Arch. de la Gironde* : Dénombrements.)

Je, *Pierre Eyquem*, seigneur de Gaujac... certifie tenir en la terre et baronnie de Blanquefort ce qui s'ensuit :

1º La maison noble de Gauyac avec son domayne en franc allo ;

Plus tient en ladicte baronnie 25 à 30 l. de rente foncière, 6 à 8 barriques de vin de rente, 10 à 12 boisseaux de bled d'agrière, 12 à 15 charretées de foing d'agrière.

Lesquelles choses peuvent valoir commune année 150 fr.

A quel hommage ny devoir d'arrière ban, dict n'en savoir rien parce que feu son père, quand mourut, le laissa mineur de l'âge de dix ans environ.

1540, 7 Juin. (Donzeau, not.)

Bertrand Loppes de Villeneufve, marchand et bourgeois de Bourdeaulx, a réellement bailhé et délivré... la somme de trois cent fr. à... que celui-ci sera tenu bailher à honorable homme Pierre Louppes, marchand de Toulouse, absent, ledit Bertrand son nepveu, pour lui stipulant, pour livraison de... pastel envoyé de Toulouse.

1540, 6 Octobre. (Donzeau, not.)

Jacques Tilhet, maître apothicaire de la ville d'Agen et Jehan Constantin, marchand de la paroisse Saint-Michel de Bourdeaulx, ont confessé debvoir à honorable homme Bertrand Loppes de Villeneuve, aussi marchand et bourgeois de Bourdeaulx, la somme de cent livres tournois restant sur celle de deux cents livres tournois pour vente de 9 quintaux et 20 livres de cire.... en présence de honorable Arnauld Sorbey, marchand et citoien dudit Bourdeaulx, et Vincent du Puys, barbier dudit Bourdeaulx, tesmoings.

1540/1, 15 Février.
(Sous seing-privé annexé à l'acte précédent.)

Je, Bertrand Lopes de Villeneufve, confesse avoir receu de vous sire Jacques Tilhet, appotiquère d'Agen, la somme de cent livres tournoises que me deviez de reste de certaine sire vous vendis. Tesmoings mon signet manuel icy mis ce xv jour de fébvrier 1540.

Bertrand Lopes de Villeneufve.

1541, 20 Mars. (Castaigne, not.)

Jehan de Costa, soubs-principal du collège de Guyenne... pour avoir paiement d'une somme de 32 écus.... due par un nommé Manuel Nonès, demeurant à Lisbonne, Portugal, pour pension donnée à Antoine Nonès, fils de Manuel pendant deux ans audit collège de Guyenne... par quoy m'a requis d'ouyr M° André de Goubée, principal dudit collège, M⁶ˢ Jehan Pinon, Anthoyne Mendès, Jehan Valpy, Mathurin Berny, les tous régents dudit collège.

1541, 5 Août. (Guinier, not.)

Testament de discrète personne maistre *Thomas Ayquem*, chanoine de l'église métropolitaine Saint-André de Bordeaux.

Il demande à être enseveli dans la sépulture de ses père, mère et autres parents en l'église Saint-Michel de Bordeaux.

Il lègue à Pierre Ayquem, son frère, seigneur de Montaigne, une maison sise à Bordeaux, paroisse
et lui substitue son filhon Thomas Ayquem, fils dudit Pierre Ayquem. Il nomme pour ses héritiers généraux et universels: Pierre Ayquem, escudey, seigneur de Montaigne, Pierre

Ayquem, escuyer, seigneur de Gaujac, M. M⁰ Raymond Eyquem, conseiller du Roi en sa Court de Parlement de Bordeaux, seigneur de Bussaguet; et leur substitue Thomas Ayquem, son filhon, ses frères et ses sœurs, le tout en commun et par indivis.

1542, Mars.
(Arch. de la Gironde : Reg. du Parlement, vol. 31, p. 212.)

Édit de création de 15 conseillers, 8 lays, 7 clercs. Donné à Fontainebleau au mois de mars 1542.

(Avril 1543). Nomination des 15 conseillers : Anthoine Gaultier, docteur en droit, *Dominique Ram, docteur en droit, natif du royaulme d'Aragon,* etc.

1543.
(Arch. de la Gironde : Reg. du Parlement, vol. 31.)

Lettres de naturalité en faveur de Raymond de Grenoilhas, docteur en médecine, natif du royaume d'Aragon, établi à Bordeaux depuis 40 ans, médecin depuis 35 ans, et celui de la ville depuis 17 ans.

1544, 30 Novembre. (Destivals, not.)

Pierre Eyquem, seigneur de Montaigne, donne à ferme son bourdieu et mayne, vignes et aubarèdes, en l'Isle de Macau, pour 200 livres par an. *(Signature.)*

1544, 5 Décembre. (Destivals, not.)

Pierre Eyquem, écuyer, seigneur de Montaigne, donne à ferme des vignes et terres, paroisse de La Tresne (Entre-Deux-Mers).

1544, 5 Décembre. (Destivals, not.)

Le même donne à bail à Jehan de Saulgues, bourgeois et marchand de Bordeaux, deux maisons en la rue de la Rousselle, à Bordeaux.

1545, 19 Mars. (Destivals, not.)

1° Procuration par M. M⁰ Raymond Eyquem, conseiller du Roi en sa Court de Parlement à Bordeaulx, à Martin, avocat au Parlement.

2° Procuration par ledit Ramond Eyquem et par Pierre Eyquem, seigneur de Gaujac, à Anthoyne Gaultier, procureur au grand conseil.

1546, 8 Février. (Destivals, not.)

Mariage de Raymond Eyquem de Montaigne, conseiller du Roi au Parlement de Bordeaux, avec Adrienne de La Chassaigne, damoiselle, fille de M. M⁰ Geoffroy de La Chassaigne, conseiller du Roi en sa court de Parlement.

(Voir à l'année 1554 : Destivalz, folio 60 à 80.)

1546.

(*Arch. de la Gironde :* Reg. du Parlement, B, 26.)

M⁰ Pierre Eyquem, seigneur de Gaujac, et curé de Saint-Michel de Montaigne, demande contre André de Ribeyren, seigneur dudit lieu, la possession de lieux qui lui ont été adjugés.

1545, 6 Mars. (Destivals, not., f⁰ 335.)

Mathieu de Costa, frère de M⁰ Jehan de Costa, soubs-principal au collége de Guyenne, constitue pour procureur « Fernandez Diez, son frère, demeurant en Villeneufve de Portugal en los Argalves, » pour retirer des mains de Fernandez Conceptio, son oncle, les biens que celui-ci a détenus, comme son tuteur.

1546, 17 Novembre. (Destivals, not.)

Exporle pour Pierre Eyquem de Montaigne, écuyer, seigneur dudit lieu, d'une maison, en la rue de La Rousselle, confrontant à la rue appelée vulgairement de Sarlac, actuellement de Montaigne, confrontant à la maison dudit seigneur de Montaigne devers le nord, et à la rue de la Rousselle devers le levant, et à la basse-cour dudit seigneur de Montaigne devers le... d'autre part.

1546, 17 Novembre. (DESTIVALS, not.)

Damoiselle Jehanne Ayquem de Montaigne, veufve de M. M⁰ Nycolas Dugrain, quand vivoit notaire et secrétaire du Roi, reçoit l'exporle d'un chay et estable en la rue de Sarlac, actuellement vulgairement appelée de Montaigne.

1546/7, 12 Mars. (DESTIVALS, not.)

Transaction entre les héritiers d'Arnaud de Forcade, avocat, et M. M⁰ Raymond Eyquem de Montaigne, conseiller au Parlement, sur la vente que lui avait faite Arnaud de Forcade de la moitié de la maison que possédaient par indivis ledit de Forcade et Pierre Eyquem de Montaigne, seigneur de Gaujac, en la paroisse Sainte-Eulalie, sur l'estey du Péaulgue.

1547, 16 Juillet. (DESTIVALS, not.)

Procuration donnée par M. M⁰ Pierre Eyquem, seigneur de Gaujac, procureur de la ville et cité de Bordeaux.

1547, 8 Octobre. (DESTIVALS, not.)

M. M⁰ Ramon Eyquem, conseiller au Parlement, donne à ferme un bourdieu situé sur la jalle, paroisse de Blanquefort.

1547, 22 Novembre. (DESTIVALS, not.)

M. M⁰ Raymond Eyquem, conseiller au Parlement, exerçant les droits de Grimond Andron, seigneur de Maurian, avait un procès contre les tenanciers de Maurian.

1547/8, 2 Février. (DESTIVALS, not.)

M. Me Raymond Eyquem achète des barriques neuves à 6 francs la douzaine.

1548, 22 Avril. (DESTIVALS, not.)

M. Me Raymond Eyquem de Montaigne, seigneur de Bussaguet et conseiller au Parlement de Bordeaux, donne procuration à Jehan de la Taulade, écuyer, seigneur dudit lieu et à Blaise de Casuntas, écuyer, seigneur du Poy, pour prendre en son nom possession réelle des seigneuries du Benquet et de Sainte-Croix, en vertu de la cession à lui faite par haut et puissant seigneur Gaston de Foix.

1548, 10 Mai. (DESTIVALS, not.)

Pierre Eyquem, curé de La Hontan, afferme les dîmes de cette paroisse.

1548, 12 Juin (DESTIVALS, not.)

... Par défaut de paiement de la somme de 800 livres tournois esquelles Adam du Benquet, écuyer, seigneur dudit lieu, de Castelnau, Sainte-Croix, de Pey-sur-Tartas, sénéchal de Marsan, Tursan et Gabardan, estoit redevable envers messire Gaston de Foix, marquis de Trans... les seigneuries du Benquet et de Sainte-Croix-du-Mont furent saisies et adjugées à M. Me Raymond Eyquem pour 900 livres tournois qu'il a payées audit marquis de Trans. Raymond Eyquem en fait par le présent revente à Adam du Benquet.

1549, 19 Février. (PERREAU, not.)

(*Bibl. de Bordeaux* : Titres de la maison noble de Montaigne.)

Testament de *Jehanne Eyquem*.

Au nom du Père, du Fils et du Saint-Esprit, amen ! Sachent tous présents et advenir que par devant moi, Pierre Perreau, notaire royal, et en présence des temoings cy soubs escripts, a estée personnellement establye Jehanne Eyquem, damoiselle, veufve de feu maistre Nycolas Dugrain, en son vivant notaire et secretaire du Roy, demourant en la ville de Bourdeaulx, laquelle estant en son bon sens, entendement, etc... Considérant qu'il n'y a chose plus certaine que la mort ny plus incertaine que l'heure d'icelle..... 1° recommande son âme à Dieu..... et quant à son corps, ladite testaresse veult et ordonne que sy elle décedde de ce monde dans la ville de Bourdeaulx, que son corps soyt enterré en la sépulture de ses ancestres, en l'église de Saint-Michel de ladicte ville de Bourdeaulx..... Item donne et lègue à M. M° Anthoyne de Belcier, son nepveu et filleult, conseiller du Roy en son Parlement de Bourdeaulx, Jehan et Jehanne de Belcier, damoiselle, frères et sœur, ses nepveux et niepce, enfants et filhe de feu M° Martial de Belcier et de Blanquine Eyquem, en son vivant damoiselle, sa sœur, à chescun desdits Anthoine, Jehan et Jehanne de Belcier, damoiselle, femme de M. M° Jehan Thibauld, avocat en la Cour de Parlement, à chescun d'eux ung reau d'or ou la valleur et en ce les a faicts ses héritiers particuliers. Item plus ordonne et donne, ladicte testaresse, à Pierre Eyquem, escuyer, seigneur de Montaigne, et M. M° Pierre Eyquem, seigneur de Gaujac, ses frères germains, tous les biens qu'elle détient en la paroisse de Mérignac; plus donne et lègue, ladicte testaresse, par préciput, audict M° Pierre Eyquem, seigneur de Gaujac, toute la... d'une maison qu'elle détient au marché de ladicte ville de Bourdeaulx; item ladicte testaresse a donné, donne et lègue à M. M° Ramond Eyquem, seigneur de Bussaguet, conseiller du Roy nostre sire en sa Court de Parlement de Bourdeaulx, son frère, tous les biens qu'elle a et possède en la paroisse Saint-Seurin de B..... héritiers universels Pierre Eyquem, seigneur de Montaigne, et M. M° Ramond Eyquem, seigneur de Bussaguet, conseiller du Roy et Pierre Eyquem, seigneur de Gajac, ses frères, chescun pour une tierce partie.....

... Ce fut faict et passé en la maison noble de Montaigne,

en la jurisdiction de Montravel, en présence de..... témoins. Signé : Perreau, notaire.

1551, 16 Décembre. (DE BORDERIE, not.)

(*Arch. de la Gironde* : Chapelle de Gravilh, à Bègles.)

M. M⁰ *Pierre Ayquem de Montaigne*, chanoine en l'église Saint-André de Bordeaux.

A reconnu en faveur de M. Jean Pele, chapelain de la chapelle de Jehan de Gravilh, et Jehanne de Magensan, savoir :

Toute icelle pièce de pré qui est en la palu de B..., au lieu appelé à la Virade autrement à les Madères, confrontant, d'un côté au pré de Liot Vert de Caudeyran, fief dudit seigneur, d'autre côté au pré des hoirs feu Jehanne de Bernyus, aussi fief dudit seigneur, d'un bout à une rouille vers le nord, et d'un autre bout à la raux et palu dudit Bordeaux. Laquelle pièce de pré ledit sieur Pierre Ayquem a eue par succession ou donation de feu M. François de Bernyos.

1551.

(*Arch. de la Gironde* : Reg. du Parlement, B, 47.)

Mᵉ Raymond Eyquem de Montaigne, conseiller en la Cour, appelant d'une sentence du sénéchal de Guienne.

Contre Jeanne Vaquey, damoiselle, veuve de Jean Andron de Lansac, sieur de Maurian, au sujet de la succession de ce dernier, revenant en nue propriété à Mᵉ Ayquem de Montaigne.

1552, 7 Septembre.

(*Arch. de la Gironde* : Reg. du Parlement, B, 52.)

Requête à la Cour par Raymond Eyquem de Montaigne, conseiller, pour faire ordonner lui payer la somme de six vingt dix livres pour le restant de quarante journées par lui employées pour aller en Court pour les affaires du Roy et de ladite court.

Ordonnance conforme du 7 septembre 1552.

1553, 17 mars. (BÉCHEMIL, not.)

Procuration par damoiselle Béatrix de Villeneufve, veufve de feu M. Me Estienne Deymar, conseiller en la Cour de Parlement, à M. Me Anthoyne Vallier, avocat, pour toucher une somme de 1,500 livres de M. de Villeneuve, conseiller au grand conseil.

1553, 18 Septembre.
(*Arch. de la Gironde* : Reg. du Parlement, vol. 34, f° 110.)

Lettres patentes du Roy. Henry, etc..., sur la requête de Me Loys de Pontac, nostre conseiller contrôleur de l'audience en la chancellerie audit Bourdeaulx,... que par lettres à luy données de cet office, nostre plaisir a esté de lui donner tiltre et le nommer nostre *conseiller* contrôleur; qu'il a eu procès avec Me Pierre Cantarel, notaire en nostre court, et Me Bertrand de Villeneufve, nostre notaire et secrétaire, pour raison des préséances par eux prétendues à cause de leur estat... luy accordons et à ses successeurs les tiltres et honneurs de conseiller du Roy.

Donné... le 18 septembre 1553; lu au Parlement de Bordeaux le 24 octobre 1553.

1553, Janvier et Octobre.
(*Arch. de la Gironde* : Reg. du Parlement, vol. 34, f°s 180, 190.)

Lettres du Roi, datées du 20 janvier, par laquelle il est permis à Guillaume de Lur, conseiller en la cour de Parlement de Bordeaux, de résigner son estat et office de conseiller en faveur de Me Estienne de La Boëtie, advocat au Parlement.

Lettres de provision d'office de conseiller en la cour de Parlement de Bordeaux, en faveur de M. Mᵉ Estienne de La Boëtie, loco Guillaume de Lur.

Donné à Villers-Cotterets.

Id. Dispense d'âge pour ledit de La Boëtie.

1554, 19 mars. (Béchemil, not.)

Au nom du Père, du Fils et du Saint-Esprit! Amen. A tous... a esté présent et personnellement establi M. Mᵉ *Bertrand de Villeneufve,* secrétaire du Roy, paroissien de l'église paroissiale Saint-Remy de Bordeaux, estant en son bon sens et mémoire..... veut être ensevely en l'église Saint-Remy en la chapelle où son père et sa mère sont ensevelis..... diverses donations à l'église Saint-Remy... à l'hôpital Saint-André... donne et lègue à Béatrix de Villeneufve, damoiselle, sa sœur, un noble à la roze; et aux enfants de Catherine de Villeneufve, damoiselle, aussi sa sœur, un aultre noble à la roze... divers legs à Johanne de Plamond, sa très aymée femme,... institue héritier M. Mᵉ Jehan de Villeneufve, conseiller du Roy en son grand conseil, son frère unicque;... nomme pour exécuteurs testamentaires Jean Tibault, advocat en la Cour de Parlement, et le seigneur François de Malbosc, citoien de Bourdeaux, et Jehanne de Plamond, sa très aymée femme.

1554. (Destivals, not., fᵒˢ 36, 39, 62.)

M. Mᵉ Pierre Eyquem, chanoyne de l'église métropolitaine de Saint-André et seigneur de Gaujac, donne à ferme des terres à Eysines.

1554. (Destivals, not., fᵒ 56.)

M. Mᵉ Pierre Eyquem, seigneur de Gaujac, chanoine de l'église métropolitaine Saint-André de Bordeaux, au nom de Pierre Eyquem, seigneur de Montaigne, son frère, reconnaît tenir en fief de Grimond de Lansac, écuyer, seigneur de Maurian, une maison sise en la rue de la Rousselle, paroisse Saint-Michel; elle confronte à la rue appelée de Montaigne, jouxte la maison de Montaigne.

1554. (Destivals, not., f° 81.)

Donation par Raymond Eyquem de Montaigne à Jehanne Eyquem, sa fille.

1554. (Destivals, not., f° 81.)

Pierre Eyquem, écuyer, seigneur de Montaigne, baille à fief, à Bouchard, sa maison rue du Pont-Saint-Jean, paroisse Saint-Michel.

1554. (Destivals, not., f° 81.)

Vente par Grimon de Lansac, écuyer, seigneur de Maurian, à Pierre Eyquem de Montaigne, écuyer, seigneur dudit lieu, d'une maison à la Rousselle, confrontant à la rue de Montaigne.

1554. (Destivals, not., f° 81.)

Plusieurs actes pour Pierre Eyquem de Montaigne, seigneur dudit lieu, maire de la ville et cité de Bordeaulx.

1554, 31 Octobre. (Périnault, not.)

Pardevant moi Guilhem de Perrinault, notaire, et tabellion royal en la ville et cité de Bourdeaulx, ont esté personaument establys sires Pierre de Crusagne et Romand Lamey, bourgeois et marchands de ceste ville de Bourdeaux, lesquels l'ung pour l'autre et ung seul pour le tout, recognaissent et confessent debvoir à noble homme Pierre Eyquem de Montaigne, escuyer, seigneur dudict lieu et maire ceste presente année de la ville de Bourdeaulx, la somme de six cents francs bordelois, à cause de la vendition et délivrance de quarante thouneaulx de vin, au prix de quinze livres six sols chescun thouneau, payable, savoir : trois cents livres au jour et feste de Noël, et trois cents au jour et feste de Pâques... Faict à Bourdeaulx, le dernier jour d'octobre l'an mil cinq cent cinquante-quatre, en présence de Me Arnauld Martin, advocat en la Cour de Parlement, Johan de Sainte-Marie, Bertrand de Lange et André Chastillon, jurats de la présente ville de Bourdeaulx.

1554, 8 Décembre.

(*Bibl. de Bordeaux* : Titres de la maison noble de Montaigne.)

François de Mauny, par la divine clémence archevesque de Bourdeaulx, primat d'Aquitaine, à tous ceulx..... Salut ! Comme aussy soit que nostre bien amé   Ayquem, escuyer, seigneur du repaire noble de Montaigne..... nous a fait entendre que comme bon et fidèle vassal en augmentant notre fief auroit édifié une belle maison et chasteau audict lieu de Montaigne et commencé de rendre ledict lieu fort et asseuré comme nous avons veu, et parce qu'il a délybéré de rendre ledict lieu muny autant qu'il luy sera possible de toutes choses requises pour maison seure et deffensable, nous a requys humblement luy octroyer sur ce nos lettres de provision en tels cas requises et nécessaires. Pour ce est et que nous, ayant égard à sadicte requeste et aux agréables services qu'il a faicts à nous et à nos prédécesseurs, luy avons permis et octroyé, permettons et octroyons en tant que nous touche et que nous le pouvons, de se clore et fortiffier audict lieu, et sans préjudice de nos droits. Donné en nostre maison de Belcier, le 8e jour de décembre 1544. † De Mauny, archevesque de Bordeaux.

1555, Février.

(*Arch. de la Gironde*: Reg. du Parlement, B, 94.)

François de Mauny, archevêque de Bordeaux, seigneur temporel de Montravel.

Contre Pierre Eyquem, écuyer, seigneur de Montaigne,

Intimé sur sentence du sénéchal de Périgort, et ayant repris le procès au lieu de Grimond Eyquem, aussi écuyer, son père, au sujet de l'exécution d'une sentence rendue en l'année 1504, obtenue par Jehan de Foix, archevêque de Bordeaux, concernant divers immeubles relevant de la seigneurie de Montravel.

1555, 17 Février. (Béchemil, not.)

Testament de Catherine de Villeneufve, damoiselle.

... Veut être ensevelie en l'église Saint-Rémy, en la chapelle où Anthoine de Villeneufve et Giraulde Dupuy, ses parents, sont ensevelis; divers legs pieux; legs à l'hôpital; lègue à Anthoinette de Ferrand, sa fille aisnée, sa robe de Sarlac, sa cotte de satin violette cramoisie et sa cotte rouge de damas cramoisy, avec les manches de velours cramoysi; plus des cottes de damas blanc, de taffetas, etc..... Item appert que certain procès instant en la court de sénéchaussée de Guienne, et après en la Court de Parlement par appel entre elle demanderesse, d'une part, contre Bertrand et Jehan de Louppes de Villeneufve, ses frères, pour cause de supplément de quotité de l'hérédité, tant dudit feu Anthoyne de Louppes, son père, que aussy de la succession de Estienne de Louppes, son frère. Elle veut que ce procès soit poursuivi.

François de Ferrand, son fils aisné; Sauvat Ferrand, deuxième fils; Anthoinette Ferrand, fille aisnée; Jeanne, deuxième; Antoinette, troisième; et Aliénor, dernière.

1555, 5 mai.

Mariage de M. Me Richard de Lestonnac, seigneur de la maison noble d'Espaigne ou du Parc, à Mérignac, et de damoiselle Jehanne de Montaigne, fille de Pierre Eyquem, seigneur de Montaigne, et de damoiselle Antoinette de Louppes.

1556, 25 Janvier. (BÉCHEMIL, not.)

M. Mᵉ Estienne Eymar, conseiller en la Cour de Parlement de Bordeaux, ratifie son testament du 23 octobre dernier et celui du 25 novembre 1551.

Dans ce testament il parle de Béatrix de Villeneufve, sa femme. Il donne mille livres à chacune de Françoise et autre Françoise Eymar, ses deux filles, payables lorsqu'elles seront en âge d'être mariées; il fait un legs à Jehanne Eymar, sa fille aînée (de lui et de Béatrix de Villeneufve), mariée à M. Mᵉ Michel de Geneste, advocat en la Court et référendaire en la chancellerie.

Il nomme Joseph, Bertrand, Léonard, Estienne et Annet Eymar, ses fils. Il institue Joseph l'aîné pour héritier.

Fait à Bordeaux, en la maison du testateur, en présence de honorables hommes M. Mᵉ Jehan Tibault, advocat en la Court, Bertrand de Villeneufve, etc.... *(Signatures.)*

1556, 22 Décembre. (BÉCHEMIL, not.)

Honorable et saige M. Mᵉ Guillaume Blanc, advocat en la Court, déclare à M. Mᵉ Ramon Eyquem, conseiller en ladite Court de Parlement, qu'il s'oppose à ce que la somme de sept mil livres qui a été déposée entre les mains dudit seigneur Eyquem par ledit Guillaume Blanc, pour sûreté de paiement de l'achat qu'il a fait de la seigneurie de Polignac au haut et puissant Loys de Monbéron, chevalier, seigneur de Féac, de Polignac et de Saint-Fort, soit délivrée audit seigneur de Féac, parce que ledit Blanc n'a pas été mis en possession de la seigneurie de Polignac.

1557, 4 Mai. (DESTIVALS, not.)

Damoiselle Jehanne Bacquey, veuve de feu noble Jehan de La Cornière, et niepce de Jehanne Bacquey, quand vivait dame de la maison noble de Saint-Genès et de la Salle du

Petit-Lynas, a vendu à M. M° Pierre Eyquem de Montaigne, seigneur de Gaujac, chanoyne de Saint-André et de Saint-Seurin de Bordeaux, un tiers de la maison noble de Saint-Genès qu'elle avait reçu en donation de sa tante en 1544, ainsi que les droits successifs luy venant d'icelle sur les deux autres tiers de ladite maison noble, moyennant le prix de 250 fr. bordelais et une aulne de velours noir.

1557, 20 mai. (DESTIVALS, not.)

M. M° Thomas Eyquem de Montaigne, escholier, étudiant en l'université de Bourdeaux.

1557, 25 mai. (DESTIVALS, not.)

M. M° Ramond Eyquem de Montaigne, conseiller du Roy en sa Court de Parlement de Bourdeaux, et noble et puissante dame Renée de Belleville, damoiselle, sa femme, donnent décharge de sa gestion au régisseur de leurs biens à Saint-Fort, Cosnac et autres lieux en Saintonge.

1557, 28 Août. (DESTIVALS, not.)

Bernard de Ségur, seigneur et baron de Pardailhan, a confessé debvoir à damoiselle Jehanne Eyquem, veufve de feu M. M° Nicolas Dugrain, présente, la somme de 375 sols bordelais pour raison de 122 boisseaux et demi blé froment d'arréraige.

1557, 12 Septembre. (DESTIVALS, not.)

Damoiselle Jehanne de Lavie, femme de M° Julien de Douhet, procureur en la Cour, vend à Jehanne Eyquem de Montaigne, damoiselle, veuve de M° Nycolas Dugrain, quand vivoit notaire et secrétaire du Roy, une maison rue du Hâ, paroisse Saint-André.

1557, 19 Septembre. (DESTIVALS, not.)

Pierre Eyquem de Montaigne, seigneur de Gaujac, chanoyne de Saint-André et de Saint-Seurin, et curé de Saint-Pierre de Caplong et son annexe de Saint-Quentin, en Agenais, fait donation à Arnauld Eyquem de Montaigne, escholier, estudiant au collége de Guyenne, son nepveu, fils de Pierre Eyquem de Montaigne, seigneur dudit lieu.

1557, 6 Octobre. (DESTIVALS, not.)

M. Me Pierre Eyquem de Montaigne, seigneur de Gaujac, a déclaré avoir par devant fait son testament solempnel, lequel il approuve et ratifie par ces présentes, et à présent en codicilant donne et lègue par son présent codicile à M. Me Anthoyne de Belcier, conseiller au Parlement, son nepveu, oultre ce qu'il luy a donné par ledit testament, le droict appartenant audit seigneur de Gaujac de tenir un banc au marché de la présente ville et dont il a jouy jusqu'en 1548, auquel temps le banc fut desmoli pour estre mis au marché dict du poisson salé de ladicte ville... Il donne à son frère Pierre Eyquem de Montaigne tous les biens qu'il a acquis en la terre de Montaigne et tout ce qu'ils ont acquis ensemble, et tout ce dont celui-ci pourrait lui être redevable, et tous les... qu'il pourrait avoir en la paroisse Saint-Michel de Montaigne, dont ledit seigneur de Gaujac est curé... A Ramon Eyquem de Montaigne, aussi son frère, conseiller en la Cour, tous les droits qu'il a acquis de Jehanne Vacquey, veufve de feu Jehan de La Cornière, et héritière de Jehanne Vacquey, sa tante, dame de la maison noble de Saint-Genès.

1557, 22 Octobre. (DESTIVALS, not.)

M. Me Ramon Eyquem de Montaigne, conseiller du Roi en sa Court de Parlement de Bordeaux, transige avec Bertrand de Vacquey, écuyer. Dans cette transaction figurent les noms de Robert Vacquey, père de Bertrand; de Gaston Vacquey, seigneur de Sallebœuf; de Jeanne Vacquey, veuve du sieur de La Cornière; de Jehan Dusault, écuyer, seigneur de Cazalet. La transaction a lieu pour la maison noble de Saint-Genès, paroisse du Tailhan. Cette maison noble reste, en vertu de l'arrêt où était commissaire M⁰ Arnauld de Ferron, conseiller en la Cour, à Ramon de Montaigne, qui paie certaines sommes.

1557, mai.
(*Arch. de la Gironde*: Reg. du Parlement, vol. 35, f⁰ 1.)

Édit de suppression de la Cour des généraux établie à Périgueux et les offices d'icelle incorporés à la Cour de Bordeaux.

Donné à La Fère en Tardenois, may 1557.

Édit d'érection de la Chambre des requêtes au Palais, à Bourdeaulx, pour laquelle sont mis tous les officiers généraulx qui estoient à Périgueux. Henry... Par édict du moys de may dernier, nous supprimâmes la Cour de nos aydes de Périgueux...

Donné à Paris, au mois de septembre 1557.

1557, Octobre.
(*Arch. de la Gironde*: Reg. du Parlement, vol. 35, f⁰ 34.)

Henry, par la grâce de Dieu... Au mois de septembre 1554 nous avons créé une Cour des aydes de nostre ville de Périgueux... (Rappel des deux édits ci-dessus.) Sçavoir faisons que nous, ayant sur ce eu l'advis de nos conseillers, disons et déclairons que nous avons entendu et entendons, voulons et nous plaist que lesdits officiers de nostre Cour des aydes, sçavoir est : M⁰ Fronthon Bérauld, premier président, Anthoyne Poynet, second président; Bertrand de Makanan, *Michel Eyquem de Montaigne*, Bertrand de Lambert, Jehan de Saint-Angel, Raymond de Bouchier, Estienne Daringes, François de Taiard, Jacques de Bruzac, Johan de Barbarin, Pierre de Blanchier, François de Male, Jehan de Faure, généraulx conseillers, soient conseillers en nostre Court de Parlement et du corps d'icelle.

Donné à Sainct-Germain-en-Laye, au mois d'octobre l'an de grâce 1557 et de nostre règne le onzième. Scellées en cire verte et las de soye.

1557/8, 24 Février.
(*Bibl. de Bordeaux* : Titres de la maison noble de Montaigne.)

A la convocation et assemblée du ban et arrière-ban de la sénéchaussée de Périgort faite par ordre du Roy, nostre sire, et lettres-patentes en la ville de Périgueux, par devant messire Jaynot Deydie, chevalier, seigneur du repaire Martel, conseiller du Roy et seigneur sénéschal en Périgort, commissaire en ceste partie, présent et agissant le substitut du procureur du Roy en ladite sénéchaussée, est comparu et s'est présenté en sa personne Pierre Eyquem, escuyer, seigneur de Montaigne, lequel a dict ne pouvoir faire le service personnel desdits ban et arrière-ban à cause de sa vieillesse, et estre prest à contribuer à raison de... cy-devant bailhée par déclaration. Pour ce a requis et obtenu acte.

Faict à Périgueux, à ladicte convocation, le 24 février 1557.

1558, Février.
(*Arch. de la Gironde* : Reg. du Parlement, B, 119.)

Appoinctement signé du procureur général pour S. M., où sont parties M. Me Raymond Eyquem, conseiller du Roy en la Court; Pierre Eyquem, escuyer, seigneur de Montaigne, et messire Pierre Eyquem, chanoyne de l'église Saint-André de Bordeaux, au nom et comme héritiers de feue Jehanne Eyquem, leur sœur.

1560, 24 Avril. (Destivals, not.)

Revente de rentes de boisseaux de blé par M. Me Raymond Eyquem de Montaigne, conseiller en la court, et Pierre

Eyquem de Montaigne, seigneur de Gaujac, représentés par Me Pierre de Moncuq, avocat, à Jehan de la Palu, laboureur de Camblanes, qui les avait vendues à feu Bertrand de Ciret, seigneur de La Garète, et celui-ci à MM. de Montaigne.

1560, Juin.
(*Arch. de la Gironde*: Parlement, B, 135.)

Ramon Eyquem de Montaigne, conseiller, et Bernard de Lahet, aussi conseiller, se transportent dans l'Agenais pour, en compagnie du seigneur de Burie, délégué par le Roy, apaiser et réprimer les émotions qui se manifestent.

1560, Juin.
(*Arch. de la Gironde*: Parlement, B, 136.)

Ramon Eyquem de Montaigne, conseiller, reçoit 30 livres tournois pour solde de quarante journées pour être allé en Court le 14 mars, pour le service du Parlement.

1560, 16 Mai. (DESTIVALS, not.)

Exporle en faveur de M. Pierre Eyquem de Montaigne, écuyer, seigneur dudit lieu, par Jehan Feysan, marchand, d'une maison en la paroisse Saint-Pierre de Bordeaux, en la rue de la Coquille, confrontant d'un bout à la muraille de la ville.

1561, 15 Avril. (DESTIVALS, not.)

Reconnaissance de terres à Bassens (Entre-deux-Mers), en faveur de Pierre Eyquem de Montaigne, écuyer, seigneur dudit lieu.

1561, 16 Avril. (DESTIVALS, not.)

Sire Mathieu de Bellin, citoyen de Bordeaux, reconnaît avoir reçu de M. Me Raymond Eyquem de Montaigne, conseiller en la Cour de Parlement, la somme de 400 livres à la décharge de Gaston de Vacquey, seigneur de Sallebœuf, laquelle était due pour les causes d'un obligé du 8 mars 1557.

1561, 22 Avril. (Destivals, not.)

M. M⁰ Thomas Eyquem de Montaigne donne procuration à..., procureur au grand conseil du Roi, pour un procès contre Bernard d'Arbo, seigneur de Tingon.

1561, 22 Mai. (Destivals, not.)

Raymond Eyquem de Montaigne, conseiller en la Cour de Parlement, donne à loyer une maison, au lieu de Saint-Seurin-lès-Bourdeaulx.

1561, 22 Mai. (Destivals, not.)

Pierre Eyquem de Montaigne, escuyer, seigneur dudict lieu, donne à ferme à Pey Bert et à Jean Allard une pièce de pré en la palud de Bourdeaulx, au lieu dict au Grand Pré de Montaigne.

1561, 3 Juillet. (Destivals, not.)

Quittance à Estienne de La Taulade, écuyer, fils et héritier de Jehan de la Taulade, escuyer, seigneur dudict lieu, de la somme de 324 livres 14 sols 4 deniers payée par M. M⁰ Ramon Eyquem de Montaigne, conseiller au Parlement.

1561, 25 Juillet. (Destivals, not.)

Appel par Raymond Eyquem, seigneur de Bussaguet, conseiller au Parlement, comme père et tuteur de Jehanne Eyquem de Montaigne, sa fille puisnée, contre Bernard de Ségur, écuyer, seigneur de Pardailhan.

1561, 22 Juillet. (DESTIVALS, not.)

A Quinsac, procès entre Christophe Eyquem, laboureur, et Odet Eyquem, tous deux de la paroisse de Quinsac.

1561, 19 Octobre. (DESTIVALS, not.)

M. M⁰ Ramond Eyquem de Montaigne, seigneur de Bussaguet, conseiller du Roi au Parlement, donne à titre de métairie des maisons, terres, prés, etc., en la palu de Bordeaux et en la paroisse de Blanquefort.

1561, 19 Octobre. (DESTIVALS, not.)

Jehan de Lamena, de Talence-lès-Bourdeaulx, confesse debvoir à M. M⁰ Raymond Eyquem,... la somme de 34 francs 6 sols pour la ferme du Moulin d'Ars.

1561, 31 Octobre. (DESTIVALS, not.)

M. M⁰ Pierre Eyquem de Montaigne, seigneur de Gaujac, chanoyne de Saint-André et de Saint-Seurin, transporte et cède à M. M⁰ Ramond Eyquem de Montaigne, seigneur de Bussaguet, et conseiller en ladite cour de Parlement, et seigneur de Saint-Genès, son frère, le tiers des biens, immeubles, droits, etc., qu'il a sur ladite maison noble de Saint-Genès, et qui lui viennent de demoiselle Jehanne de Vacquey, veuve du sieur de La Cornière.

1561/2, 23 Janvier. (DESTIVALS, not.)

Échange entre Pierre Eyquem de Montaigne, seigneur de Gaujac, chanoyne... qui donne des terres à Camblanes, acquises de M. de Ciret, au lieu de la Garette, et reçoit de M. Pierre du Fleix, écuyer et bourgeois de Bordeaux, une vigne lui appartenant par le décès de Catherine de Maucamp, sa mère, située en l'isle de Macau, au lieu de Morlan, joignant la mer d'une part et les vignes de Pierre Eyquem de Montaigne, escuyer, seigneur dudict lieu, d'autre.

1562, 26 Mars. (Destivals, not.)

Puissante damé Rénée de Belleville, femme de M. Me Raymond Eyquem de Montaigne, seigneur de Bussaguet et de Saint-Genès, conseiller au Parlement de Bordeaux, donne procuration à son mari.

1562, 26 Mars (Destivals, not.)

Pierre Eyquem de Montaigne, seigneur de Gaujac, fait faire deux cuves en sa maison de l'isle de Macau.

1562, 26 Mars. (Sixte Guay, not.)

Damoiselle Jehanne de Girard, veufve de feu M Me Raymond de Loppes, en son vivant docteur en médecine, au nom et comme administraresse des biens communs.....

M. Me Antoine de Loppes, escuyer, advocat en la court de Parlement de Bourdeaulx, lequel a receu présentement de damoiselle Jehanne de Girard, vefve de feu M. Raymond de Loppes, docteur en médecine, quand vivait, le contract de vendition faict par Pierre Ayquem, seigneur de Montaigne, à feu Me Raymond de Grenoulhas, aussi docteur en médecine, de certaine maison et chay sise en la rhue du Pas-Sainct-Georges, paroisse Sainct-Syméon, confrontant d'un côté à la maison d'Estève de Las, et d'autre côté à la maison de..... daté du 27e jour de mars 1541, et un contrat contenant l'affranchissement de la rente de 30 sols bordelois faict par ledict Eyquem, daté du 25e may 1558. Signé : Destivals, notaire royal. Laquelle maison tient à présent ledict sieur Anthoine de Louppes, tant comme héritier dudict feu sieur de Grenouillas, que par échange faict avec le sieur feu Raymond de Louppes, son frère, etc.

1562, Juin.

(*Arch. de la Gironde* : Parlement, B, 162.)

Pierre Eyquem de Montaigne chanoyne de l'église Saint-André de Bordeaux et curé de Caplong et Saint-Quentin, son annexe, demande à la Court l'autorisation de percevoir les fruits décimaux attachés à sa cure, lesquels ont été mis sous la main de la justice, par suite de troubles et imminents périls auxquels les habitants de la sénéchaussée de Sainte-Foy ont été exposés.

1563, 18 Mars. (Raoul Brizot, not.)

Arnault Estève, escuyer, seigneur de la maison noble de Langon avait vendu, cédé et transporté à M. Me Thomas de Ram, conseiller du Roy et son lieutenant général en la sénéchaussée de Guienne, fils et héritier de feu Me Dominique de Ram, quand vivoit conseiller du Roy en sa court de Parlement de Bourdeaulx, tous les droits et honneurs seigneuriaux qu'il tenoit noblement sur la maison noble de Langon, auprès de la ville de Bourg... que plus tard le seigneur Estève a cédé tous ses droits au reméré stipulé à Thomas de Montaigne, seigneur de Beauregard; celui-ci requiert Thomas de Ram de recevoir les sommes dues et de lui transporter les biens cédés.

Parmi ces biens se trouvaient 12 livres de rente annuelle foncière et directe que ledict Estève possédait avec Thomas de Ram, Jehan du Bosc, escuyer, seigneur de Canteloup, Arnauld de Gassies, seigneur de La Tour, et le seigneur de Fargues, à cause de la succession de feue Julienne de Gassies, damoiselle, sa mère.

1563, 2 Juin. (Destivals, not., f° 42.)

Testament de Raymond Eyquem, seigneur de Bussaguet.

Au nom de Dieu, soit. Sachent tous que aujourd'huy, pardevant moi Léonard d'Estivals, notaire et tabellion réal en Guienne...

A esté personnellement constitué M. M⁰ Raimond Eyquem de Montaigne, seigneur de Bussaguet, conseiller en la Cour de Parlement de Bourdeaulx, lequel étant détenu de maladie corporelle, toutefois... en son bon sens et entendement. Considérant ny avoir chose si certaine que la mort ni si incertaine que l'heure d'icelle, a fait et ordonne testament...

Item a voulu son corps estre mis et enterré dans l'église Sainct-André dudict Bourdeaulx au lieu où feue Adrienne de La Chassaigne, sa femme en premières nopces, a esté ensevelie...

Item donne et lègue à damoiselle Jehanne Eyquem de Montaigne, sa fille aisnée de ladicte feue de La Chassaigne... la somme de trois mil livres tournois une fois payée...

Item a donné et lègue à son autre fille Jehanne Eyquem de Montaigne autres trois mil livres une fois payé...

Item a déclairé avoir ci-devant donné à ladicte Jehanne, sa fille puisnée, le nombre de 90 boisseaux de blé froment de rente volante, mesure dudict Bourdeaulx, que messire Bernard de Ségur, seigneur et baron de Pardailhan, avoit ci-devant vendue à feue Jehanne Eyquem de Montaigne, damoiselle, veufve de M. M⁰ Nycollas Dugrain, quand vivoit notaire et secrétaire du Roy, sœur dudit testateur... de laquelle rente ladicte feue en avoit fait cession et transport à iceluy testateur...

Item a donné et lègue à Robert Eyquem de Montaigne, son fils de ladicte de La Chassaigne, sa maison noble de la Salle de Brierlhan, avec toutes ses appartenances et dépendances... qu'il a acquise du seigneur de Sallebœuf, située en les paroisses de Blanquefort et Parempuyre... le bourdieu et grange qu'il a en la palu de Blanquefort, au lieu appelé à La Jalle, ensemble tous les prés, vignes et aulbarèdes qu'il a audict lieu...

Item a declairé qu'il veut et entend que le contract de mariage d'entre lui et noble et puissante damoiselle Renée de Belleville, vigière de Cosnac et de Sainct-Fort, sa femme en secondes nopces, sorte son plein et entier effect...

Item veult et ordonne que sadicte femme ait sa demourance et habitation tant qu'elle demourera en viduité, en sa maison de Talance, ainsi qu'elle est cloze de murailles, toutefois veult et entend que sondict héritier universel se puisse servir de partie de ladicte maison aux temps de mestives et vendaiges, pour la recollection des fruits... es possession qu'il a à St-Geniès en Grave auxdits lieux de Talance et autres...

Item déclare qu'il doit certaines sommes de deniers à certains personnaiges, desquelles ny a cedulle ni aulcune recognoissance, toutesfois messire Pierre Eyquem de Montaigne, seigneur de Gaujac et chanoyne en l'églize métropolitaine Sainct-André de Bourdeaulx et collégiale de Sainct-Seurin en ladicte ville, sçait et entend toutes les debtes dont ledict testateur est redevable...

Item parce que institution d'héritier est nerf et fondement de tout bon et vray testament, iceluy seigneur testateur, faict, institue et nomme son héritier universel Geoffroy Eyquem de Montaigne, son fils ainé et de ladicte La Chassaigne... a faict et nomme exécuteurs testamentaires de son présent testament Pierre Eyquem de Montaigne, escuier, seigneur dudict lieu, et le sieur de Gaujac, ses frères, et ladicte de Belleville, sa femme...

A Bourdeaulx, le second de juin mil cinq cent soixantetrois, en présence de messieurs maistres Augier Arnaud de Lanta, abbé de Saincte-Croix, Estienne de La Boëthie, et Michel Eyquem de Montaigne, conseillers en ladicte cour; Jehan de Sainte-More, seigneur et baron de Chaux, etc.

Signatures : R. Eyquem de Montaigne, testateur; L. de Lanta; de La Boëtie, tesmoing; Michel de Montaigne, témouin; de Sainte-Maure, Valeton, Truguet. Destivals, notaire royal.

1563, 15 Juillet. (Destivals, not.)

M⁰ Pierre Eyquem de Montaigne, seigneur de Gaujac, chanoyne... lequel tant pour luy que pour Pierre Eyquem de Montaigne, écuyer, seigneur dudit lieu, son frère, au nom et comme procureur et curateur des hoirs feu M. Me Raymond Eyquem de Montaigne, quand vivoit conseilher du Roy en sa court de Parlement de Bourdeaulx, a constitué son procureur général et spécial Thomas de Montaigne, écuyer, seigneur de Beauregard, son nepveu, acceptant, pour comparoître devant Jacques Laurens, juge de Nyort, commissaire nommé pour exécuter certains arrêts du Parlement de Paris.

1563, 14 Août.

(*Bibl. de Bordeaux :* Titres de la maison noble de Montaigne.)

Testament d'Estienne de La Boëtie.

Au nom du Père, du Fils et du Saint-Esprit. Amen !

..... Tous présents et advenir que aujourd'huy soubs escript date .... des présentes, par devant Raymond, notaire et tabellion royal en la ville et cité de Bourdeaulx et sénéchaussée de Guienne, ... mestre Estienne de La Boëtie, conseiller du Roy en sa court de Parlement de Bourdeaulx, retenu malade de maladie au villaige de Germinhan, en la paroisse du Tailhan, et au bor..... M. de Lestonna, toutefois estant en son bon sens, bon proppos et bonne mémoyre ..... pour .... de ce que Dieu luy a donné en ce monde, a faict et ordonné de sa propre bouche ..... testament et ordre de dernière volonté en la forme et manyère qu'il est escript cy-dessoubs..... De La Boëthie, conselher du Roy en sa court de Parlement de Bourdeaulx, en présence de moy, ... témoins, a faict son testament nuncupatif en la forme et manyère que s'ensuyt : ..... veut estre enterré là où et en la manyère que plaira à son héritier et à sa ..... et déclaire qu'il est bien marry qu'il ne puisse faire quelque grand avantaige à ..... aymées sœurs Clémence et Anne de La Boëtie, mais il s'assure tant de leur ..... prétendant en bonne part ce qu'il faict pour ne pouvoir ny ne devoyr aultrement faire, ... noumé de sa bouche son héritier universel en tous et chascun ses biens, meubles et immeubles son oncle et perrin Estienne de La Boëtie vrayement son aultre père. Il est tenu de s..... institution et de tout ce qu'il est ou pourroit estre ..... Estienne de La Boëtie très affectueusement de bailher à sa bien aymée femme, ... de Carle, la somme de douze cents livres tournois, 600 livres dans la présente..... et les aultres 600 livres à la fin de l'aultre année prochaine, les ..... M. M⁰ Michel Eyquem de Montaigne, conseiller du Roy en la court de Parlement, son inthime frère et immotable amy de recueilhir pour ung gaige d'amytié ses livres ..... Bourdeaulx desquels luy faict présent excepté de quelques-uns de droyct, ... cousin, fils légitime et héritier dudict feu seigneur président de Calvimont; ..... trouve beaucoup de fidélité et de bonne volunté à Sainct-Quentin, sa niepce qui ..... norrie avec sa femme; il lui donne deux cents livres tournois, payables ..... qu'elle se mariera; à Jaquette Darssac, sa belle-fille, lui donne cent livres payables l'heure et le jour qu'elle se mariera; a laissé son exécuteur son dict, ... a cassé et annulé, casse et annule tous testaments qu'il pourroit avoir faict ..... que le présent testament ait valleur et non aultre. Et s'il n'avoit valleur par forme, ... qu'il ait valeur par forme de codicille et laissé faictes et irrévocable. Et a appelé ..... Thomas de Montaigne, escuyer, seigneur de Beauregard, maistre Nicolas Bourdeau, docteur, ... Charles Bastier, maistre apotycaire de Bourdeaulx, Françoys Gailhard, Sardon-Brault, Ray ..... et Pothon Chayret, témoings cogneus à ce appelés et requis. Audict lieu de Germin ..... au Theilan en Médoc, le quatorziesme jour du mois d'aoust mil cinq cent soixa..... Ainsi signé : E. de La Boëtie, Thomas de Montaigne, Nycollas Bordeau, C. Ba... François Gailhard.

Signé : Raymond, notaire royal.

1563, 28 Octobre. (Sixte GUAY, not., f⁰ 319.)

Testament d'Anthoine de Louppes.

Au nom du Père, du Fils et du Saint-Esprit. Amen! Sçaichent tous que aujourd'huy subsescript... devant moy Sixte

Guay, notaire... a esté présent en sa personne noble homme Anthoine de Louppes, escuyer et advocat en la court de Parlement dudict Bourdeaulx, lequel estant au lict malade de certaine maladie, touttesfoys en ses bons sens, mémoyre, ... a faict son testament et ordonnance de dernière volonté...

Marié à Bastienne d'Asnières, lui laisse dons et jouissance.

Fils aîné d'elle Jehan de Louppes, mil livres de préciput.

Jacquette de Louppes, sa fille et de ladicte d'Asnières, 2,000 livres pour dot.

Héritiers universels Jehan et Raymond de Louppes, ses enfants et de ladicte d'Asnières; substitution de ses enfants les uns aux autres.

A défaut substitue Jaquette et Bastienne de Louppes, ses nièces, filles de feu M. Raymond de Louppes, docteur en médecine, et Raymond de Louppes, son neveu.

Nomme pour exécuteurs testamentaires et tuteurs de ses enfants ladite Bastienne d'Asnières sa femme. M. Me Guillaume de La Chassaigne, chanoyne de Saint-André... sires Urban de Lafitte, Me apothicaire et Michaut de Rolland, marchands et habitants de la présente ville.

Témoins : M. Me Anthoyne de Poynet, conseiller du Roi en la Court ; Mes Jehan de Corbiers, Aymery Dupuy, Pierre Poynet et Jehan Maurin, avocats en ladicte Court, Jehan Deschamps et Hyérosme Doré, praticiens...

1563/4, 1er Janvier. (DESTIVALS, not.)

Saichent tous que dès le 29e jour de juin, feu M. Me Ramond Eyquem de Montaigne, quand vivoit seigneur de Bussaguet et conseiller du Roi en sa court de Parlement de Bourdeaulx, au nom et comme père de damoiselle Jehanne Eyquem de Montaigne, sa fille aisnée d'une part; et noble Estienne de La Taulade, escuyer, seigneur dudit lieu d'autre, eussent faict et accordé entre eux les pactes et accord de mariage desquels la teneur s'ensuyt.

... Faict à Bourdeaulx, le 1er jour de janvier 1563...

(Parmi les signatures se trouve celle de Michel de Montaigne, cousin de la future.)

Divers actes annexés, procurations, quittances de dot, etc.

1564, 22 Mai. (Sixte GUAY, not., f° 154.)

Sachent tous présents et à venir que comme dès le 24° février dernier, mariage eust été accordé entre Thomas de Montaigne, escuyer, seigneur de Beauregard, d'une part, et Sérène Estève, damoyselle, ô l'authorité de Arnauld Estève, escuyer, seigneur de Langon, et par le traicté que luy entre aultres choses ayt esté accordé que ledict sieur de Montaigne porteroit la somme de 4,500 livres tournois pour employer en l'achapt de certains biens, ce qui auroit esté faict pour la somme de 3,125 livres tournois comme appert par contrats retenus par M° Raoul Brigot, notaire royal en Guienne, des 18 et 20 mars derniers, aussy seroit que ledict sieur de Montaigne pour la plus valeur de ses biens rachaptés de M. M° Thomas Ram, lieutenant général en ladicte sénéchaussée de Guyenne, en vertu du pacte de rachat à luy cédé, bailleroit audict seigneur de Langon, la somme de 1,375 livres tournois.

Et comme les biens rachetés sont chargés de dettes et rentes, notamment d'une rente de blé à sire Richard de Pichon, le sieur Estève vend encore à Thomas de Montaigne la maison noble de Mons à Cadaujac de Villeneuve.

Moyennant quoi, Estève cède tous ses biens à Thomas de Montaigne, pour la dot de sa fille Sérène Estève, à pacte de réméré pendant 6 mois, pour 9,000 livres tournois.

Signé : Arnault Estève, Thomas de Montaigne.

1565, 22 Septembre. (DESTIVALS, not.)

(V. aussi *Arch. histor.*, t. X, p. 167, 168.)

Contrat de mariage de Michel Eyquem de Montaigne et de damoiselle Françoise de La Chassaigne.

Saichent tous que aujourd'huy par devant moy, Léonard

d'Estivalz, notaire et tabellion royal en Guienne, en présence des tesmoings cy-après nommés, ont esté personnellement constitués monsieur maistre Michel Eyquem de Montaigne, escuyer, conseiller du Roy en sa court de Parlement de Bourdeaulx, fils naturel et légitime de Pierre Eyquem de Montaigne, escuyer, seigneur dudict lieu et de damoyselle Anthoynette de Louppes, sa femme, d'une part; et damoiselle Françoise de La Chassaigne, fille de M. Me Joseph de La Chassaigne, aussi escuyer, conseiller dudict seigneur en sadicte court. (Dot : 7,000 livres. La future gagne ses bagues et bijoux, facculté d'avantager l'un des enfants mâles du tiers, etc.)...

Faict à Bourdeaulx, le 22e jour de septembre 1565, du consentement et auctorité des pères desdicts futurs conjoinctz, comme dict est, et de ladicte de Louppes, damoiselle, mère dudict sieur futur espoux. M. Me Pierre Eyquem de Montaigne, seigneur de Gaujac, oncle paternel dudict sieur espoux, et Nycollas de La Chassaigne, abbé de Vertheuil, chantre de Sainct-André, et Guillaume de La Chassaigne, archiprêtre de Sainct-Magne, les touts chanoynes en l'esglize Sainct-André, oncles paternels de ladicte de La Chassaigne, et en présence de Pierre de Louppes, escuyer, seigneur de Sainte-Columbe, et maistre Pierre de Moncuq, aussi advocat en ladicte court, tesmoings à ce appelés et requis. *(Signatures.)*

1568, 2 Août. (CASTAIGNE, not.)

Partage de la succession de Pierre de Montaigne :

Saichent tous... que aujourd'huy date des présentes, par devant moi Jehan Castaigne, notaire et tabellion royal en la ville et cité de Bourdeaulx et sénéchaussée de Guyenne, présents les tesmoins soubsnommés, ont esté présents en leurs personnes nobles M. Me Michel Eyquem de Montaigne, seigneur dudit lieu, conseillier du Roy en sa Court de Parlement de Bourdeaulx, au nom et comme héritier universel de feu noble Pierre Eyquem de Montaigne, son père, escuyer, quand vivoit seigneur dudict lieu, d'une part, et Thomas, Pierre et Arnaud de Montaigne, escuyers, ses frères, enfans et héritiers légataires dudit feu sieur de Montaigne, leur père, d'autre part; lesquelles parties, de leurs bons grés, libres et agréables voluntés, ont faict, passé et accordé entre elles les pactes, accords et conventions qui s'ensuyvent. C'est assavoir que lesdits sieurs Thomas, Pierre et Arnaud de Montaigne, majeurs de 25 ans, comme ils ont dict et déclairé et comme ils ont faict apparoir par un escript aparent présentement exhibé sur le passement de ces présentes qu'ils ont dict estre de la propre main dudict feu seigneur de Montaigne, leur père, par lequel appert que ledit Arnaud de Montaigne, le plus jeune des quatre frères, naquit le 14e jour de septembre l'an mil cinq cent quarante-ung, et estant deument conseillés et advertis de leurs droitz comme ils ont dict, ont quicté, cédé et remmis, et par ces présentes quittent, ceddent et remmettent pour eux, leurs hoirs et successeurs, audict sieur Michel de Montaigne, leur frère aisné, héritier universel présent, stipullant et acceptant pour luy, ses hoirs et successeurs, tous les droitz, noms, raisons et actions qu'ils ont ou peuvent ou doyvent compéter et apartenir en biens tant meubles que immeubles délaissés par leurdict feu seigneur et père, tant pour raison des sommes par luy à eulx données et laissées par son testament du 22e jour de septembre l'an 1567 que pour leur droict de légitimme et supplément d'icelle et aultrement en quelque autre forme et manière que ce soyt, sans aulcune chose réservée ou exceptée; moyennant que ledit sieur Michel de Montaigne a bailhé, ceddé et transporté à perpétuité auxdits sieurs Thomas, Pierre et Arnaud de Montaigne, ses frères...

Premièrement, audict Thomas de Montaigne la maison noble de Beauregard, meublée comme elle est à présent, size en la paroisse de Mérinhac près Bourdeaux, avec tous les biens, apartenances... ensemble les prés, taillis, que ledict sieur de Montaigne a et possède en la paroisse d'Aysines au aruau du Haillan, sauf et excepté certaines règues de vignes qui sont dans le clos des vignes dudit Beauregard, mouvans en fief partie du chapitre Saint-Seurin et l'autre partie du sieur d'Espaignet.

Iceluy Thomas de Montaigne a quicte, cède et renonce et remet audict sieur de Montaigne, sondict frère aisné, tous les biens et droicts à luy délaissés par le feu sieur de Saint-Michel, leur oncle, par son testament du 5ᵉ jour d'aoust l'an 1541 reçu par feu Mᵉ Jehan Guignier, notaire royal...

Et quant audict Pierre Eyquem de Montaigne, le sieur de Montaigne, son frère, lui a baillé, ceddé et transporté... tous les biens et possessions qu'il a et possède au fief et territoire de La Brousse, situé en la paroisse d'Estervigne, juridiction de Montravel en Périgord, tant rentes, domaines que batimens et meubles...

Et quant audict Arnaud Eyquem de Montaigne, le sieur de Montaigne, son frère, lui a baillé, cédé et transporté... tous les biens et possessions qu'il a et possède en l'île de Macau ... et oultre ce la somme de 1,700 livres tournois.

Et a promis et promet le sieur de Montaigne bailler et livrer auxdits Thomas, Pierre et Arnaud de Montaigne, tous les titres, renseignements... concernant les biens par lui à eulx bailhés...

. . . .

Ce fut faict et passé en la ville et cité de Bourdeaulx le 23ᵉ jour du mois d'aoust l'an mil cinq cent soixante-huit, en présence de Mᵉ Anthoyne des Valées et de Pierre de Moncuq, advocats en la Court de Parlement de Bourdeaulx, tesmoings appellés et requis.

1568, 31 Août.

(*Bibl. de Bordeaux*: Titres de la maison noble de Montaigne.)

Transaction entre damoiselle Anthoinette de Louppes, veufve de feu Pierre Eyquem de Montaigne, escuyer, seigneur dudit lieu, et M. Mᵉ Michel de Montaigne, escuyer, conseiller du Roy en sa Court de Parlement de Bourdeaulx, mère et fils. Lesquels, de leur bong gré et parce qu'ainsy leur a pleu, se sont accordés sur le testament dudit feu seigneur de Montaigne du 22ᵉ de septembre 1567, en la forme et manière que s'ensuyt :

1° Que ledict de Montaigne approuve et rattiffie à tout jamais ledict testament en ce qui concerne les advantaiges faicts par iceluy à ladicte damoiselle sa mère... Aussi ladicte damoiselle a promis et rattiffié ledict testament, et d'aultant que par le 4ᵉ article dudict testament ledict sieur de Montaigne est chargé payer à ladicte damoiselle six mille livres tournois pour son dot et adgencement et 300 livres revenus en son nom despuys son mariaige, ledict sieur de Montaigne a payé contant sur le passement du présent contrat ladicte somme de 300 livres... en cinq cents sestons de roy valant 12 sols tournois chacun... Et quant aux six mil livres restantes, a été accordé entre lesdictes parties que ledict sieur de Montaigne en payera l'intérest par quartier d'année advancés à sept et demy pour cent par an... Et moyennant ce a renoncé et renonce ladicte damoiselle à tout le droict qu'elle pouvoit pretendre tant ès biens dudict feu seigneur de Montaigne, son mary, pour raison desdictes sommes en vertu du contrat de son mariaige du 15ᵉ jour de janvier 1528. ... Item que parce que audict article du testament il est dict que ladicte damoiselle sera nourrye et entretenue sur les biens dudict feu seigneur testateur avec mesme autorité et tout ainsy qu'elle avoit esté pendant sa vie, il est accordé et entendu entre les parties ladicte clause ne se pourroit estendre à autre surintendance et maistrise que honoraire et maternelle; et quant à l'entretenement et nourriture, a été accordé que pendant que lesdicts damoiselle et sieur de Montaigne s'accorderont de vivre ensemble à Montaigne, ladicte damoiselle y sera nourrie suyvant ledict testament avec tout honneur, respect et service filial, ensemble deux chambrières et un serviteur; et pour son entretenement et menuz frais sera tenu ledict sieur de Montaigne bailler à icelle damoiselle sa mère cent livres tournoises chacun an advancées par quartier. Item, quant à l'habitation léguée à ladicte damoiselle au chasteau de Montaigne par ledict article, ledict sieur de Montaigne veult et entend qu'elle en jouysse tout ainsy comme il est espécifié, moyennant que ledict droict d'habitation ne se puisse estendre ne interpréter oultre la personne de ladicte damoiselle, deux chambrières et ung serviteur; et moyennant ce ainsi qu'il a esté convenu et accordé entre lesdictes parties, que le commandement et maistrise dudict chasteau de Montaigne en général, de ses préclostures et de ses entrées et yssues, demeure entièrement audict sieur de Montaigne, sans deroger au droict d'habitation que ladicte damoiselle a particulièrement pour soy, deux chambrières et ung serviteur, ny au droict que par conséquent elle a particulièrement pour soy et pour sesdicts deux chambrières et ung serviteur d'entrer et sortir audict chasteau, ni au droict d'usaige des puits et jardins à elle aussi légué pour son service particulier par ledict testament... (En cas où ils ne pourraient s'accorder pour vivre ensemble, il est stipulé un logement meublé au gré de la mère, ou cent livres par an pour en tenir lieu, plus une pension de 300 liv. par an.)... Et tout ce que dessus jouxte et suivant les conditions et qualités dudict testament et non aultrement davantaige. Parce que au 9e article dudict testament auquel est faict mention de demoiselles Léonor et Marie de Montaigne, filles et sœurs respectivement desdictes parties, il est dict qu'elles seront nourries, enseignées et entretenues par ledict sieur de Montaigne, et que après un 16e article du même testament, iceluy sieur de Montaigne est faict conjointement tuteur desdictes Léonor et Marye avec ladicte damoiselle et le sieur de Gauyac, dont il pourroit sourdre quelque doute pour le gouvernement desdictes filles, a esté dict et accordé que en cas que ladicte damoiselle et ledict sieur de Montaigne ne tombassent pour l'advenir en différand, ils seront tenus de s'en rapporter et en croire MM. le président de Belcier de Sainte-Croix et de Villeneufve, conseiller au grand conseil, ou conjointement s'ils se rencontrent ensemble lors dudict doubte, ou particulièrement chascun d'eux et mesme qu'ils se trouveront à propos auxdictes parties...

Et du tout lesdictes parties ont requis instrument que leur ay concédé. Faict et passé audict chasteau de Montaigne, juridiction de Montravel en Périgord, en présence de M. Mᵉ Anthoyne de Vallier, advocat en la Court de Parlement de Bourdeaux, et Mᵉ Pierre Achard, sergent royal dudict lieu de Montravel, tesmoings, le dernier jour dudict moys d'aoust 1568. Ainsi signé à la minute du présent contract : A. de Louppes, Michel de Montaigne, de Vallier, pour avoir esté présent, et P. Achard, pour avoir esté présent. — Signé : Bertin, notaire royal.

1569, 23 Mai.
(*Bibl. de Bordeaux* : Titres de la maison noble de Montaigne.)

Aujourd'huy 23ᵉ jour du mois de may 1569, dans le chasteau de Montaigne en Périgord, est comparu noble Michel de Montaigne, seigneur dudit lieu, parlant à damoiselle Anthoinette de Louppes, sa mère, luy a déclairé qu'il avoit trouvé dans les coffres de sa femme une chaîne d'or que feu noble Arnaud de Montaigne, seigneur de Saint-Martin, son frère, y avoit laissé ; laquelle ladite damoiselle de Louppes a dit lui compéter et appartenir et requiert lui estre rendue. Et ycelle chaîne d'or ledit seigneur de Montaigne, en présence et du consentement de nobles Thomas de Montaigne, seigneur de Beauregard, et Pierre de Montaigne, seigneur de La Brousse, frères dudit feu de Saint-Martin, a présentement laissé et délivré à ladite de Louppes, qu'elle a reçue......

..... A été faict en présence desdits nobles hommes Thomas de Montaigne, seigneur de Beauregard, et Pierre de Montaigne, seigneur de La Brousse, fils et frères desdits damoiselle de Louppes et seigneur de Montaigne, et lesdits damoiselle et seigneur de Montaigne se sont soubs signés. Signé : A. de Louppes, Montaigne, Thomas de Montaigne, Pierre de Montaigne.   Signé : Dumas, notaire royal.

1569, 26 Juillet.

(*Arch. de la Gironde*: Parlement, vol. 38, f° 170.)

Lettres d'office de conseiller en la Cour de Parlement de Bordeaux et de 6ᵉ président pour Mᵉ Jehan de Villeneufve, conseiller du Roi en son grand conseil. Notables services depuis vingt-quatre ans, tant dans ledit office que dans celui de viguier de Tholoze.

Donné à Paris le 26 juillet 1569.

Dispense pour exercer lesdits estats et offices nonobstant que Mᵉ Joseph D'Eymar, conseiller en la Cour, soit son nepveu, fils d'une sienne sœur.

1570, 23 Juillet.

(*Arch. de la Gironde*: Parlement, vol. 38, f° 199.)

Lettres de provision de l'office de conseiller en la Cour et Parlement de Bordeaux pour Mᵉ Florimond de Raymond, que souloit exercer M. Mᵉ Michel de Montaigne, vacant par la résignation qu'il a faicte en nos mains ce jour par son procureur suffisamment fondé.

Donné à Saint-Germain-en-Laye le 23ᵉ jour de juillet de l'an de grâce 1570 et de notre règne le dixième. Signé : Charles.

1570, 7 Septembre.

(*Bibl. de Bordeaux* : Titres de la maison noble de Montaigne.)

En la présence de moy, notaire soubssigné et temoings bas nommés a esté present et estably monsieur Mᵉ Robert Raymond, conseiller en la cour présidiale de la présente sénéchaussée d'Agenays en Gascoigne, lequel a dict avoir veu et leu le contract faict et passé d'entre M. Ayquem, escuyer, seigneur de Montaigne et M. Mᵉ François de Nort, docteur en thélogie, chanoyne de Saint-Seurin, faysant pour ledit Raymond touchant l'estat de conseilher dudict seigneur de Montaigne en faveur de M. Florimond Raymond, son fils, en date du 10ᵉ april dernier retenu Mᵉ Sixte Guay, notaire de Bourdeaulx, et ratifie iceluy, approuve et esmologue, et que par ledict de Nort a été faict comme son procureur authorizé, veult que sorte son plain et entier effect, et d'aultant que par iceluy ledict seigneur de Montaigne....

Veylet, notaire royal.

1571, 29 Mars. (Sixte GUAY, not.)

Transaction entre dame Louise de la Chassaigne, veuve de noble Gaston d'Arsac, seigneur dudit lieu et de Castets, fille de Mᵉ Geoffroy de La Chassaigne, chevalier, 2ᵉ président au Parlement de Bordeaux,

Et Jacquette d'Arsac, damoiselle, dûment autorisée par Thomas de Montaigne, escuyer, seigneur de Beauregard, son mary.

Laquelle damoiselle Louise de La Chassaigne, veuve, pour l'honneur de la mémoire de son mari, et pour la conservation de la maison d'Arsac, a cédé et transporté à Jaquette d'Arsac et au seigneur de Beauregard, son mari, tous les droits qu'elle a soit pour dot, donation, douaire et testament sur la maison noble d'Arsac et autres seigneuries, moyennant la somme de six mille livres.

En présence de M. Mᵉ Nicolas de La Chassaigne, abbé de Vertheuil ; Pierre de Montaigne, seigneur de La Brousse ; Anthoine de Loppes, seigneur de Laprade ; Jules de Campaigne, advocat en la Cour.

Signé des témoins et de Thomas de Montaigne et Jacquette d'Arsac.

Suit le contrat de mariage de noble Gaston d'Arsac et de damoiselle Louise de La Chassaigne, du 24 novembre 1566, à Castets en Bazadais.

Pasquet, notaire royal.

1573, 5 Octobre.

(*Bibl. de Bordeaux*: Titres de la maison noble de Montaigne.)

Lettres de *Commitimus et debitis* de la chancellerie de Bordeaux pour messire Michel de Montaigne, seigneur dudit lieu, chevalier de l'ordre du Roy, gentilhomme ordinaire de sa chambre.

1573, 11 Décembre.

(*Bibl. de Bordeaux*: Titres de la maison noble de Montaigne.)

Sachent tous.... que pardevant moy, notaire et tabellion royal en la ville et cité de Bourdeaulx .. a esté présent et personnellement estably messire Michel de Montaigne, chevalier de l'Ordre du Roy, lequel a baillé à titre de location.... à sire Bernard Audebert, marchand et bourgeois de Bourdeaulx, la tour appelée de Brisson estant au pont Saint-Jehan dudict Bourdeaux... pour le prix et somme de vingt sols bordelais par chascun an. Nesgre, notaire royal.

1574, 11 Janvier.

(*Bibl. de Bordeaux*: Titres de la maison noble de Montaigne.)

Quittance par Michel de Montaigne à Geoffroy de Montaigne, seigneur de Bussaguet, conseiller au Parlement, de diverses sommes à lui prêtées, et règlement à 875 livres du solde des créances de Michel.

Il est dit que les parties sont venues en compte et ont réglé entre elles l'hérédité de feu M. Me Pierre Ayquem de Montaigne, seigneur de Gaujac, leur oncle, et s'en donnent décharge et quittance mutuelle. Témoins nobles Mrs Mes Guillaume de La Chassaigne et Anthoyne de Louppes, avocat au Parlement.

1574, 11 Janvier. (Sixte Guay, not.)

(*Bibl. de Bordeaux*: Titres de la maison noble de Montaigne.)

Sentence arbitrale rendue par messire Guillaume de La Chassaigne, conseiller et Me Anthoine de Louppes, escuyer, seigneur de Laprade et advocat au Parlement de Bordeaux. Entre messire Michel de Montaigne, chevalier, Geoffroy de Montaigne, seigneur de Bussaguet, conseiller au Parlement, et Robert de Montaigne, seigneur de Brilhan, chanoyne de l'église métropolitaine de Saint-André, sur le partage de la succession de Pierre Eyquem de Montaigne, seigneur de Gaujac.

A Michel de Montaigne, la moitié du moulin de Peyrelongue, sur l'Aygueborde, paroisse de Bègles; pré de Lescrambes, en la palu de Blanquefort; pré de l'Auditeur, en la palu de Bordeaux; deux petites maisons, paroisse Sainte-Eulalie, contre le château du Hâ; une maison sur la clie et poissonnerie, une autre rue de Ségur, tirant vers le château du Hâ, et des créances; ainsi que le droit de présentation de la chappelle appelée vulgairement de Buglon, fondée à..., auxdits seigneurs de Bussaguet et de Brilhan, la maison noble de Gaujac et les prés de Montaigne en la palu de Blanquefort et de Bordeaux.

Le droit de patronage à la cure de La Hontan est attribué à Michel et les arrérages aux deux autres. Il est dit que le feu seigneur de Gaujac s'était réservé certaines redevances en résignant la cure de La Hontan.

Suivi de la description de la maison noble de Gaujac.

1574.

(Arch. de la Gironde, E, 89, 90.)

Dénombrement en faveur de messire Geoffroy de Montaigne, seigneur de Bussaguet, de La Salle, de Lamothe-Gajac et de Saint-Genès, conseiller au Parlement de Bordeaux, pour la paroisse du Taillan (Gaston, La Bory, Le Pontevicque, Le Port du Roy, Lallemagne, Le Camp vieux, La Todine). Eberard, notaire, Blanquefort.

1575, 2 Juin.

(*Bibl. de Bordeaux*: Titres de la maison noble de Montaigne.)

Sentence arbitrale.

Entre messire Michel de Montaigne, chevalier de l'ordre du Roy, seigneur dudit lieu... et messire Geoffroy de Montaigne, conseiller... seigneur de Bussaguet... Veu par nous Joseph Deymar, chevalier... premier président en ladite Cour de Parlement de Bordeaux, et M⁰ Guillaume de La Chassaigne, aussi conseiller en ladite Cour, arbitres arbitrateurs et amiables compositeurs l'arbitrage et pouvoirs à nous donnés le.... obligé et contrat du 17ᵉ aoust 1519, signé Peyron, notaire; testament de feu Mᵉ Thomas Ayquem, oncle paternel des parties, chanoyne de l'église métropolitaine Saint-André de Bourdeaulx, curé de l'église Saint-Michel de Montaigne, du 5 août 1541, signé Guynier, notaire royal... Quittances entre feus MM. de Montaigne et de Bussaguet pères respectivement, et de Gaujac, oncle desdites parties, du 21 mars 1545; aultre testament de feu Mᵉ Pierre Eyquem, seigneur de Gaujac, aussi oncle des parties, chanoyne de ladite église, du 22 juillet 1573, signé : Gay, notaire royal. Sentences arbitrales des 20 janvier et 30 novembre 1574. (Les arbitres chargent Michel de payer les legs faits à l'église Saint-Michel de Bordeaux; attribuent à Geoffroy les maisons rue du Hâ, moyennant certaines compensations). Aussy que ledit seigneur de Montaigne demeurera chargé de payer les légats délaissés par ledit seigneur de Gaujac à Bertrand, Léonor et Marie de Montaigne, ses frères et sœurs..... moyennant quoy lesdits Bertrand, Léonor et Marie de Montaigne demeurent quittes et déchargés de tout ce qu'ils devaient audit sieur de Gaujac, pour raison de certain accord faict entre luy et le sieur de Lestonnac, conseiller du Roy en la Cour. Aussy ledit seigneur de Montaigne fera délivrer et rendre les armes qui sont en son château de Montaigne, audit sieur de Bussaguet, toutes et quantes foys qu'il les enverra quérir. — Signé : Deymar, de La Chassaigne, Montaigne, Geoffroy de Montaigne.

1577, 30 Novembre.
(*Bibl. de Bordeaux* : Titres de la maison noble de Montaigne.)

Henry, par le grâce de Dieu, Roy de Navarre, seigneur souverain de Béarn, duc de Vendomois, de Beaumont et d'Albret, compte de Foix, d'Armagnac, de Vigorre, Rondes, Marles et de Périgord, vicomte de Limoges, de Marsan, de Tursan, Gavardan, Nébouzan, Lautrec et Villemur, pair de France, gouverneur lieutenant-général pour le Roy en Guienne ; à tous ceux qui ces présentes lettres verront, salut !

Savoir faisons que pour le bon et louable rapport que faict nous a esté de la personne de notre cher et bien aymé Michel de Montaigne, chevalier de l'ordre du Roy Monseigneur, de ses sens, suffisante doctrine, vertu, valeur et recommandables mérites, iceluy, pour ces causes et autres considérations à nous mouvans, avons retenu et retenons en l'estat et office de gentilhomme ordinaire de notre chambre pour d'iceluy jouyr.

Donné à Lectoure le dernier jour de novembre 1577.

Signé : Henry.

1580, 7 Juin. (GUITTON, not.)

Testament de Marguerite de Carle, veuve de Jean d'Arsac et d'Estienne de la Boëtie.

Au nom du Père, du Filz..... a été personnellement établye Marguerite de Carle, damoiselle, laquelle estant dans son bon sens..... a faict son testament..... a recommandé son âme à Dieu le suppliant. ... veut et entant que son corps soit inhumé et ensepvely au Castéra en Médoc.

Item, ladite damoiselle de Carle a donné et donne par ces présentes à Marguerite de Montaigne, damoiselle, sa (petite) filhe et filheule, tout et chescun l'argent qui luy pourroit estre deu... tous et chescuns les meubles... mesme la vaisselle d'argent... jusqu'à ce quelle trouve un bon party pour se marier... institue ses héritiers par esgales portions Marguerite de Montaigne, Jehan d'Arsac de Montaigne, Pierre-Mathias de Montaigne et Jeanne d'Arsac de Montaigne, enfants naturels et légitimes de Thomas de Montaigne, escuier, seigneur d'Arsac et de feue Jaquette d'Arsac, damoiselle, sa filhe... a prié ladite damoiselle ledit seigneur d'Arsac, son fils, d'avoir soing à prendre la protection... voulant que ledit seigneur de Montaigne, seigneur d'Arsac, son fils, soit exécuteur de son présent testament... Ce fut faict et passé en la maison noble d'Arsac...

1590, 22 Septembre.

(*Bibl. de Bordeaux :* Titres de la maison noble de Montaigne.)

Aujourd'huy 22⁰ septembre 1590, au parquet et consulat royal en la ville de Périgueux, pardevant nous Hélies de Jean, consul et magistrat pour le Roy en la sénéchaussée de Périgort, en l'absence de MM. les juge-mage et lieutenant, à comparu et s'est présenté Mᵉ François Mynard au nom et comme procureur de François de La Tour, seigneur dudit lieu, Dyviers et autres places, et de messire Michel de Montaigne, chevalier de l'ordre du Roy et gentilhomme ordinaire de sa chambre et de dame Françoise de La Chassaigne, conjoints. Lequel... a insinué et notifié à tous qu'il appartiendra, les donations faites en faveur du mariaige entre François de La Tour, escuyer, et damoiselle Léonor de Montaigne, laquelle damoiselle comparant par Mᵉ Pierre Grimard qui les a aussi de sa part insinué... ensemble le contract et articles dudit mariaige estant en date du 26ᵉ may dernier. signé : Bolfon, notaire royal, desquelles il a laissé copie au greffe, suivant l'ordonnance. (Signature illisible.)

1591, 10 Septembre. (Chadirac, not.)

Contrat de mariage entre Bertrand de Montaigne, écuyer, seigneur de Mattecoulon, gentilhomme ordinaire de la chambre du Roy, sous l'autorité de damoiselle Antoinette de Louppes, sa mère, fils de feu Pierre de Montaigne, de son vivant écuyer, seigneur de Montaigne;

Et damoiselle Charlotte d'Eymar, fille de Léonard Deymar, écuyer, seigneur de La Guasquerie, et de damoiselle Madeleine de La Lande.

Donation à la future de la maison noble de La Guasquerie.

1593, 27 Janvier.

(*Arch. de la Gironde:* Feuillants, H, 620.)

C'est la fondation de feu M. de Montaigne... Saichent tous que aujourd'huy... pardevant moy Jehan Bernage, notaire., ont été présents Dom... et Doms... religieux de l'ordre de Saint-Bernard-des-Feuillants... d'une part; et Pierre de Montaigne, escuyer, seigneur de La Brousse, faisant pour dame Françoise de La Chassaigne, veufve de feu Michel de Montaigne, quand vivoit chevalier de l'ordre du Roy, seigneur dudit lieu, d'autre part, par lequel ledit seigneur de La Brousse a été dit :...

... Ce que lesdits doyen et religieux ont accordé... à ceste cause iceulx doyen et religieux ont promis et promettent... savoir est ; de faire bastir et construire audevant du grand autel de ladite église un caveau et en iceluy mettre le corps dudit feu sieur de Montaigne et de ladite dame et de leur postérité, et au-dessus y dresser et ériger un sépulcre et monument, ensemble de faire faire une saincture en dedans ladite église et en icelle mettre les armes dudit feu sieur de Montaigne... de dire, célébrer chascun an... messes...

... Ledit sieur de La Brousse audit nom a promis et sera tenu bailler et paier chascun an perpétuellement à... auxdits doyen et religieux 33 escus et 1/3 d'escu sol de rente...

Faict à Bourdeaulx dans le monastère en présence de MM. Mes Geoffroy de Montaigne et Thibaud de Camain, conseillers du Roy en sa Cour de Parlement...

(En note est écrit :)

« ... Le corps dudit seigneur de Montaigne fut mis dans » le caveau de la nouvelle église le 1er de mai 1614. »

1594, 24 Mai. (Heberard, not.)

(*Arch. de la Gironde* : Insinuations, 1602, f° 243.)

Contrat de mariage entre Pierre de Grelly, escuyer, fils aisné de Gaston de Grelly, escuyer, seigneur de Lavagnac et de Castegen, et de damoiselle Jehanne de Ségur ;

Et damoiselle Ysabeau de Montaigne, fille de M. Me Geoffroy de Montaigne, seigneur de Bussaguet, conseiller en la Cour de Parlement de Bordeaux, et de damoiselle Périne Gilles, sa femme.

(Donation au futur de la maison noble de Castetgens et de la maison noble de Sainte-Colombe et de Sainte-Terre.)

1595, 3 Décembre. (Chadirac, not.)

Testament olographe de Léonard d'Eymar, écuyer, seigneur de La Guasquerie et de Taujan.

Il fait un legs particulier à sa fille mariée au seigneur de Mattecoulom ; un autre à Charles de Tymbaud, son neveu.

Il institue pour héritières ses deux filles Charlotte et Béatrix, toutes deux mariées.

1597, 19 Avril. (Castaigne, not.)

Testament d'Antoinette de Louppes.

Au nom du Père et du Fils et du Saint-Esprit. Amen. Je, Anthoinette de Louppes, me reconnaissant mortelle, chargée d'années près la fin de mes jours, ay faict ce mien présent testament solempnel en la forme qui s'ensuyt : premièrement je supplie mon bon Dieu et créateur, par l'intercession de

N. S. Jésus-Christ de recepvoir mon âme lors qu'elle sera séparée de mon corps et me donner lieu en son paradis et la vie éternelle. Et veux mondict corps estre ensepvely dans l'églize Sainct-André, au tombeau où ont esté mis messieurs de Bussaguet et Gaujeac, mes beaux-frères, et le sieur de Sainct-Martin, mon fils. Et pour mes obsèques veux estre employée la somme de cent escus. Plus je declare que cy-devant feu M. de Montaigne, mon mari et moi, avons marié Jehanne de Montaigne, ma filhe, avesque feu M. Me Richard de Lestonnac, conseillier en la court, à laquelle Jehanne avons, mon mary et moi, donné et constitué en dot la somme de 4,000 livres tournois et oultre les habillements nuptiaux. Moyennant ce ladicte Jehanne renonça par son contraict de mariage à tous biens paternels, maternels et collatéraux...

... Aussy est-il notoire que j'ay travaillé lespasse de 40 ans en la maison de Montaigne avesques mon mary, en manière que par mon travailh, soin et mesnagerie, ladicte maison a esté grandement avaluée, bonifiée et augmentée, de quoy et de ce que dessubz feu Michel de Montaigne, mon fils aisné, a jouy paisiblement par mon octroy et permission et despuis son décès Léonor de Montaigne, fille dudict feu Michel mon fils, tient et possède presque tous les biens délaissés par ledict feu sieur de Montaigne, mon mary, estant très riche et opulente, par ainsin ne doit rien prétendre en mes biens et hérédité. Toutesfois je lui donne et lègue la somme de cent escus.

... Je déclaire aussy que j'ay deux enfants masles encore vivants, sçavoir Thomas et Bertrand de Montaigne, lesquels m'ont tousjours bien assistée, servie et honorée... Je donne et lègue par précipu et advantage aux susdicts Thomas et Bertrand de Montaigne, mes enfants, la tierce partie de tous et chescun mes biens...

... En oultre, je déclare que depuis le décès de mondict feu sieur et mary, j'ai marié Léonor de Montaigne, ma fille, avecque M. de Cammain, conseiller du Roy en la Court, à laquelle Léonor oultre et pardessus son dot je lui ay donné de mes biens la somme de 2,000 livres tournois... et la somme de 800 livres escheues à ma part du prix d'un chay aux Chartreux obvenu de la succession de feu Pierre de Montaigne, mon fils...

Je fay et institue mes héritiers universels Thomas et Bertrand de Montaigne, mes enfants...

... A Bourdeaulx, le 19e jour d'apvril 1597.

Au dos est écrit : le 23 de juillet 1601 le présent testament a été ouvert.

1598. 16 Janvier.

(*Arch. de la Gironde* : Frères Prêcheurs, 647, H, p. 114.)

Bouglon, métairie dite de Montaigne.

Transaction passée le 16 janvier 1598 entre le couvent et M. de Montaigne, seigneur de Bussaguet et Gayac, au sujet des droits de lods et ventes et arrérages de la rente de dix francs bordelais valant 6 livres tournois due audict couvent comme seigneur foncier et direct de deux prés, l'un desquels est englobé dans l'enclos d'une métairie située en la paroisse et palu de Blanquefort, au lieu dit à Bouglon, et l'autre sis auprès de ladicte mettérie, au lieu dit au Buisson, dépendant d'icelle ; par ladicte transaction, le sieur de Montaigne paie les lods et ventes... ladicte transaction retenue par Gaillard, notaire.

1599. 15 Janvier.

(*Arch. de la Gironde* : Frères Prêcheurs, 647, H, p. 114.)

Promesse faite le 15 janvier 1599 au couvent, par M. de Montaigne, d'exporler et reconnaître tenir dudict couvent sa métérie située au lieu dit au Bouglon de Blanquefort, sive à la Grange de Montaigne ; plus un pré situé au Buisson, dépendant de ladicte métérie. Ladicte promesse signée Geoffroy de Montaigne.

1599, 19 Novembre.

(*Arch. de la Gironde :* Frères Prêcheurs, 647, H, p. 114.)

Achapt fait le 19 novembre 1599 par M. de Ménardeau, seigneur de Beaumont, de M. Geoffroy de Montaigne, seigneur de Bussaguet, d'une mettérie scise en la palu de Blanquefort, appelée la Grange de Montaigne, cy-devant mentionnée... ledict acte retenu par Dusault, notaire.

1599.

(*Arch. de la Gironde :* Insinuations, 1606, f° 1.)

Par le contrat de mariage du 2 juin 1599 entre M. M° Léonard de Lachèze et damoiselle Anthoinette de Montaigne, il fut fait une constitution de dot à ladite. Le 29 décembre 1605, donation complémentaire est faite à celle-ci par son père, M. de Montaigne.

Témoins : Jehan Ledoulx, André Broschon et André de La Taste, habitans dudit Bordeaux.

1600, 15 Juin. (CHADIRAC, not.)

Testament de Jehanne de Montaigne, damoiselle, femme de M. M° Guilhaume Demons, conseiller du Roy en sa Court de Parlement de Bordeaux et président en la première chambre des enquêtes de ladite Cour.

Legs particuliers à Barbe-Jacques Demons, conseiller en la Cour, son fils aîné; Jacques, Jehan et Henry Demons, ses fils; Charles de Mons, aussi son fils; Jehanne Demons, damoiselle, sa fille, femme de M. de Lancre, conseiller au Parlement.

Héritier général et universel Pierre Demons, son fils plus jeune.

1600, 3 Juillet. (TARTAS, not. à Bazas.)

(*Arch. de la Gironde :* Insinuations, 1601.)

Contrat de mariage d'entre hault et puissant seigneur François de Montferrand, premier baron de Bordelais, seigneur et baron de Landiras et de la Motte d'Arriet, de l'advis et consentement de Jehanne de Lestonnat, dame de Landiras, sa mère; de M. M⁰ Guy de Lestonnat, conseiller du Roy en sa court de Parlement de Bourdeaux, Bertrand-Charles de Montaigne, seigneur de Mattecoulom, et aultres, ses parents et amis, d'une part;

Et damoyselle Marguerite de Cazalis, sous l'autorité de Bernard de Cazalis, écuyer, seigneur de Freyche et de Balizac, son père, et de Marguerite Le Blanc, damoyselle, sa mère. Pierre Blanc, écuyer, seigneur de Séguin, oncle de la future.

Faict à Barsac, le tiers jour du mois de juillet mil six cent, heure de midi, en présence de hault et puissant seigneur messire Johan de Lur, chevalier, gentilhomme ordinaire de la chambre du Roy, visconte d'Uza; hault et puissant seignéur Pierre de Lansac, chevalier de l'ordre du Roy, premier baron du Bazadois, seigneur de Roquetaillade; M. M⁰ Jacques de Pichon, conseiller du Roy en sa Court de Parlement; M. M⁰ Jacques de Sauvage, conseiller du Roy en son grand Conseil; M. Joseph Rolland, advocat en ladicte Cour de Parlement de Bordeaux et juge de ladicte prévosté de Barsac, et noble Jehan de Saint-Cricq, écuyer, seigneur dudict lieu et de Cédats.

1600, 10 Décembre. (BERNAGE, not.)

(*Arch. de la Gironde* : Insinuations.)

Saichent tous que aujourd'hui, dimanche, après midi, dixiesme du mois de décembre mil six cent, par devant moy Jehan Bernage, notaire et tabellion royal en la ville et cité de Bordeaux et sénéchaussée de Guienne, présents les tesmoigns soubz nommés, ont esté présents en leurs personnes : Honoré de Lur, escuyer, faisant sous l'authorité, congé et licence de dame Marie de Montferrand, veufve de messire Louys de Lur, quand vivoit chevalier de l'Ordre du Roy, cappitaine de 50 hommes d'armes de ses ordonnances, chambellan de S. M., et vice-admiral de Guyenne, son ayeule paternelle, et de hault et puissant messire Jehan de Lur, chevalier de l'Ordre du Roy, capitaine de 50 hommes d'armes de ses ordonnances, et de dame Charlotte-Catherine de Saluces, son espouze, père et mère dudit sieur Honoré, d'une part; et damoiselle Françoise de La Tour, faisant sous l'authorité, congé et licence de dame Anthoinette de Louppes, veufve de feu messire Pierre de Montaigne, quand vivoit chevalier, seigneur dudict lieu, sa bisaïeule; dame Françoise de La Chassaigne, veuve de feu messire Michel, seigneur de Montaigne, quand vivoit chevalier de l'Ordre du Roy, son aïeule; dame Léonor de Montaigne, veuve de feu messire François de La Tour, en son vivant chevalier, seigneur de La Tour d'Yviers et du Coiron, sa mère; et de l'advis et consentement de haut et puissant seigneur François de Jussac, chevalier, seigneur d'Ambleville et de Saint-Marsault, capitaine de 50 hommes d'armes de ses ordonnances, gouverneur pour S. M. à Coignac; ledit consentement presté par Bernard de Bernard, escuyer, seigneur de La Motte-Cissac, son procureur fondé... de messire François de La Tour, seigneur de Fongiéras, ledict consentement presté par M° Johan de Lavau, procureur en la Cour... de messire François Joussard, seigneur de Soufferte, et Ysabeau de La Tour, sa femme; et de MM. Mes Geoffroy de Montaigne, Thibault de Camain, Guillaume de Mons, François de La Chassaigne, Pierre de Rostéguy de Lancre et Joseph de Montaigne, conseillers du Roi en sa Cour de Parlement; Bertrand-Charles de Montaigne, escuier, seigneur de Mattecoulom la Guasquerie et Taussan, gentilhomme ordinaire de la chambre du Roy; Pierre Mathias de Montaigne, escuyer, seigneur d'Arsac, ses amis et parents...

... Ce fut faict et passé en la ville et cité de Bourdeaulx dans la maison de M. Me Geoffroy de Montaigne, conseiller du Roy en sa cour de Parlement de Bordeaux, en présence de M° Gelibert de Saint-Avid, prestre, curé de l'église paroissiale de Sainct-Project et de M. Pierre Lagreau, praticien, à ce requis. Ainsi signés à la cedde : H. de Lur, Françoise de La Tour, Marie de Montferrand, A. de Louppes, Jehan de Lur, C. de Saluces, de La Chassaigne, Montaigne, Geoffroy de Montaigne, Demons, Camain, de La Chassaigne, de Lancre, Joseph de Montaigne, P. Mathias de Montaigne, Lamothe, Lavaud, de Saint-Avid, P. Lagreau. Ainsi signé : Bernage, notaire royal.

1602, 20 Mai. (BOURGEAULD, not. roy.)

(*Arch. de la Gironde* : Insinuations.)

Contrat de mariage entre Jacques de Ballodes, écuyer, fils aîné d'André de Ballodes, écuyer, seigneur d'Ardennes, et de Reine de Vassal, damoiselle, d'une part;

Et Johanne de Montaigne, damoiselle, fille de Thomas de Montaigne, écuyer, seigneur d'Arsac, du Castera, Lilhan et Loyrac, demeurant audit Castera, d'autre;

De l'autorité et permission ladite de Montaigne de Thomas de Montaigne, son père; de Françoise de Dampierre, sa belle-mère: de Pierre Mathias de Montaigne et de Jehan d'Arsac de Montaigne, escuiers, ses frères; de Pierre de Ségur, écuyer, seigneur de Montbrun, beau-frère de ladite Jeanne; de très haut et très puissant seigneur messire Anthoine Deydie, chevalier, vicomte de Castillon, seigneur de Guytinières; de Bertrand-Charles de Montaigne, écuyer, seigneur de Mathecoulon, gentilhomme ordinaire de la Chambre du Roy; de Jehan de Grély, écuyer, seigneur de Castagen.

Fait au château de Castéra, paroisse de Saint-Germain d'Esteuil.

1602, 24 Juin.

(*Arch. de la Gironde :* Insinuations.)

Au château de Montaigne, paroisse Saint-Michel, en Périgord.

Contrat de mariage entre M. Mᵉ Joseph de Montaigne

Saint-Michel, en Périgord, conseiller du Roy en sa court de Parlement de Bordeaux; sous l'autorité de M. Mᵉ Geoffroy de Montaigne, seigneur de Bussaguet et de Gajac, son père, conseiller en ladite Cour de Parlement.

Et damoiselle Jehanne de Brian, damoiselle, habitant au château de Mauriac, fille de feu messire Jacques de Brian, chevalier, seigneur dudit lieu, gentilhomme ordinaire de la chambre du Roi de Navarre, et de damoiselle Anne de Taillefer.

Parmi les parents du futur :

Dame Françoise de La Chassaigne, dame de Montaigne, Bertrand-Charles de Montaigne, écuyer, seigneur de Mattecoulom; Pierre de Grély, écuyer, seigneur de Lavagnhac; Geoffroy de La Chassaigne, gentilhomme ordinaire de la chambre du Roy, soudan de Preyssac; M. Mᵉ Raymond de Montaigne, conseiller au Parlement de Bordeaux.

1602, 6 Novembre.

(*Arch. de la Gironde* : Archevêché, G, 304.)

Procuration donnée par dame Françoise de La Chassaigne, veuve de feu messire Michel de Montaigne, à Mᵉ Raymond de Montaigne, pour se présenter devant Mgr. le cardinal de Sourdis pour faire les hommages des maisons nobles de Montaigne et Béleyron et Forest de Bretenon, juridiction de Monravel, fº 30.

Au chasteau de Montaigne, en Périgort, le 6ᵉ jour du mois de novembre, avant midy, mil six cent-deux, a esté personnellement constituée Françoise de La Chassaigne, dame de Montaigne, veufve de feu messire Michel de Montaigne, seigneur dudit lieu, quand vivoit chevalier de l'ordre du Roy, gentilhomme ordinaire de sa chambre, laquelle dame, de son bon gré et volonté, a constitué et constitue son procureur M. Mᵉ Ramon de Montaigne, sieur de Saint-Genès, conseiller en la Cour du Parlement de Bourdeaux, et par exprès pour ces présentes pardevant Monseigneur l'illustrissime et revérendissime cardinal François de Sourdis, archevesque de Bourdeaux et primat d'Aquitaine, et ce pour faire les hommages des maisons nobles de Montaigne et de Belbeyon, ensemble de la Forêt de Bretenon, le tout en la juridiction de Monravel.   Signé de La Fuye, notaire royal.

1602, 6 Novembre.

(*Arch. de la Gironde* : Archevêché, G, 304.)

Du samedy après midi, 7ᵉ du mois de décembre mil six cent-deux, a esté présent en sa personne noble M. Mᵉ Raymond de Montaigne, sieur de Sainct-Genès, conseiller du Roy en sa Cour de Parlement de Bourdeaux, chanoyne et sacristain de l'église métropolitaine sainct-André de ladite ville ; lequel au nom et comme procureur spécial de Françoise de La Chassaigne, dame de Montaigne, vesfve de feu messire Michel de Montaigne, seigneur dudict lieu, quand vivoit chevalier de l'ordre du Roy, gentilhomme ordinaire de sa chambre, par procuration qu'il a présentement monstrée et exhibée, en date du 10ᵉ jour du mois de novembre dernier, reçeue et signée par de La Fuye, notaire royal audict lieu de Montaigne, laquelle sera ci-après au pied de ces présentes incérée, de son bon gré a recogneu et confessé et par les présentes recognoit et confesse avoir et tenir en foy et hommaige de Monseigneur François du titre de la basillique des saincts douze apostres du sainct siége apostolique, illustrissime et reverendissime Père en Dieu cardinal de Sourdis, archevesque de Bourdeaux et primat d'Aquitaine et seigneur temporel de Montravel et de ses successeurs archevesques, sçavoir est les maisons nobles de Montaigne et de Belbeyon en la juridiction de Monravel en Périgord, avec toutes et chascunes leurs entrées, issues, apartenances, apendances et dépendances, sans aulcune réservation, desquelles maisons, apartenances, apendances et dépendances, ladite dame sera tenue de bailler dans quarante jours, au mieux de son pouvoir, par escript le dénom-

brement des possessions, terres et autres biens, cens et rentes dépendents d'icelles maisons avec dhue vérification desdits biens et choses, de leurs tenans et aboutissans nouveaux, pour le tout être mises et tenues au pied de ces présentes et ce à peyne de tous dépens, dommages et interêts, desquelles susdites maisons Montaigne et Bélbeyon feu noble Pierre Eyquem fit hommaige à feu messire Jean de Foix, quand vivoit archevesque de Bourdeaux, le pénultième jour de décembre mil cinq cent dix neuf, ainsin que dudit homaige, ledict sieur de Montaigne a présentement fait aparoir, signé Delasse, notaire et secrétaire dudit feu seigneur archevesque, et à présant ledict sieur de Montaigne estant devant mondict seigneur, à deux genoulz a terre, les mains jointes et fermées, sans chapeau, manteau, ceinture ni espée, en a pris et reçeu vestizon de mondict seigneur, lequel après avoir receu de mondit sieur de Montaigne audit nom serment de fidélité qu'il a faict et presté en ses mains lesquelles il lui a relâchées et iceluy rellevé, l'en a receu audict nom pour hommaige lige, vassal, iceluy vestu et saisy comme de fiefs nobles, francs, libres et gentylz, au debvoir d'ung gratieux et deu embrassement à la coustume des prélatz et d'ung baiser à la joue à muance et changement de seigneur et de vassal d'une part ou d'autre; promettant le sieur de Montaigne audit nom que ladite dame et ses successeurs seront audict seigneur et ses successeurs archevesques bons et fidelles vassalz, leur obéiront et auront soin du bien et profict desdits archevesques..
à personne, au préjudice desdicts seigneurs archevesques, et s'ils savent chose dommageable auxdicts seigneurs l'empescheront à leur pouvoir et le luy feront assavoir au plustôt, concernant les droicts desdicts archevesques et ne feront chose par laquelle iceux droicts puissent être intéressés, détournés ou diminués en aucune manière. Ains garderont et entretiendront..... lablement tous et chacuns les chapitres et articles qui seront gardés et entendus sous l'hommaige lige et serment de fidélité, sans qu'ils puissent

vendre, engager, distraire, ni aliéner lesdites maisons nobles, appartenances et dépendances en tout ou en partie sans la volonté et permission de mondit seigneur et de ses successeurs ayant droit au présent hommage ; et en ceste qualité mondict seigneur le cardinal archevesque a promis et promet audit procureur pour lui, que lui et ses successeurs archevesques luy en seront bons seigneurs de fiefz et lui en porter bonne et ferme garantie par droict de seigneurie et fiefz nobles tout ainsin que seigneurs de fiefz doibvent servir et sont tenus à leurs vassalz.....

Signé : Le Cardinal archevêque de Bordeaux,
    R. de Montaigne, procureur susdit,
    Peyrusac, présent,
    Dautiège, présent,
    Subercaze, notaire royal.

1603, 19 Janvier.
(*Arch. de la Gironde*, G, 304.)

Comme ainsy soit que Monseigneur l'illustrissime François, prestre, cardinal de Sourdis, archevesque de Bourdeaux, primat d'Aquitaine, fust envoyé de mettre en procès Bertrand-Charles de Montaigne, escuyer, seigneur de La Guasquerie, gentilhomme ordinaire de la chambre du Roy, parce que Monseigneur prétendoit que la maison antiennement appelée des Marrons et a présent de Matecolom, sise en la paroisse de Montpeyroux, juridiction de Montravel en Périgord, tenue et possédée par ledit seigneur de Montaigne lui devoit rendre hommage et sur ce que aussi ledit seigneur de Montaigne a fortifié ladicte maison sans permission de mondict seigneur ou de ses prédécesseurs archevesques, et ledict seigneur de Montaigne pretendoit ladite maison estre noble tenue à foy et hommaige de mondict seigneur comme archevesque dudict Bourdeaux, et prétendoit que feu messire Charles de Gramon, ci-devant archevesque de Bourdeaux, eut reçu à homaige feu noble Joachim Dumas, seigneur de ladicte maison, le 3e décembre 1530, par contrat retenu par feu Chauvin, notaire royal..... etc.

Hommaige pour la maison noble de Matecolom autrefois des Marronx, au devoir d'un baiser et d'un réglet de bréviaire.

Signé : le Cardinal archevesque de Bourdeaux,
R. C. de Montaigne,
Subercases, notaire royal.

1603, 10 Décembre. (BERNAGE, not.)
(*Arch. de la Gironde :* Insinuations, 1604, fº 84.)

Contrat de mariage. Entre :

M. Me Bernard de La Vie, écuyer, seigneur d'Ardre, advocat au Parlement, fils de feu Me Fortis de La Vie, conseiller au Parlement,

Et damoiselle Antoinette de Camain, fille de feu M. Me Thioaud de Camain, conseiller en la cour, et de dame Léonor de Montaigne.

Signé : Camain, Léonor de Montaigne, de La Vie, de Camain, Geoffroy de Montaigne, de Lestonnac, de Suydiraut, de Saigues, Allard, Demons, de La Vie.

1608.
(*Arch. de la Gironde :* Insinuations.)

Contrat de mariage entre :

Richard d'Aulèdes, écuyer, seigneur de Partailhan, de l'advis et consentement de Jeanne de Montaigne, damoiselle, veuve de Me Richard de Lestonnac, conseiller du Roy nostre Sire, sa grand'mère ; et de Jeanne de Lestonna, dame de Landiras, sa tante, veuve de feu Gaston de Montferrand, seigneur baron de Landiras, d'une part ;

Et damoiselle Bonaventure de Chanteloube, fille de..... de Chanteloube, écuyer, seigneur du Branda, du Caillaut et co-seigneur de la maison noble de Pommiers, et de damoiselle Catherine de Montferrand.

1609, 14 Mars.

(*Arch. de la Gironde*, G, 289.)

Accord passé devant Dussault, notaire, le 14 mars 1609, entre M. le Cardinal de Sourdis et messire Michel de Gamache, vicomte de Reymond, seigneur de July et autres places, faisant pour et au nom de dame Eléonore de Montaigne, fille et héritière de feu messire Michel de Montaigne, son épouse.

Par lequel il est dit que pour payer les sommes auxquelles feu Mᵉ Antoine Prevot de Sansac avait été taxé et cotisé pour sa part des subventions accordées par Notre Saint Père le Pape sur le clergé de France, en faveur du Roy, ledit seigneur de Sansac avoit mis et exposé en vente du temporel de l'archevêché une pièce de forest et bois, située en la paroisse de Montpeyroux, contenant 110 arpents ou journaux et demi, ensemble diverses rentes... lesdites forests, cens et rentes adjugées audit feu seigneur de Montaigne, savoir : ladite forest pour la somme de 2,025 livres et lesdites cens et rentes pour 1,125, ainsi que le tout résulte pour les procès-verbaux d'adjudication des 2 juillet 1578 et 15 avril 1579. Et quand Sa Majesté, par son édit, a permis au clergé de rentrer dans leur temporel aliéné, ledit seigneur de Sourdis, en approuvant ladite adjudication, s'est départy en faveur de ladite dame de Gamache de tous les droits, noms, raisons et actions de rachat qu'il avoit et pouvoit avoir sur ladite forest, cens et rentes... à la charge de l'hommage réservé..., etc.

Chaigneau, notaire, 19 mars 1609. Ratification par damoiselle Eléonore de Montaigne, épouse dudit seigneur de Gamache, de l'accord et transaction ci-dessus.

1610, 2 Avril.

(*Bibl. de Bordeaux* : Titres de la maison noble de Montaigne.)

Extrait du Registre des requêtes du Palais.

Entre Pierre Mathias de Montaigne, escuyer, seigneur d'Arsac, reprenant le procès au nom de feu Thomas de Montaigne, escuyer, son frère, en qualité d'héritier, au bénéfice d'inventaire d'iceluy, demandeur l'entérinement de certaine requeste et le proffit et le... de certain deffaut d'une part, et dames Françoise de Lachassaigne et Eleonor de Montaigne, dame de La Tour, défenderesses à ladite requeste et deffault chescune à leur égard, d'autre part. — Veu la requeste dudit demandeur de l'entérinement de laquelle est question, du 21ᵉ novembre 1607, contenant que feu noble Eyquem de Montaigne, son père, seroit décédé ayant fait son testament et par iceluy prélégué messire François [Michel (?)] de Montaigne, quand vivoit chevalier de l'Ordre du Roy, son fils aisné, son chasteau de Montaigne avec ses préclotures, mesteries, héritages, rentes et autres apartenences, et d'autant qu'il avoit pris le nom de ladicte maison il avoit asseuré ledict prélégat à ses enffans masles, à la charge de porter le nom, surnom et armes de ladicte maison, et auroit par exprès voulu que le tout retourne audict demandeur, son second fils masle, au cas que ledict Michel desedat sans enffans masles, lequel cas est advenu d'autant que ledict Michel est décédé ayant délaissé ladicte de La Chassaigne, sa vefve, et une seule filhe unicque, qui est ladicte Léonore de Montaigne, lesquelles se sont emparées du susdit préléguat, ensemble de tous les meubles et tiltres de la maison, sans en avoir voulu faire aucune raison audict demandeur... d'autant que ledict testament et autres titres communs sont demeurés entre les mains dudict Michel de Montaigne, fils aisné en ladicte maison, et que lesdictes damoiselles de La Chassaigne et de La Tour se sont emparées desdicts tiltres et accessoires ... dudict preleguat au préjudice du droict acquis par ledict demandeur; qu'icelles dames de La Chassaigne et de La Tour fussent condampnées à exhiber et represanter ledit testament en la vraye et originalle forme et que la substitution faicte pour rayson dudict préléguat fust déclarée ouverte en faveur dudict demandeur; ce faysant que les susdictes dames fussent condempnées soy désyster et départir de la possession et occupation dudict chasteau de Montaigne, perclostures, méteries, héritaiges, rantes et aultres appartenences et dépendances, avec restitution de fruicts deppuis le décès dudict feu Michel de Montaigne, fraire aysné dudict demandeur...

Dict a esté, avant faire droit définitivement des fins et conclusions prises par ledict demandeur, que la Cour a ordonné et ordonne que ladicte de La Chassaigne sera deffaulte dans un mois prochain venant, pendant lequel sera ladicte de Montaigne réassignée pour deffendre aussy de son chef auxdictes conclusions, ainsi qu'elle verra estre affaire, pour ce faict ou à faute de ce faire ledict delay passé en estre ordonné comme il apartiendra, dépens réservés en fin de cause... En ladicte Court, le second d'apvril 1610.

1614, 9 Avril. (Dufault, not.)
(*Arch. de la Gironde*: Feuillants, H, 620, p. 38.)

Transaction entre les Feuillants et la dame de Montaigne.
... Les religieux... auroient advisé et trouvé bon et nécessaire agrandir le corps de ladite église... et ayant ladite dame de Montaigne veu que par cette nouvelle construction ledit caveau... estoit éloigné du grand autel de ladite église de nouveau construit, et qu'il demeuroit sur la porte d'icelle, et que... ladite sainture presque ôtée, elle aurait présenté requeste du Palais...

Sur quoy voyant certaines notables personnes que lesdits religieux et ladite dame estoient en voie d'entrer en grand procès; pour ce est-il que... les religieux capitulairement assemblés au son de la cloche,... ont donné et donnent par ces présentes à ladite dame Françoise de La Chassaigne, dame de Montaigne,... la chapelle plus prochaine du grand autel de ladite église nouvellement construite, du cousté du midy, dédiée à saint Bernard; pour, dans ladite chapelle, mettre litre et ceinture et armoiries; et dans la cave d'icelle le corps dudit feu seigneur de Montaigne, des leurs et de leurs successeurs en droicte ligne... Et moyennant ce ladite de La Chassaigne a promis bailher et paier...

1610, 25 Juin.

(Arch. de la Gironde : Insinuations.)

Au nom du Père et du Fils et du Saint-Esprit! Amen. Sçaichent tous que devant moy Pierre Brandon, notaire et tabellion royal en la ville et cité de Bordeaux et sénéchaussée de Guyenne, présents les témoins bas nommés, ont esté personnellement establis sire Isidore de Louppes Brandon, marchand portugais, natif de la ville de Frontières en Portugal, étant de présent à Bordeaux... d'une part ; et Catherine de Soulys, fille naturelle et légitime de sire Roderic Ayron, aussi marchand portugais, et d'Ysabeau de Soulys, ses père et mère, habitant de la ville de Lisbonne audit Portugal ; de l'advis et assistance de sire Alagro Louppes, son oncle paternel, de Simon Rodrigues Londrugues, son cousin du cousté paternel ; de M. Me Martin Darraguon, docteur en droit et advocat en la Cour de Parlement de Bordeaux... les tous habitans de la paroisse Sainte-Aulaye... lesquels ont faict, passé et accordé les pactes et conventions qui s'ensuyvent : 1º ledit Isidore de Louppes et ladite Catherine de Soulys ont promis et promettent se prendre pour mary et femme, espoux, et recevoir le Saint Sacrement de mariage en face de notre saincte mère l'Église catholique, apostolique et romaine, toutesfois et quantes chacun d'eux en sera requis.

Témoins : François Diès, aussi marchand portugais, demeurant en la ville de Diane en Portugal ; ledit sieur Darraguon, David Darraguon, docteur en médecine ; Goumès, marchand portugais.

1611.

(Arch. de la Gironde : Insinuations, 1611.)

Contrat de mariage :

Entre noble Ysaac de Ségur de Pardailhan, fils de haut et puissant seigneur messire François de Ségur de Pardailhan, chevalier, capitaine de cinquante hommes d'armes des ordonnances du Roy, seigneur de Sainte-Aulaye, Montazeau, La

Mothe-Grateau, Le Gourdy, etc., et de haute et puissante dame Jehanne de Mousnier, dame de Fauguerolles, Pouillac, Lestage et Le Vigean,

Et damoiselle Catherine de Mulet de La Plane, fille de noble Gratien de Mulet, écuyer, gentilhomme ordinaire de la chambre du Roy, seigneur de La Plane, et de damoiselle Marthe de Jousset ;

Joseph de Montaigne, seigneur de Gajac, ayant la procuration de ladite de Mulet. — Assistent au contrat : Geoffroy de Montaigne, seigneur de Bussaguet, conseiller au Parlement ; Denis de Mulet, seigneur de La Tour, avocat général au Parlement ; Pierre de Mulet, écuyer, seigneur de Queysac, conseiller au Parlement et commissaire aux requêtes du Palais ; Jacques de Mons, conseiller au Parlement ; Noël de Mulet, seigneur de La Croix et curé d'Ambarès.

1620, 10 Mai. (DE THEMER, not.)

(*Arch. de la Gironde :* Insinuations, 1626.)

Contrat de mariage :

Mᵉ Jacques de Poncastel, écuyer, avocat au Parlement, fils de feu Mᵉ François de Poncastel, notaire et secrétaire du Roy, contrôleur en la comptablie, et de damoiselle Marie de Cadouin,

Sous l'autorité de Marie Gilles, sa grand'mère, veuve de feu honorable homme sire François de Poncastel, citoyen de Bordeaux,

Et damoiselle Marguerite d'Aulède, fille de noble Jean d'Aulède, écuyer, seigneur du Cros, et de damoiselle Jeanne de Lestonnac,

Sous l'autorité de ladite dame, sa mère et de damoiselle Jeanne de Montaigne, sa grand'mère, veuve de feu Mᵉ Richard de Lestonnac, conseiller en la Cour de Parlement de Bordeaux, et de l'advis de noble homme Pierre de Lestonna, écuyer, seigneur de Pipeleu, son oncle, et de Guy de Lestonna, conseiller en la Cour, aussi son oncle.

1624, 2 Mars.
(*Arch. de la Gironde* : Insinuations.)

Testament de Gabriel d'Arrérac, écuyer, seigneur de la maison noble d'Arsac en Médoc.

« A l'église d'Arsac dont je suis seigneur cent livres pour
» légat que feue Antoinette de Montaigne, ma femme, a légué
» par testament à ladite église. »

Pas d'enfants d'Antoinette de Montaigne.

Héritier général « Jean d'Arrérac, fils de mon second
» mariage avec Catherine Dunoyer, et le posthume s'il y en a,
» de Marie de Ragueneau, à présent ma femme. »

Substitution en faveur de Jean, son neveu, fils de Guy de Belhade, seigneur de Thodias.

1625, 28 Avril. (François Dubois, not.)
(*Bibl. de Bordeaux* : Titres de la maison noble de Montaigne.)

Que Marguerite de Montaigne, damoiselle, veuve de feu Pierre de Ségur, escuyer, seigneur de Montbrun, a transigé le 10 novembre 1620 avec Jehanne de Montaigne, sa sœur, femme de Jacques de Valodes, escuyer, seigneur de Montazeau; qu'il a été dit que la dernière prendrait la somme de trois mil livres sur le prix de la maison noble du Castera et justice de Lilhan, et seraient lesdictes maison noble et justice, partagées par moitié; que depuis la part de Marguerite de Montaigne a été saisie, et que son fils, Gabriel de Ségur, seigneur de Monbrun, a été assigné...

Gabriel de Ségur, seigneur de Monbrun et Pitay, tant en son nom que pour ses frères dont il est administrateur, vend à Me Estienne de Joly, conseiller du Roy, magistrat au présidial... tous les droits de sa mère sur les maisons nobles du Castera et justice de Lilhan, à partager avec la dame de Montazeau, sa tante, pour le prix de quatre mille deux cent quinze livres.

Ratification par Jeanne de Ségur, sa sœur, et par Isaac du Bérailh, écuyer, seigneur de Bajouran, mari de celle-ci.

1625, 28 Mai. (François Durois, not.)

(*Bibl. de Bordeaux* : Titres de la maison noble de Montaigne.)

Damoiselle Jehanne de Montaigne, femme de Jacques de Valodes, écuyer, seigneur de Montaigne, ayant par acte de partage droit à une somme de trois mille livres, et à la moitié des maisons nobles et justice du Castera et de Lilhan, l'autre moitié appartenant à sa sœur, damoiselle Marguerite de Montaigne, veuve de M. de Ségur de Monbrun, et qui a été saisie, vend sa part et ses droits à M. Étienne de Joly, conseiller, magistrat au présidial, pour la somme de 7,778 livres.

1627, 13 Mars. (Denoys, not.)

(*Bibl. de Bordeaux* : Titres de la maison noble de Montaigne.)

A Montaigne en Périgord et dans la tour neufve dudit lieu... ont comparu messire Louis de Lur, chevalier, seigneur et baron de Fargues, et damoyselle Marye de Guamaches, fille de haut et puissant seigneur messire Charles de Guasmaches, chevalier, seigneur de Chateaumeillan et autres places, par lesquels seigneur baron de Fargues et damoiselle de Guasmaches a été dict que cy-devant a esté traicté mariage entre eulx par le sieur de Guasmaches, père de ladicte damoiselle, messire François de Lur de Salusses, chevalier, seigneur viscomte d'Uza et autres places, et défuncte dame Françoise de La Chassaigne, quand vivoit dame de Montaigne et aïeule de ladicte damoiselle, et dudit mariage dressé des articles. (Ils conviennent que ces articles seront exécutés selon leur forme et teneur.)

En faveur dudict mariage, le viscomte d'Uza, frère dudict futur époux, abandonne au futur époux tous les droicts que lui et Charles de Lur, son fils, ont sur la maison noble de Montaigne ; et, en revanche, le futur époux abandonne à Charles de Lur, son neveu, tons les droits qu'il a dans la succession de Jehan de Lur et de Catherine de Salusses, ses père et mère, grand-père et grand'mère dudict Charles de Lur. Il est dit auxdits articles que messire Frédéric de

Guamaches, fils de Charles de Guamaches et de Anne de Grély, paiera 20,000 francs après la mort de son père, sur les 30,000 francs que celui-ci constitue en dot à sa fille. Lesdits articles avaient été signés par l'illustrissime et révérendissime cardinal de Sourdis, et par la défunte dame de Montaigne. Le présent acte est signé comme témoins par MM. Mes de Camain, de Mons et de Montaigne, conseillers en la Cour de Parlement, le sieur de Mathecoulom et Lancelot de Belcier.

1627, 9 Août. (Roques, not.)

(*Arch. de la Gironde* : Insinuations.)

Testament de damoiselle Marie de Brian, veuve de feu M. Me Guy de Lestonnac, conseiller du Roi en la Cour.

Un premier testament avait été fait le 6 décembre 1637. Saphin, notaire royal.

Codicille.

Elle institue : « François de Montaigne, mon neveu et » filheul, héritier général et universel, à la condition que son » fils aîné ou bien le cadet porte mon nom et armes. Substi- » tution en faveur de Guillaume de Montaigne, son frère, » qui est la deuxième personne que j'ayme le plus. » Même condition de porter le nom et les armes.

Legs particuliers à Henry et Anthoine de Montaigne, conseillers au Parlement, ses neveux, frères de François et de Guillaume ; à Marie de Montaigne, fille du sieur Montaigne, conseiller ; à François de Grély, seigner de Lavaignac, son neveu ; et à la sœur de celui-ci.

1656, 30 Mars.

(*Bibl. de Bordeaux* : Titres de la maison noble de Montaigne.)

Aujourd'huy 30e mars 1656, avant midy, par devant moy, notaire royal à Bourdeaux et en Guienne, soubssigné, présants les témoins..... a esté présent messire Charles-François de Lur de Salusses, marquis de Lur, seigneur et baron de La Mothe de Landerron et Saint-Surin sur l'Isle, habitant en la maison noble de Montaigne, en Périgord, lequel parlant à messire Louis de Lur Salusses, chevalier, baron de Fargues, Montaigne et autres lieux, son père, l'a prié et requis de lui vouloir permettre de disposer par donation, à cause de mort, des biens et droicts qui peuvent estre en sa disposition et l'authoriser pour cet effet, à laquelle prière ledict sieur de Lur, père, à ce présent, inclinant... a autorizé...

Faict à Bourdeaulx, en la maison de M. Salomon du Sault, conseiller du Roi, magistrat présidial en Guienne...

Signé : Chauvet, notaire royal.

Testament de messire Charles-François de Lur de Salusses, ci-dessus, en faveur de dame Marie de Gamaches, sa mère; substitution en faveur de Philibert de Lur Saluces, son frère, à la charge de payer 600 livres à chacune de ses sœurs.

Chauvet, notaire royal.

1656, 6 Juillet.

(*Bibl. de Bordeaux* : Titres de la maison noble de Montaigne.)

Messire Charles-François de Lur de Saluces, chevalier, seigneur de Montaigne, Lamothe et autres lieux, demeurant ordinairement à Montaigne, près la ville de Bourdeaulx, étant présentement à Paris, logé rue Jehan-Saint-Denis, et messire Claude de Gamaches, chevalier, seigneur de Jussy, en Berry, estant à présent à Paris, logé rue de Tournon, aux *Trois Roses,* tant en leurs noms propres et privés que comme faisant et se portant fort de messire de Lur de Saluces, chevalier, seigneur de Montaigne et autres places, père dudit seigneur de Montaigne, par lequel ils promettent solidairement faire ratifier, etc..... Confessent devoir à messire Jehan Gédéon de la Ramière, abbé de Picharnaud, comme procureur de messire Jacques de la Ramière, chevalier, seigneur de Picharnaud, cornette des chevau-legers de la garde de la Reyne, mère du Roy, la somme de 1,222 livres, pour la composition et récompense de la charge de cornette des chevau-légers de la garde de la Reyne, mère du Roy, de laquelle ils ont traicté par contract passé aujourd'huy pardevant les notaires soussignés..., dation d'hypothèque.

Lenoir Pain et François Ogier, notaires au Châtelet.

1656, 22 Août.

Ratification par Louis de Lur-Saluces, père de Charles-François.

Desnois, notaire royal en Guienne.

1659, 6 Novembre.

Poursuites par Jacques de la Ramière, contre Charles François de Montaigne à présent *cornette,* etc., pour avoir paiement.

1661, 2 Décembre.
(*Bibl. de Bordeaux*: Titres de la maison noble de Montaigne.)

Par sentence du 24 novembre 1659 du Châtelet de Paris, le sieur Charles-François de Lur, Claude de Gamache et Louis de Lur furent condamnés à payer à Jacques de La Ramière, seigneur de Maisonneufve et du Pucharnauld, la somme de 22,000 livres d'une part, et celle de 1,222 livres d'autre part. Poursuites inutiles. 2 décembre 1661, la Cour tenant les requêtes du palais à Paris ordonne que si le paiement n'a pas lieu dans six semaines, les trois débiteurs seront contraints par emprisonnement de leurs personnes.

1661, 21 Décembre.
(*Bibl. de Bordeaux*: Titres de la maison noble de Montaigne.)

Pareatis pour le Roi en son conseil, qui ordonne l'exécution des décisions ci-dessus, nonobstant clameur de haro, charte normande, prise à partie et lettres à ce contraires.

1669, 16 Janvier.

(*Bibl. de Bordeaux* : Titres de la maison noble de Montaigne.)

Charles-François de Lur de Saluces, marquis de Lur, défendeur et demandeur en la Cour de Parlement de Bretagne, contre damoiselle Françoise de Gascq et le soy-disant Jean de Bousignac, son fils. Par requeste présentée audict Parlement, ledict demandeur remonstroit que ladicte de Gascq et le soy-disant son fils ne s'étant pas contenté de supposer un faux contrat de mariage d'entre le deffunt sieur de La Mothe et ladicte de Gascq, des certificats d'espousailles et de baptesme, ils auroient encore fait fabriquer un faux testament dudict de La Mothe, daté du 21 mars 1640, confirmatif dudict mariage supposé, par le nommé Simon dit de Fonroques ou de Fongraves, un des insignes falsaires de Guienne. Demande l'envoi audict Parlement par le garde-note de Villeneufve d'Agenais, de l'original du testament et des autres pièces.

1671, 22 Avril.

(*Arch. de la Gironde*, G, 304.)

A esté présent en sa personne messire Janetin de Belcier, chevalier, seigneur de Gensac, faisant au nom et comme procureur fondé de procuration expresse de dame Marie de Gamaches, dame de Montaigne et autres places, veufve de feu messire Louis de Lur de Salusses, vivant, chevalier, seigneur baron de Fargues, de Montaigne, Lamothe-Landeron et autres places...

Lequel de son bon gré et volonté a recogneu et confessé que ladicte dame de Montaigne a et tient en foy et hommage de monseigneur... sçavoir est les maisons nobles de Montaigne et Balbeyon.

1671, 7 Août.

(*Bibl. de Bordeaux* : Titres de la maison noble de Montaigne.)

Sur les requêtes respectivement présentées au Roy en son conseil, d'une part par François de Gasq, seigneur de Blondez ;

Béraud de Las, sergent royal; Jean-François Bousignac; seigneur de La Mothe; Jean Darche, lieutenant au régiment de Navarre; Daniel La Courtiade; Isaac Baritaud; Jean Soudet, dit Ducasse; Jehan de Laroche l'ayné; Jehan de Peyrusse et François Lescure; et d'autre part Marie de Gamaches, veuve de feu messire Louis de Lur de Saluces, seignour et baron de Fargues. Que le Roi a accordé aux susdits, en janvier 1671, des lettres de grâce, pardon et rémission scellées du grand sceau, pour cause du décès des sieurs de Lur, de Graves et de Franc, arrivé le 28e décembre dernier, aux environs du lieu de La Réole, par la faute desdicts deffuncts, pour avoir fait violence à justice, voulu empêcher l'exécution d'arrest, couru après les suppliants et voulu arracher des mains de ceux-ci... arrêts lesquels condamnent par corps ledict sieur de Lur à payer par provision audict sieur de Bousignac...

La requête de la dame de Gamaches contenant que deffunt messire Jean-François de Bousignac, seigneur de La Mothe Mongauzy, ayant, par son testament en 1640, légué à Charles-François de Lur, marquis de Lur, fils dudit sieur de Fargues, la terre et seigneurie de La Mothe, et le testateur étant décédé le 4 avril 1649, sans avoir contracté aucun mariage, le sieur de Fargues, pour son fils, prit possession de ladicte terre sans aucune opposition jusqu'au mois de juillet ensuyvant, que damoiselle Françoise de Gascq, soydisant veufve dudict de Bousignac, et mère de François de Bousignac, fit assigner ledict sieur de Fargues au Parlement de Bordeaux, pour avoir à luy délaisser cette terre..... où elle avoit aussi grand nombre de parents (au Parlement de Bordeaux), que par arrêt du conseil du 24 septembre 1658, le procez fut évoqué et renvoyé au Parlement de Rennes. Le décès dudit sieur de Fargues étant survenu peu d'années après, l'instance fut reprise par ledit feu sieur marquis de Leur, que le prétendu testament a été déclairé faux et quant au contrat de mariage il fut ordonné, le 5 juin 1669, qu'avant faire droit, et par le conseiller Martin, commissaire, il serait fait recollement et constatation des témoins. Ladicte de

Gascq fut mise en prison. Le sieur de Gascq, conseiller au Parlement de Bordeaux, et fils d'autre sieur de Gascq, aussi conseiller audict Parlement, pour délivrer ladicte de Gascq, sa proche parente, d'une prison honteuse, demanda au conseiller Martin de la lui confier, ce qui fut accordé, à condition de la remettre dans deux mois ès prisons de Rennes. Mais le sieur de Leur ayant, après ce délai, demandé qu'elle fut remise dans les prisons, ladite de Gascq et son fils résolurent d'exécuter le cruel dessein de l'assassiner. A cet effet, le prétendu Bousignac, après avoir attroupé 35 à 40 hommes, armés d'espées, fusils, mousquetons et pistolets, et couverts de grandes bourguignottes abattues, ils partirent tous la nuit du 27 au 28 décembre 1669, jour de feste des SS. Innocents, pour se rendre au lieu de La Mothe, où étoit ledict sieur de Leur. Ils passèrent par la ville de La Réole, où ils achetèrent quatre livres de balles de plomb et une livre de poudre. Et estant arrivés au lieu de La Mothe deux heures avant jour, ils enfoncent avec grand bruit les portes et fenestres de quatre ou cinq maisons, traînèrent avec des blasphèmes horribles plusieurs pauvres paysans hors de leur lit, nonobstant l'extrême rigueur de la saison, les amènent quasy nuds comme s'ils eussent esté des criminels qualifiés, criant à haute voix où estoit le marquis de Leur et pourquoi il ne venoit pas secourir ses tenanciers... Et ledit feu marquis de Leur, pour avoir quelque éclaircissement sur le prétexte desdictes violences... de recourir à l'autorité des officiers de justice et police de la ville de La Réole... escuyer, et ledit feu sieur de Graves, son voisin... le suivirent... et comme ils marchoient le long du chemin qui conduit... à La Mothe, ils furent arrêtés à un quart d'heure de ladicte ville... descharge de 25 ou 30 coups de mousquet. La première décharge blessa le marquis de Leur. Celui-ci s'estant relevé, le prétendu Bousignac s'écria qu'il falloit les achever; après une seconde descharge, le marquis de Leur retomba mortellement blessé, ainsi que MM. de Francs et de Graves. Le marquis mourut une heure après. M. de

Francs le lendemain, et M. de Graves huit jours après. S. M. appréhendant que les coupables ne trouvassent trop de support au Parlement de Bordeaux, parce que parmi les coupables se trouvoient un fils de conseiller au Parlement et un cousin de M. de Gasq, conseiller, ordonna, par arrêt du conseil du 17 janvier 1670... et que procès fut fait... Daguesseau au présidial d'Agen.

1671, 4 Mars.

(*Bibl. de Bordeaux*: Titres de la maison noble de Montaigne.)

Darche, Lacourtiade, de Gascq, Vidaut, Larquet, Soudet, Ducasse, Baritault, Bameuil, Salliot, Jean et Pierre Laroche, Pierre Raux, François Lescure et Peyrusse.

Évocation au grand conseil.

1672, 14 Novembre.

(*Bibl. de Bordeaux*: Titres de la maison noble de Montaigne.)

Arrêt du Parlement de Rennes, qui déclare faux les contrat de mariage, certificats d'épousailles, de baptême et testament produits par ladite de Gascq; la déclare atteinte et convaincue du crime de faux et de supposition de personnes; défend à Antoine du Rieu de prendre le nom de Bousignac, et condamne ladicte de Gascq à avoir la tête tranchée.

Celle-ci se pourvoit devant le Parlement d'Aix.

1673, 3 Janvier.

(*Bibl. de Bordeaux*: Titres de la maison noble de Montaigne.)

Arrêt du grand conseil qui ordonne l'exécution des arrêts du Parlement de Rennes.

1674, 25 Juillet.

(*Bibl. de Bordeaux*: Titres de la maison noble de Montaigne.)

Le sieur de Montazeau. Provisions de brigadier des gardes du corps dans la compagnie des gardes écossaises du duc de Noailles.

1683, 10 Février.

(*Bibl. de Bordeaux* : Titres de la maison noble de Montaigne.)

Transaction définitive par l'arbitrage de Me Jeannotin de Belcier, seigneur de Gensac et de Mathecolom, et de noble François de Paty, écuyer, seigneur de Saint-Sernin : entre Marie de Gamaches, veuve de Louis de Lur et mère de Charles-François de Lur, assassiné, et les damoiselles de Francs, frère du sieur de Francs assassiné, et les sieurs de Gasc de Floudès et le sieur de Gascq de Rosny, ce dernier caution, pour l'assassinat du marquis de Lur.

1684, 21 Juillet

(*Bibl. de Bordeaux* : Titres de la maison noble de Montaigne.)

Extrait des Registres du conseil privé du Roy,

Sur la requête présentée au Roy en son conseil par dame Claude-Magdeleine de Lur de Salusses, veuve de messire Hélie-Ysaac de Ségur, baron de Montazeau, capitaine exempt des gardes du corps de S. M ; contenant que dame Marguerite de Lur de Saluces, veuve de Louis de Lanau, seigneur de Sainte-Aulaye, aurait sans aulcun titre ni fondement quelconque, intenté un procès au présidial de Libourne, contre la suppliante, en vertu d'une imaginaire substitution de la terre de Montaigne possédée par la suppliante, et que la dame de Lanau prétend être substituée au sieur Louis-François de Lanau, son fils mineur dont elle est tutrice. Mais comme la suppliante, en qualité de veuve dudit seigneur de Montaigne, a droit de *committimus* au grand sceau, elle aurait décliné la juridiction du présidial de Libourne et demandé son renvoi aux requêtes du Palais. — 21 janvier 1684, lettres en règlement de juges. — Assignation. — Cependant sentence au présidial de Libourne en faveur de la dame de Lanau, le 17 avril 1684. — Requête en annulation par la dame veuve de Montazeau. — Arrêt du Conseil qui ajourne pour être ouï, et fait défense à la dame de Lanau d'exécuter la sentence du présidial. — Fait au conseil privé du Roi tenu à Versailles, le 21e jour du mois de juillet 1684.

1686, 4 Avril.

(*Arch. de la Gironde*, G, 304.)

Aujourd'hui 4 avril 1686, pardevant moy, notaire royal à Bourdeaux et en Guienne, soussigné, présents les témoins bas-nommés, a été présent en sa personne messire Jeanetin de Belcier, chevalier, seigneur de Matecoulom et autres places, au nom et comme fondé de procuration de dame Claude-Madeleine de Lur de Saluces, dame de Montaigne, Lamothe, Landeron, Montazeau et autres places, veufve de messire Elie-Yzaac de Ségur, chevalier, seigneur de Montazeau, tant en son nom que comme mère tutrice et légitime administratrice de messire Jean de Montaigne de Ségur, son fils et dudit feu. Ladite procuration en date d'aujourd'huy...

A confessé tenir... de messire Louis d'Anglure de Bourlemont, conseiller du Roy en ses conseils, archevesque de Bourdeaux, etc., les maisons nobles de Montaigne et de Balbcyon, lesquelles elle possède comme fille et héritière de dame Marie Gamache sa mère.

Pascauld, notaire royal.

1687, 14 Mai.

(*Bibl. de Bordeaux*: Titres de la maison noble de Montaigne.)

Veu par la Cour la requeste à elle présentée par Claude-Magdeleine de Lur de Saluces, dame de Lamothe, Montaigne et autres places, veufve de feu Hélie-Ysaac de Ségur, vivant seigneur de Montazeau, au nom et comme mère tutrice de Jehan de Ségur de Montaigne, seigneur dudit Montazeau, son fils, tendant à ce que par les causes y contenues, il plaise lui permettre de vendre une partie des biens appartenant audit seigneur son fils, jusqu'à concurrence de ce qui est dû aux religieuses de Sainte-Claire, de Périgueux, qui ont faict saisir lesdites terres de Montazeau..... ordonne que dans quinzaine ladite suppliante fera assembler les parents dudit de Ségur de Montaigne son fils, savoir 3 du côté paternel et 3 du côté maternel, pour donner leur avis sur la vente des biens en question.

Prononcé à la Réolle en Parlement le 14ᵉ may 1687.

1692, 10 Avril. (Richon, not.)

(*Arch. de la Gironde* : Insinuations.)

Donation par haute et puissante dame Marie de Lur de Saluces, baronne de Cubzaguès, veuve de messire Jacques-Louis de Lanau, seigneur de Sainte-Aulaye, Taris, La Beslie, demeurant au château de Montaigne, juridiction de Monravel,

A haut et puissant seigneur messire Louis-François de Montaigne de Lanau, chevalier, seigneur dudit Montaigne, Sainte-Aulaye, Taris et La Beslie,

De la baronnie de Cabzaguès.

1694, 5 Avril.

(*Bibl. de Bordeaux* : Titres de la maison noble de Montaigne.)

Commission de capitaine dans le Régiment de Picardie, dont était colonel le prince d'Epinoy, donné à nostre cher et bienamé le capitaine Montazeau. Signé : Louis. Donné à Versailles le 5ᵉ jour de l'an de grâce 1694.

1696, 23 Janvier.

(*Bibl. de Bordeaux* : Titres de la maison noble de Montaigne.)

Extrait des Registres du Conseil d'État.

Sur ce qui a été représenté au Roi estant en son conseil par Marguerite de Lur de Saluces, baronne de Cubzaguès, veuve du sieur Jacques-Louis de Lanau de Saincte-Aulaye, tant de son chef que comme donataire et héritière testamentaire de feu sieur Louis-François de Lanau, son fils; et

Claude-Madeleine de Lur de Saluces, veuve du sieur Hélies-Isaac de Ségur de Montazeau, tant en son nom que comme mère tutrice de M. Jehan de Montaigne de Ségur, capitaine d'infanterie dans le régiment de Noailles, sœurs, qu'ayant le malheur d'avoir plusieurs procès ensemble pour raisons de leurs biens successifs..... de crainte qu'elles n'achèvent de consommer les biens qui les font plaider..... ont convenu de nommer MM. de Senaut, du Val et Tortaty, pour arbitres..... et que d'ailleurs S. M. aura la bonté de faire considération que le feu sieur de Montazeau a eu l'honneur de servir très longtemps dans sa maison en qualité d'exempt des gardes du corps de la compagnie de Noailles et a été tué au combat de Coquesvert en l'année 1677, et que le fils unique qu'il a laissé, âgé de dix-neuf ans, sert actuellement en qualité de capitaine dans le régiment de Noailles, où la suppliante ne pourrait pas le faire subsister si elle était obligée de subvenir aux frais des procès qui durent depuis longtemps..... Le Roy estant en son conseil, du consentement des parties, évoque à soy et à son Conseil lesdits procès et différends.....

1696, 23 Janvier.
(*Bibl. de Bordeaux* : Titres de la maison noble de Montaigne.)

Commission sur arrêt par le Roy à MM. de Senaux, du Val et Tortaty, conseillers en la grand-chambre du Parlement de Bordeaux, de juger les procès pendants aux Parlements de Paris et de Bordeaux, entre les dames de Lur de Saluces.

1705, 29 Décembre.
(*Bibl. de Bordeaux* : Titres de la maison noble de Montaigne.)

Articles de mariage qui s'accompliront, moyennant la grâce de Dieu, entre messire Jehan de Ségur, chevalier, seigneur de Montazeau, Montaigne et autres places, fils naturel et légitime de feu messire Hélies-Ysaac de Ségur, chevalier, seigneur de Montazeau, capitaine exempt des gardes du corps du Roy, et de dame Claude-Madeleine de Lur de Salusses, ses père et mère, d'une part ;

Et damoiselle Marguerite-Rose de Gauffreteau, fille naturelle et légitime de feu messire Jean-Jacques de Gauffreteau, chevalier, seigneur de Blézignac et de dame Olive de Bergeron, ses père et mère, d'autre part ;

1º Les parties assistées et de l'advis, savoir : ledit sieur de Ségur, de ladite dame de Lur de Saluces, sa mère, et de dame Marie-Anne de Ségur de Pontac, sa sœur, et de messire Joseph de Pontac, chevalier, seigneur d'Anglade, Forains et autres places, son beau-frère.....

... Fait au château de Blézignac, le 29 décembre 1705. Et ont les parties dénommées signé les présents articles avec les parents. Signé à l'original : Jehan de Montaigne de Ségur, Marguerite-Roze de Gauffreteau, Olive de Bergeron, X. de Ségur de Saluces, comtesse de Foix de Candale, Pontac, M. de Ségur, J.-L. de Lanau, Ségur de Montazeau, Ségur, Isaac de Calvimon, F. Pontac, de Lur de Saluces, de Taillefer de Pontac, le chevalier de Francs, de Martin, de Bergeron, Deguille, Dabadie, de Brassier, François de Bergeron, X. de La Hoguette, de Puynormand, Mᵉ Dandraud, Th. de Francs de Challon, messire Jean de Villars, G. de Villars, Cantignac, Angélique de Gresly, Charlotte de Grelly, M. de Ségur, Jean de Belcier Crein, Bonneville, du Maine de Belcier, François de Belcier, Ségur vicomte de Cabanac, Ségur Montaigne, Viaut de Montaigne, de Montaigne, de La Salle du Ciron, J. de La Salle du Ciron, P.-J. de La Salle du Ciron, des Malle de Leur, Monbrun de Ségur, de La Chassaigne, de Poissac, Tustal, Desmons, Pontac, Barraud de Pontac, Olive de Bergeron, Leberthon d'Éguilhe, Chatraunet, Charreton, La Salle Vaumondon, Gaufreteau, Gaufreteau, B.-L. Gaufreteau de Chateauneuf, Romand de Bel, de Gaufreteau, Jacques de Bergeron, d'Hostein, de Lestonac, Fournet, de Gajac, de Lestonac, de Galleteau, O. de Galleteau, de Brie Montalier, Dalon, de Montalier, de Galetheau, Cazillac.

1719, 30 Septembre.

(*Bibl. de Bordeaux* : Titres de la maison noble de Montaigne.)

Commission de major garde-côte pour la capitainerie d'Entre-deux-Mers à Jean de Ségur de Montaigne.

1723, 29 Octobre.

(*Arch. de la Gironde*, G, 304, 308.)

Hommage rendu par messire Jean de Montaigne de Ségur, chevalier, seigneur dudit Montaigne et autres lieux, habitant du château de Montaigne, paroisse de Saint-Michel pour Montaigne et Balbeyon, à Monseigneur Élie de Voyer de Paulmy d'Argenson, archevêque de Bordeaux.

Signé : Dumas, notaire royal.

1727, 18 Février.

(*Bibl. de Bordeaux* : Titres de la maison noble de Montaigne.)

Commission de capitaine garde-côte de l'Entre-deux-Mers, pour Jean de Ségur de Montaigne.

1730, 22 Mars.

(*Bibl. de Bordeaux* : Titres de la maison noble de Montaigne.)

Jean de Montaigne de Ségur, chevalier, seigneur de Blésignac, Montaigne et autres lieux.

1749, 15 Janvier.

(*Bibl. de Bordeaux* : Titres de la maison noble de Montaigne.)

Acte d'appel par messire Alexandre de Ségur, écuyer, seigneur de Blésignac et Montaigne.

1752, 11 Août.

(*Bibl. de Bordeaux* : Titres de la maison noble de Montaigne.)

Contrat de mariage de messire Alexandre de Ségur de Montaigne, avec damoiselle Anne Borie, fille de messire Pierre Borie, conseiller en la Cour des Aydes.

1753, 4 Septembre.

(*Arch. de la Gironde*, G, 306.)

Hommage par messire Alexandre de Montaigne de Ségur, chevalier, seigneur de la maison noble de Montaigne, baron de Blésignac, habitant de la maison noble de Montaigne,... à Pierre de Guionet, procureur de monseigneur Jacques d'Audibert de Lussan, archevêque de Bordeaux.

Signé : Borie, notaire royal.

1768, 6 Juillet.

(*Arch. de la Gironde* : Dénombrements.)

Saint-Médard, Corbiac (haute justice).

Dénombrement par Marguerite-Thérèze, Anne et Jeanne de Montaigne, sœurs, demoiselles, et messires Nicolas-Michel et Joseph de Montaigne, frères, tantes et neveux, seigneurs et barons de Saint-Médard-en-Jalles, seigneurs et possesseurs par indivis de la terre et baronnie de Corbiac, située dans la paroisse de Saint-Médard-en-Jalles, avec droit de justice haute, moyenne et basse... ont fait hommage au Roi le 20 janvier 1768.

Déclarons posséder la terre et seigneurie de Corbiac avec justice haute, moyenne et basse, venant de la succession de feu messire Bernard-Joseph de Portepain de la Salle du Cyron, mort ab intestat, que celui-ci tenait de la succession de demoiselle Marie de Montaigne, en son vivant épouse de messire Bernard de Portepain de la Salle du Ciron, icelle demoiselle de Montaigne, fille unique de feu messire Henry de Montaigne, confrontant... avec droit de nomination aux offices de ladite justice, droit de chasse, de boucherie, de bian, de vin, de pacage, de vacans, etc.

Nous possédons les masures ou château de Corbiac, communément appelé le Castéra.

Laquelle terre relève du Roi au devoir d'un autour d'or apprécié 4 livres 16 sols, payables chaque année à la fête de Saint-Michel.

1773, 30 Octobre.

(*Bibl. de Bordeaux*: Titres de la maison noble de Montaigne.)

Louis, Roi de France et de Navarre, au juge de la juridiction de Montravel, salut ! Nos bien amés Jean-François de Ségur, chevalier, officier dans notre marine; Jean-Paul de Ségur, chevalier, lieutenant au régiment d'Eu, infanterie; et Jean-Alexandre de Ségur, chevalier, lieutenant au régiment de Piémont, nous ont fait exposer qu'ils avaient été délaissés en bas-âge par feu Alexandre de Ségur, leur père, en son vivant chevalier, seigneur de Montaigne, de Blézignac et autres lieux. Néanmoins, s'étant bien comportés et ayant atteint l'âge de pleine puberté et au-delà, suivant leurs extraits baptistaires du 8 juillet 1753, 27 juin 1754 et 27 août 1755, et désirant jouir de leurs biens, ils nous ont très humblement fait supplier de leur accorder nos lettres sur ce nécessaires : par ce... mandons...

NOTES

I

Jehan d'Anglades (p. 49).

Mossen Johan d'Anglades, chevalier, seigneur d'Anglades, en Bordelais, de la Mothe-Génissac, Castelbel et Laubesc, en Bazadais, était un des plus importants seigneurs de la contrée. Il fut, avec l'archevêque de Bordeaux, Pey Berland, avec Bertrand de Montferrand, Gaillard de Durfort-Duras, seigneur de Blanquefort, Andron de Lansac, etc., signataire du traité du 12 juin 1451, portant reddition de Bordeaux au roi Charles VII.

Cependant, lors de la descente de Talbot en Guienne, il courut se ranger sous sa bannière. Fait prisonnier à la bataille de Castillon, il fut enfermé aux prisons du Châtelet de Paris; ses biens furent confisqués et donnés par le Roi à Charles d'Aubusson, son chambellan.

Dix-huit ans après, le roi Louis XI étant venu en Guienne et voulant effacer les rigueurs de la conquête, accorda à Jean d'Anglades des lettres d'abolition datées de Blanquefort, le 27 février 1471, et lui permit de transiger avec d'Aubusson : peu après il le fit son chambellan, l'un de ses cent gentilshommes, gouverneur de Monflanquin et de Villaréal en Agenais. Il fut enterré à Bordeaux en l'église de la paroisse Saint-Rémy.

Il avait eu de son premier marige avec *Jeanne de Lalande* deux enfants : *Pierre* et *Ysabeau*; et de son second mariage avec *Ysabeau de Ferraignes* deux enfants : *Simon* et *Guillaume*.

Pierre d'Anglades, chevalier, seigneur d'Anglades, Beleyron, Laubesc, etc., l'un des cent gentilshommes de la maison du Roi, écuyer du Roi Louis XI, n'eut pas d'enfants de son premier mariage contracté en 1478, avec Marguerite de Béarn; il n'eut qu'une fille d'un second lit. Dans son testament fait à Bordeaux, le 15 janvier 1492, il laissait à Ysabeau de Ferraignes, sa belle-mère, la jouissance de la seigneurie de Béleyron; et substituait à sa fille unique, Simon d'Anglades, son frère consanguin, fils d'Ysabeau de Ferraignes. Son second frère consanguin Guillaume fut tué au Pas de Suze, en 1537.

Simon d'Anglades se fixa à Condom, où il se maria. Il fonda la branche des seigneurs de Sarrazan.

II

Raymond de Montaigne (p. 85).

Nous aurions dû mettre un peu plus en lumière Raymond de Montaigne, fils de Geoffroy. M. le comte Anatole de Brémond d'Ars, qui a publié avec M. Louis Audiat, des travaux si intéressants sur la Saintonge, a bien voulu nous signaler l'importance de ce personnage. Lieutenant-général au présidial de Saintes (1607), député du tiers-état aux États généraux de 1614, après la mort de sa femme, il embrassa l'état ecclésiastique, et devint abbé de Sablonceaux, puis évêque de Bayonne (1627). Les détails de son entrée épiscopale à Bayonne se trouvent aux archives communales de Bayonne. (BB, 51, 1625, 1638.) Un arrêt du Conseil d'État, du 25 août 1627 reconnut *Nicolas de Montaigne,* son fils, comme son successeur, en qualité de président à l'élection de Saintes.

Ce qui nous avait fait douter de l'identité de l'évêque de Bayonne avec le Raymond de Montaigne, fils de Geoffroy, c'est que celui-ci avait été nommé conseiller au Parlement de Bordeaux en 1594, et qu'il paraissait peu vraisemblable qu'il eût quitté son siége de Cour souveraine pour celui plus modeste de lieutenant général à Saintes; d'autre part, il existait en Saintonge une famille de la Montaigne. Ce sont les *Essais* eux-mêmes qui nous donnent ce dernier renseignement : « Il y a une famille à Paris » et à Montpellier qui se surnomme *Montaigne;* une autre en » Bretaigne et en Xaintonge, *de la Montaigne* » (*Essais,* liv. II, chap. XVI). Mais le doute n'est plus permis. Le *Gallia Christiana* (II, 1131) qualifie l'abbé de Sablonceaux, Raymond de Montaigne, de chevalier, conseiller du Roy, président de la sénéchaussée de Saintonge et de seigneur de Saint-Genès, seigneurie qui appartenait aux Montaigne de Bordeaux. Il y a plus, le volume où sont enregistrées les lettres de provision de l'office de conseiller en la Cour de Parlement de Bordeaux, datées à Paris du 30 septembre 1594, porte que Raymond de Montaigne est nommé sur la nomination et à condition de survivance de son père. L'arrêt de la Cour du 19 juillet 1595 le reçut conseiller *en survivance*. Et enfin l'enregistrement de ses lettres de lieutenant-général au siége de Saintes (*Archives de la Gironde*, B, 51, p. 102), porte en note : « Nota. — Ledit de Montaigne n'a été examiné parce qu'il a esté » cy-devant examiné lorsqu'il fut reçu conseiller en la Cour, à » condition de survivance de M. son père. » L'identité est donc parfaitement constatée.

III

Les Montaigne de Montpellier.

Les *Essais* indiquent que les Montaigne de Montpellier n'étaient pas de la famille de Michel : « Il y a une famille.... à Montpellier, » qui se surnomme *Montaigne;* une autre en Bretaigne et en Xaintonge, *de La Montaigne*. Le remuement d'une seule syllabe » meslera nos fusées de façon que j'aurai part à leur gloire, et » eux, par adventure, à ma honte. » La confusion que prévoyait Michel a quelquefois été faite. Le catalogue manuscrit des gentilshommes de la province de Languedoc, dit que ces Montaigne de Montpellier sont « de la même famille de Michel de Montai-» gne, illustre par ses beaux écrits. » Chorier (t. III, p. 185) paraît commettre la même erreur.

Ces Montaigne n'avaient pas les mêmes armes que Michel : ils portaient *d'azur au lion d'or armé et lampassé de même*. Ils ont compté plusieurs hommes marquants: Moréri signale Jacques de Montaigne, né au Puy en Velay, avocat à la Cour des Aydes de Montpellier en 1555, président et garde des sceaux à la même Cour en 1576, auteur présumé d'une *Histoire de la Religion et de l'État de la France depuis la mort d'Henri II jusqu'en 1560*.

De ces Montaigne descendait messire Jean-Hector de Montaigne, marquis de Poncins, grand propriétaire dans le Forez, qui était en 1771 officier des gardes de Monsieur.

IV

Les Montaigne de l'Agenais.

Il existait en Agenais une famille du nom de Montaigne. Un Johannot de Montaigne, écuyer, fut, le 7 juin 1463, un des témoins du serment d'Alain d'Albret et des habitants de Meilhan, près Marmande, ses sujets. Les *Archives histor. de la Gironde* (vol. I, p. 195) disent qu'il fut probablement le dernier possesseur de ce nom du château de Montaigne. Il n'aurait laissé qu'une fille légitime et un fils naturel Pierre de Montaigne. Quoi qu'il en soit, les archives du département du Gers (A, 9) signalent un Gilbert de Montaigne qui rendit hommage au roi de Navarre en 1540. Un document sans date, mais qui paraît être de 1560 environ, parle des Montaigne de l'Agenais. C'est le « rôle des vassaux du Roy » nostre sire composant l'eslite de la noblesse du Condomoys. » On y voit figurer Jehan de Montaigne, seigneur de La Serre, et le sieur de Montaigne d'Astaffort. (V. O'Gilvy, t. III, p. 246, 247.) Ces Montaigne existaient encore près de Condom en 1774. (V. archives du départ. du Gers, C, 253.)

C'est probablement à cette famille de Montaigne que s'allia, vers le milieu du seizième siècle, la famille des Malvin, seigneurs de Cessac en Agenais, dont plusieurs membres exercèrent des fonctions judiciaires en Agenais et furent conseillers au Parlement de Bordeaux. L'une des branches de cette famille porta longtemps le nom de Malvin de Montaigne.

TABLEAUX GÉNÉALOGIQUES

N° 1

N... DE GAUJAC, marié à N... N..., d'où :

1° RAMON DE GAUJAC, marié à Trenqua Farguettas.	2° JEHANNE DE GAUJAC, mariée en 1ʳᵉˢ noces à N... Meynard, d'où : JEHANNE MEYNARD, mariée à Arn. Guiraud.	Et en 2ᵐᵉˢ noces à N... Ayquem d'où : **Ramon Ayquem**, qui suit.
Sans postérité.	Sans postérité connue.	

N° 2 — (1402-1478)

Ramon Ayquem, marié à YSABEAU DE FERRAIGNES, d'où : — Remariée à Jehan d'Anglade, d'où :

1° **Grimon**, qui suit.	2° PIERRE.	3° PÉRÉGRINA, épouse J. Andron de Lansac.	4° AUDETA, épouse Bernard de Vertheuil, d'où : JEHANNE DE VERTHEUIL, épouse Jehan du Fleix, d'où :	SIMON D'ANGLADE, d'où :
	Sans postérité.	Sans postérité.	plusieurs enfants.	plusieurs enfants.

N° 3 — (1450-1519)

Grimon Ayquem, marié à JEHANNE DU FOURN, d'où :

1° **Pierre**, qui suit.	2° THOMAS, seig. de Saint-Michel.	3° PIERRE, seig. de Gajac.	4° RAYMOND, conseiller, seigneur de Bussaguet, marié à Adrienne de La Chassaigne, d'où :				Remarié à Renée de Belleville.	5° BLANQUINE, mariée à Martial de Belcier, d'où : ANTOINE DE BELCIER, marié à Anne de Lubersac, d'où : ANTOINE DE BELCIER, marié à Olympe de Ségur.	6° JEHAN mariée Nic¹ Dug
			1° GEOFFROY DE MONTAIGNE, d'où :	2° ROBERT DE MONTAIGNE.	3° JEHANNE DE MONTAIGNE, mariée à Guill. de Mons, d'où :	4° JEHANNE DE MONTAIGNE, mariée à Jean de La Taulade.			
Sans postérité.	Sans postérité.	pl. enfants.	Sans postérité.	pl. enfants.	Sans postérité.	Sans postérité.		Plusieurs enfants.	Sans poste

N° 4 — (1495-1568)

Pierre Eyquem de MONTAIGNE, marié à ANTOINETTE DE LOUPPES (15 janv. 1528), d'où :

1° **Michel**, qui suit.	2° THOMAS, seigneur de Beauregard et d'Arsac, marié à JAQUETTE D'ARSAC, d'où :				3° ARNAUD, seign. de St-Martin.	4° PIERRE, seign. de La Brousse.	5° BERTRAND, seig. de Mattecoulom, mar. (1591) à Ch¹ᵉ d'Eymar d'où : MADELEINE, mar. (1621) à Lancelot de Belcier, d'où :	6° JEANNE, mariée à Richard de Lestonnac d'où : JAQUETTE DE LESTONNAC, mariée à Geoffroy d'Alesmes, d'où :	7° LÉONOR, mariée à Thibaud de Camain d'où :	8° M mari de Ca
1° SÉRÈNE DE LANGON.	1° JEAN.	2° PIERRE-MATHIAS.	3° ANTOINETTE, mariée à G. d'Arrérac.	4° MARGUERITE, mariée à de Ségur-Montbrun, d'où : pl. enfants.	5° JEANNE mar. (1602) à C. de Vatodes seign. de Montazeau, d'où : pl. enfants.	3° FRANÇ⁸ᵉ DE DAMPIERRE.				
Sans postér.	S. postér.	Sans postér.	Sans postér.	pl. enfants.	pl. enfants.	Sans postér.	Sans postér.	pl. enfants.	pl. enfants.	S. po

N° 5 — (1533-1592)

Michel de MONTAIGNE, marié à FRANÇOISE DE LA CHASSAIGNE, d'où :
Léonor de Montaigne, mariée à :

1° François de La Tour, d'où : FRANÇOISE DE LA TOUR, mariée à Honoré de Lur, d'où : CHARLES DE LUR, marié à Ysabeau de La Lanne.

2° Charles de Gamaches, d'où : MARIE DE GAMACHES, mariée à Louis de **Lur**, d'où :

1° CHARLES-FRANÇOIS DE LUR.	2° PHILIBERT DE LUR.	3° MARGUERITE-MARIE DE LUR, mariée au marquis de Lanau, d'où :			4° JEANNE-HONRÉE DE LUR, mar. à N... de Saint-Jean, d'où : N... DE SAINT-JEAN, mar. à N... C¹ᵉ de Béarn. (Comte O'Kelly Farrell, marquis de Puységur.)	5° CLAUDE-MADELEINE DE LUR, mariée à Ysac de Ségur, d'où : JEAN DE SÉGUR, m. à Rose de Gaufreteau d'où : ALEXANDRE DE S. mar. à Anne Borie. (les Ségur-Montaigne.)	MARIE-ANNE DE S mar. à J. de Pon d'où : plusieurs enfant (les Pontac.)
		1° LOUIS DE LANAU.	2° MARIE, mariée à de Calvimont seig. de Néac	3° MADELEINE.			
Sans postérité.	Sans postérité.	Sans postér.	Sans postér.	Sans postér.	Sans postér.		

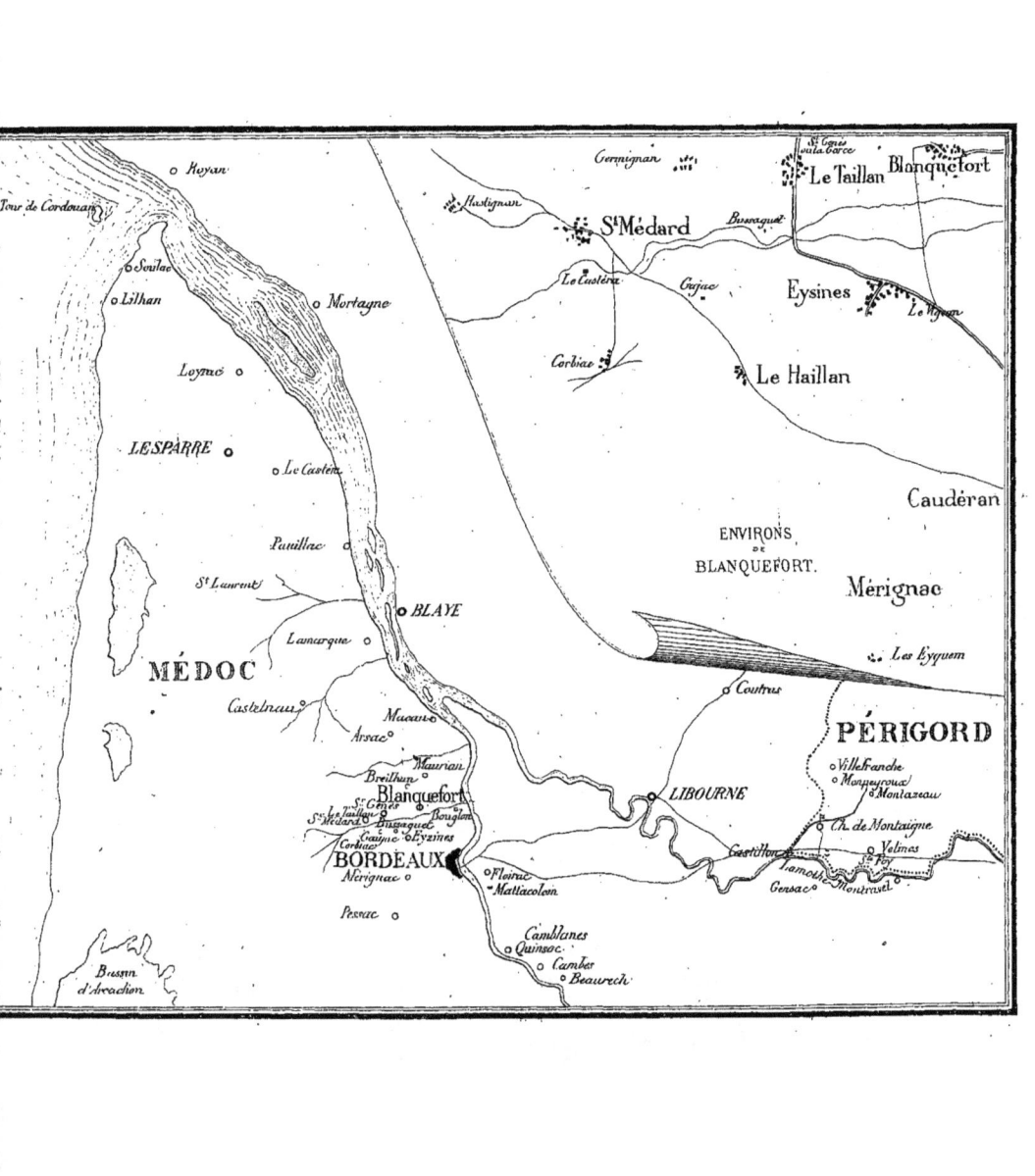

1. 28 Février 1533, p. 17.
2. 1548. Ramon Eyquem, p. 271.
3. 30 Juillet 1551, p. 77.
4. 2 Juin 1563, p. 80 et 290.
5. 15 Juin 1600, p. 82, 312.
6. 19 Mars 1554, p. 113, 275.
7. Bertrand de Villeneufve, p. 279.
8. 15 Mars 1562, p. 118, 287.
9. 15 Février 1540, p. 108, 267.

(Page 171.) Premier contrat de mariage de Michel de Montaigne, 22 Septembre 1565

www.ingramcontent.com/pod-product-compliance
Lightning Source LLC
Chambersburg PA
CBHW060323170426
43202CB00014B/2651